高等学校经济管理类核心课程教材

经济学基础

（第6版）

吴汉洪　编著

ESSENTIALS OF ECONOMICS

中国人民大学出版社
·北京·

前言 PREFACE

本书作为初学经济学的一本入门读物，自 2001 年初版以来，受到许多读者的欢迎，编写者深感欣慰。

作为一门社会科学，经济学是在资源稀缺性背景下，研究经济社会的经济主体（个人、企业、政府和其他组织）如何进行选择，以及这些选择如何决定社会资源的使用方式。应该说，经济学的潜在读者因职业或专业背景不同、学历层次不同、学习的目的和要求不同等，在客观上具有不同的需求层次。本书试图以简明扼要和通俗易懂的方式向非经济学专业的读者介绍经济学的基础知识。编写者相信，学习经济学能使学习者更好地理解我们所生活的经济社会；能使学习者更加理性地参与经济活动；能使学习者更好地理解政府经济政策的潜力与局限性。

与以前的版本相比，本书主要有如下变动：

1. 增加了一章，即第 14 章“金融市场：机会与危险”。

2. 调整了部分内容的安排和表述。

3. 更新了宏观经济学部分的一些数据。

本书编写者衷心希望与读者和有关教学人员保持联系，以便及时获得改善本书的意见和建议。我的电子信箱是 wuhh@ruc. edu. cn。

吴汉洪

于中国人民大学经济学院

目 录 CONTENTS

01

Chapter

第1章

经济学导论

很多初学经济学的人都会问：为什么要学习经济学？这个问题有很多不同的答案。一些人学习经济学是为了赚钱；一些人则是担心，如果自己不懂供求规律，将会成为现代文盲；还有一些人是出于对某些问题的兴趣，如为什么有的国家富裕而有的国家贫穷，或者，为什么在一段时间里股票市场低迷，等等。

固然有多个学习经济学的理由，但一个非常值得重视的理由是，在人的一生中，永远无法回避无情的经济规律。作为一个普通公民，应该对政府税收、财政赤字、国际贸易、通货膨胀和失业等一系列问题有自己的判断。诚然，只有学习和掌握了经济学的基本原理之后，才有可能把握这些问题。

选择所从事的职业，也许是你一生中要做的一项最重大的决策。你的前途不仅取决于你的能力，而且取决于你所不能控制的经济环境。此外，经济学也许还可以帮助你在同时面临的多种选择中作出一种最佳选择。简言之，学习经济学不一定会使你变得富有，但不学经济学，好运很可能会与你擦肩而过。

本章论述经济学的研究对象，说明经济学的基本内容，介绍经济决策者，概述经济学的研究方法和工具。

第1节　经济学的研究对象

自古以来，生存与发展始终是人类社会所关注的热门话题。透过各种表面现象，人们发现人类社会所面临的经济问题的根源在于资源的有限性。一方面，相对于人类的无限欲望而言，大自然赋予我们的资源太少了；另一方面，由于自然或社会的原因，这些有限的资源还往往得不到充分利用。因此，如何合理地配置和利用有限的资源，就成为人类社会永恒的问题。经济学正是为解决这个问题而产生的。要了解经济学，首先要认识人类社会面临的一个永恒问题，即资源的稀缺性。

一、资源的稀缺性

人类社会要生存和发展，就需要不断地用物品和劳务来满足人们日益增长的需求。需求来自欲望。欲望是一种缺乏的感受与求得满足的愿望。

按照美国学者马斯洛的解释，人的欲望或人的需要可分为五个层次：第一，基本的生理需要，即生存的需要，这是最低层次的需要；第二，安全的需要，即希望未来生活有保障，如免于伤害，免于受剥夺，免于失业等；第三，社会的需要，即感情的需要、爱的需要、归属感的需要；第四，尊重感的需要，即需要有自尊心以及受到他人的尊重；第五，自我实现的需要，即出于对人生的看法，需要实现自己的理想。

欲望的基本特点在于无限性，即人的欲望永远没有完全得到满足的时候。一种欲望满足了，又会产生新的欲望，永无止境。

人的欲望要用各种物品或劳务来满足，而物品要用各种资源来生产，这些资源包括人力资源和自然资源。众所周知，人类赖以生存的地球，其自然资源是有限的，这样，无限的欲望与有限的资源之间的矛盾就形成了经济学所说的稀缺性。一般，相对于人类社会的无限欲望而言，生产人类所需物品的资源总是不足的，这就是资源的稀缺性。这里所说的稀缺性不是指资源绝对数量的多少，而是指相对于无限的欲望而言，再多的资源也是不足的。也就是说，稀缺性是相对而言的。

从客观上说，资源的稀缺性是人类社会面临的永恒问题，它存在于人类社会的各个时期。

二、人类社会面临的三个基本经济问题

面对资源稀缺性的事实，人类社会必须面对和解决三个基本的经济问题，即生产什么、如何生产和为谁生产。下面进一步考察这三个问题：

（1）生产什么商品和生产多少。一个社会必须决定，在诸多可能的物品和劳务之中，每一种应该生产多少以及何时生产。今天，我们应当生产比萨饼还是衬衫？生产少量优质衬衫还是大批普通衬衫？我们应当利用有限的资源生产

更多的消费品（如比萨饼），还是应当生产较少的消费品和较多的投资品（如生产比萨饼的机器），从而让明天有更多的产出和消费？

（2）如何生产物品。一个社会必须决定谁来生产，使用何种资源，以及采用何种生产技术。谁来种田，谁来教书？用石油，还是用煤炭，抑或是用太阳能发电？设备是由人还是由机器人来操作？

（3）为谁生产。谁来享用经济活动的成果？收入和财富的分配是否公平合理？社会产品如何在不同的居民之间进行分配？我们的社会是否会成为一个富人很少而穷人很多的社会？教师、运动员、汽车产业工人和互联网企业家，谁应当获得高收入？社会应该给穷人提供最低消费，还是严酷地遵循不劳动者不得食的原则？

对一个国家而言，无论它是一个发达的工业化国家，还是一个中央计划经济国家，抑或是一个孤立的部落社会，都必须面对这三个基本的经济问题。

上述三个基本经济问题在经济学中被称为资源配置问题。经济学是为解决稀缺性问题而产生的，因此，经济学所研究的对象就是由资源的稀缺性而产生的选择问题，即资源配置问题。也正是在这种意义上，一些经济学家把经济学定义为选择的科学。

三、市场经济、计划经济和混合经济

解决生产什么、如何生产以及为谁生产的问题，有哪些不同的方式呢？不同的社会选取和借助各种不同的经济体制进行组织，而经济学则研究这些可供社会采用的配置稀缺资源的制度和机制。

通常，区分为两种本质不同的经济组织方式。一个极端是，政府作出大部分经济决策，处于统治集团最高层的那些人逐层向下发布经济指令。另一个极端是，决策由市场来作出，个人或企业通过货币支付自愿地交换物品和劳务。让我们简要地考察一下经济组织的这两种形式。

在大多数西方国家中，多数经济问题是由市场来解决的。因此，它们的经济制度称为市场经济（market economy）。市场经济是一种主要由个人和私人企业决定生产和消费的经济制度。价格、市场、盈亏、激励的一整套机制解决了生产什么、如何生产和为谁生产的问题。企业采用成本最低的生产技术（如何生产），生产那些利润最高的商品（生产什么）。消费则取决于人们如何决策去花费他们的收入（为谁生产），这些收入包括来自劳动的工资收入和来自财产所有权的财产收入。市场经济的极端情况称为自由放任（laissez-faire）经济，即政府不对经济决策施加任何影响。

与市场经济不同，指令经济（command economy）是由政府作出有关生产和分配的所有重大决策。在指令经济中，如 20 世纪大部分时期苏联所采取的经济制度，政府不仅占有大部分生产资料（土地和资本），而且拥有并指导大多数行业中的企业经营，并成为大多数工人的雇主，指挥他们如何工作。此外，政府还决定社会产出在不同的物品与劳务之间如何分布。简言之，政府通过其资源所有权和实施经济政策的权力解答基本的经济问题。

当今世界上任何一个经济都不完全属于上述两种极端之一。另一方面，在很多情况下，市场经济是配置稀缺资源的有效方式已成为很多人的共识。但市场经济并非完美无缺，因此，还需要政府用各种干预手段来纠正市场经济的“失灵”。经济学家把这种以市场经济为基础，又有政府适当干预的经济称为混合经济。当今世界各国大多实行混合经济制度，因此没有一个完全纯粹的市场经济。

混合经济又称为现代市场经济，以区别于上面所说的自由放任经济。以现代市场经济的典型代表美国为例，虽然经济中的大多数决策都是在市场中进行的，但政府在监督市场运行方面仍然扮演着重要的角色：政府制定法律来监管经济生活，提供教育和治安服务，控制污染等。

第 2 节　经济学的基本内容

现代经济学的基本内容是微观经济学和宏观经济学。

一、微观经济学

微观经济学以单个经济单位为研究对象，通过研究单个经济单位的经济行为和相应的经济变量数值的决定来说明价格机制如何解决社会的资源配置问题。

在理解微观经济学的上述含义时，要注意这样几点：

第一，微观经济学研究的对象是单个经济单位的经济行为。单个经济单位是指组成经济的最基本的单位：家庭与企业。家庭是经济中的消费者和生产要素的提供者。企业是经济中的生产者和生产要素的需求者。在微观经济学的研究中，假设家庭与企业经济行为的目标是实现最大化，即家庭要实现满足程度（即效用）最大化，企业要实现利润最大化。微观经济学研究家庭与企业的经济行为就是研究家庭如何把有限的收入分配于各种物品的消费，以实现满足程度最大化，以及企业如何把有限的资源用于各种物品的生产，以实现利润最大化。

第二，微观经济学解决的问题是资源配置。资源配置即前面所说的生产什么、如何生产和为谁生产的问题。解决资源配置问题就是要使资源配置达到最优化，即在这种资源配置下能给社会带来最大的经济福利。微观经济学从研究单个经济单位的最大化行为入手，来解决社会资源的最优配置问题。这是因为如果每个经济单位都实现了最大化，那么，整个社会的资源配置也就实现了最优化。

第三，微观经济学的中心理论是价格理论。在市场经济中，家庭和企业的行为要受价格的支配，生产什么、如何生产和为谁生产都由价格决定。价格像一只看不见的手，调节着整个社会的经济活动，通过价格的调节，社会资源的配置实现了最优化。微观经济学正是要说明价格如何使资源配置达到最优化。因此，价格理论是微观经济学的中心，其他内容是围绕这一中心问题展开的。也正因为这样，微观经济学也称为价格理论。微观经济学的中心理论实际上是解释英国古典经济学家亚当·斯密“看不见的手”这一原理的。斯密认为，每个人都追求自己的个人利益，但在这样做时，由于一只“看不见的手”的指引，结果是增进了社会利益，这只“看不见的手”就是价格机制。微观经济学的中心就是要解释价格如何实现资源配置最优化。

第四，微观经济学的研究方法是个量分析。个量分析研究经济变量的单项数值如何决定。例如，微观经济学中研究的价格是某种商品的价格，即价格这种经济变量的单项数值。微观经济学所涉及的变量，例如，某种产品的产量、价格等都属于这一类。微观经济学分析这类个量的决定、变动及其相互之间的关系。

微观经济学包括的内容相当广泛，其中主要有：

(1) 均衡价格理论，也称价格理论。研究某种商品的价格如何决定，以及价格如何调节整个经济的运行。如上所述，这一部分是微观经济学的中心，其他内容都是围绕这一中心展开的。

(2) 消费者行为理论。研究消费者如何把有限的收入分配到各种物品的消费上，以实现效用最大化。这一部分是对决定价格的因素之一——需求的进一步解释。

(3) 生产理论，即生产者行为理论。研究生产者如何把有限的资源用于各种物品的生产，从而实现利润最大化。这一部分包括研究企业内部组织与效率的企业理论、研究生产要素投入与产量之间关系的生产理论，以及研究成本与收益之间关系的成本与收益理论。这一部分是对决定价格的另一个因素——供给的进一步解释。

(4) 厂商均衡理论，或称市场结构理论。研究企业在不同市场结构下的行为与市场均衡。如果说均衡价格理论是研究完全竞争市场上的价格决定问题，这一部分就是研究不同市场上的价格决定问题。

（5）生产要素价格理论。研究产品按什么原则分配给社会各集团与个人，即工资、利息、地租和利润如何决定。这一部分是运用价格理论来说明为谁生产的问题。

（6）一般均衡理论与福利经济学。研究社会资源配置最优化的实现，以及社会经济福利的实现等问题。

（7）市场失灵与微观经济政策。传统微观经济学理论以完全竞争、完全理性与完全信息为前提。但在现实中，由于公共物品、外部性、垄断及信息不对称等原因，价格调节并不总能实现资源最优配置，这就称为市场失灵。解决市场失灵就需要政府的微观经济政策。

在本书中，由于篇幅所限，我们主要介绍如下七个部分：供给与需求、消费者选择、生产与成本、产品市场分析、生产要素的价格、利用供求工具考察政府政策和政府制约市场力量的经济政策。

二、宏观经济学

宏观经济学以整个国民经济为研究对象，通过研究经济中各有关总量的决定及其变化，来说明资源如何才能得到充分利用。

在理解宏观经济学的上述含义时，要注意这样几点：

第一，宏观经济学研究的对象是整个经济。也就是说，宏观经济学所研究的不是经济中的各个单位，而是由这些单位组成的整体；不是树木，而是由这些树木组成的森林。这样，宏观经济学就要研究整个经济的运行方式与规律，从总体上分析经济问题。

第二，宏观经济学解决的问题是资源利用。宏观经济学把资源配置作为既定的前提，研究现有资源未能得到充分利用的原因、达到充分利用的途径，以及如何增长等问题。微观经济学把资源的充分利用作为既定的前提，但 20 世纪 30 年代的经济大萧条打破了这个神话。这样，资源利用就被作为经济学的另一个组成部分——宏观经济学所要解决的问题。

第三，宏观经济学的中心理论是国民收入决定理论。宏观经济学把国民收入（国内生产总值）作为最基本的总量，以国民收入的决定为中心来研究资源利用问题，分析整个国民经济的运行。国民收入决定理论被称为宏观经济学的核心，其他理论都运用这一理论来解释整体经济中的各种问题，宏观经济政策则是这种理论的运用。

第四，宏观经济学的研究方法是总量分析。总量是指能反映整个经济运行情况的经济变量。这种变量有两类：一类是个量的总和，例如，国民收入是组成整个经济的各个单位的收入的总和，总投资是各个企业投资的总和，总消费是各个家庭消费的总和，等等。另一类是平均量，例如，价格水平是各种物品与劳务的平均价格。宏观经济学涉及的总量很多，其中主要有：国内生产总值、总投资、总消费、价格水平、增长率、利率、国际收支、汇率、货币供给量、货币需求量等。总量分析就是分析这些总量的决定、变动及其相互关系，并通过这种分析说明经济的运行状况，决定经济政策。因此，宏观经济学又称为总量经济学。

宏观经济学的内容相当广泛，包括宏观经济理论、宏观经济政策，以及宏观经济计量模型。其中主要有：

（1）国民收入决定理论。国民收入或称国内生产总值（GDP）是衡量一国经济资源利用情况和整个国民经济状况的基本指标。宏观经济学要研究长期与短期中宏观经济的决定。在长期中说明潜在GDP、物价水平和自然失业率的变动。在短期中用总需求—总供给模型，即从总需求和总供给的角度出发，分析GDP和物价水平的决定及其变动的规律。这是宏观经济学的中心。

（2）失业与通货膨胀理论。失业与通货膨胀是各国经济中最主要的问题。宏观经济学把失业与通货膨胀和GDP联系起来，分析其原因及其相互关系，以便找出解决这两个问题的途径。

（3）经济周期与经济增长理论。经济周期指国民收入的短期波动，经济增长指国民收入的长期增长趋势。这一理论要分析国民收入短期波动的原因、长期增长的源泉等问题，以期实现经济长期稳定的发展。

（4）开放经济理论。现实的经济都是开放型经济。开放经济理论是分析一国国民收入的决定与变动如何影响别国，以及如何受到别国的影响，同时也要分析开放经济下一国经济的调节问题。

（5）宏观经济政策。宏观经济学是为国家干预经济服务的，宏观经济理论要为这种干预提供理论依据，而宏观经济政策则要为这种干预提供具体的措施。政策问题包括政策目标，即通过宏观经济政策的调节要达到什么目的；政策工具，即用什么具体办法来达到这些目的；政策效应，即宏观经济政策对经济的作用。

应该指出的是，不同的经济学家对经济运行进行了不同的分析，对各种宏观经济问题作出了不同的解释，提出了不同的宏观经济政策，这就形成了不同的宏观经济学流派。当前最有影响的宏观经济学流派是新凯恩斯主义和新古典宏观经济学。

在本书中，由于篇幅所限，我们主要介绍如下七个部分：宏观经济主要变量及其衡量、短期宏观经济波动的解释、失业与通货膨胀、财政政策和货币政策、长期经济增长、金融市场：机会与危险、国际经济的基本知识。

第 3 节　经济决策者

为了更好地理解经济体系如何运行，我们应该对经济社会的关键角色有更多的了解。一般来说，经济社会有三类决策者，下面分别予以说明。

一、家庭

家庭是市场经济的起点，其对商品和服务的要求决定了企业生产什么。另一方面，家庭提供劳动、资本和企业家才能来生产产品。作为商品和服务的需求者及生产要素的供给者，家庭要做出各种各样的决策，比如买什么、存多少钱、在哪里工作，等等。虽然一般来说一个家庭有好几口人，但经济学通常把整个家庭看做一个决策者。

家庭在做决策时，追求的目标是什么呢？经济学假设人们总是让自己的满意程度、幸福感和利益达到最大。简单地说，家庭试图使其效用（utility）最大化。和其他经济决策者一样，家庭被看成是理性的，这就意味着他们会追求自身利益最大化并且不会故意损害他人的利益。效用最大化取决于每个家庭的主观目标，而不是某些客观的目标。

作为要素供给者的家庭，利用其有限的要素——劳动、资本、自然资源和企业家才能——来满足其无限的欲望。他们可以用这些资源在自己家里来生产商品和服务。例如，他们可以做饭、修理或制作简单的家具；也可以在要素市场上出售这些要素，再用所得到的收入到市场上去购买商品和服务。

由于一些主观和客观原因，一些家庭几乎没有值钱的要素，于是产生了救济制度。这些家庭的成员可以领到由政府发放的公共补助，在经济学中将其称为转移支付（transfer payments）。转移支付包括现金转移和实物转移，前者是直接用货币支付，后者是由政府提供实物。

作为商品和服务消费者的家庭，当获得要素收入后，主要把收入划分成两个部分：一部分用来购买家庭所需要的商品和服务，形成消费；另一部分则存储起来，形成储蓄。

二、企业

企业（firms）是由追求利益的企业家把生产要素结合起来，生产商品和服务而组织起来的经济单位。在经济学中，通常假定企业追求利润最大化。利润是企业家在生产活动中获得的回报，它被定义为销售收入减去生产成本。

企业一般有三种组织形式：个人企业、合伙企业和公司制企业。个人企业是指单个人独资经营的企业。例如自我雇用的管道工人、农民和家政人员。大多数个人企业都只由自我雇用的所有者构成，没有被雇用的雇员。合伙企业是由两个或者更多的个人将其资金和人力结合在一起，共同享有利润并承担损失。现实中的律师事务所、会计师事务所和诊所是这种组织形式的例子。公司制企业是指按公司法建立和经营的具有法人资格的企业。它是一种重要的现代企业组织形式。每一个公司都是一个独立的法人，股份代表了法人所有权，赋予股东分红的权利。

企业在经济中的角色主要有两个，一是生产者的角色，企业通过对生产要素的组织和运用，可以提供各种实物产品，如房屋、食品、机器、日用品等，也可以提供各种无形产品即服务，如理发、医疗、旅游等。另一个是需求者的角色，企业生产得以顺利进行的一个前提条件，是企业要拥有生产要素，而获取生产要素并不是免费的，是需要企业在要素市场上用货币去购买或租用的，因此，企业在生产要素市场上构成需求方，是以要素需求者的角色出现的。

三、政府

政府是国家公共行政权力的象征、承载体和实际行为体。在市场经济中，政府充当的是社会管理者的角色。在众多的政府职能中，政府对于市场经济所行使的职能主要有三项：提高效率、增进公平和促进宏观经济的稳定与增长。

政府通过促进竞争、控制诸如污染这类外部性问题，以及提供公共产品等活动来提高经济效率。政府通过财政税收和预算支出等手段，有意识地向某些群体进行收入再分配，从而增进公平。政府通过财政政策和货币政策促进宏观经济的稳定和增长，在鼓励经济增长的同时减少失业和降低通货膨胀。

在市场经济中，政府有效地发挥作用，都与国家的财政有关。国家财政由政府收入和支出两个方面构成，其中政府支出包括政府购买和转移支付，而政府收入则包含税收和公债两个部分。

政府购买是指政府对商品和服务的购买。政府转移支付是指政府在社会福利保险、贫困救济和补助等方面的支出。如前所述，转移支付与社会救济制度相关。税收是政府收入中最主要的部分，它是国家为了实现其职能按照法律预先规定的标准，强制地、无偿地取得财政收入的一种手段。当政府税收不足以弥补政府支出时，政府就会发行公债。公债是政府对公众的债务，或公众对政府的债权。它不同于税收，是政府运用信用形式筹集财政资金的特殊形式，包括中央政府的债务和地方政府的债务。

第 4 节　经济学的研究方法和工具

每门科学都有自己的研究方法，经济学也不例外。也就是说，经济学要运用一定的方法来研究稀缺性所引起的资源配置与资源利用问题。具体来说，对这些问题既可以用实证的方法进行分析，也可以用规范的方法进行分析。

一、实证方法与规范方法

实证方法研究经济问题时超脱价值判断，只研究经济本身的内在规律，并根据这些规律，分析和预测经济行为的效果。它要回答“是什么”的问题。

规范方法研究经济问题时以一定的价值判断为基础，提出某些标准作为分析处理经济问题的标准，并研究如何才能符合这些标准。它要回答“应该是什么”的问题。

在理解实证方法与规范方法时，应注意这样一些问题：

第一，价值判断的含义。在以上关于实证方法和规范方法的定义中都涉及价值判断这个概念。什么是价值判断呢？《简明帕氏新经济学辞典》的解释是：“价值判断可被定义为对所认定的客观效力的赞成或不赞成的判断。”我国著名经济学家陈岱孙教授指出：“这地方讲的价值，并不是指商品的价值，而是指经济事物的社会价值。”由此可见，价值判断就是指对经济事物的社会价值的判断，即对某一经济事物是好还是坏的判断。价值判断大而言之，可以指一种社会经济制度的好坏，小而言之，是指某一具体事物的好坏。所谓好坏，也就是对社会有积极意义还是消极意义。价值判断属于社会伦理学范畴，具有强烈的主观性与阶级性。实证方法为了使经济学具有客观科学性，就要避开价值判断问题；而规范方法要判断某一具体经济事物的好坏，则从一定的价值判断出发来研究问题。是否以一定的价值判断为依据，是实证方法与规范方法的重要区别之一。

第二，实证方法与规范方法要解决的问题不同。实证方法要解决“是什么”的问题，即要确认事实本身，研究经济本身的客观规律与内在逻辑，分析经济变量之间的关系，并运用上述成果进行分析与预测。规范方法要解决“应该是什么”的问题，即要说明事物本身是好还是坏，是否符合某种价值判断，或者对社会有什么意义。这一点也就决定了实证方法可以避开价值判断，而规范方法必须以价值判断为基础。

第三，实证方法研究经济问题所得出的结论具有客观性，可以根据事实来进行检验，也不会以人们的意志为转移。规范方法研究经济问题所得出的结论要受到不同价值观的影响，不具有客观性。处于不同阶级地位、具有不同价值判断标准的人，对同一事物的好坏会作出截然相反的评价，谁是谁非没有绝对标准，从而也就无法进行检验。

第四，尽管实证方法与规范方法有上述三点差异，但它们并不是绝对相互排斥的。规范方法要以实证方法为基础，而实证方法也离不开规范方法的指导。一般来说，越是具体的问题，实证的成分越多；而越是高层次、带有决策性的问题，越具有规范性。

可以用收入分配的例子来说明实证方法与规范方法之间的区别和联系。

当前人们议论较多的是收入分配差距拉大的问题。经济学家可以用实证方法或规范方法来研究这同一个问题，但分析的角度不同，要解决的问题也不同。收入分配包括两个不同的问题。一是引起收入分配差距拉大的原因是什么，即收入分配与造成这种分配状况的因素之间的关系。这种关系是客观存在的。二是对这种收入分配现状的看法与评价，即收入分配差距拉大是一件好事还是一件坏事。这两个问题要用不同的方法去研究。

用实证方法研究收入分配时，要认识其本身的规律。这时我们排斥价值判断，即不管收入分配差距拉大是一件好事还是一件坏事，只研究收入分配差距拉大与引起这种现象的原因之间的关系。例如，研究受教育程度与收入之间的关系，从中可以得出受教育程度与收入同方向变动的结论。这一结论可以由统计资料或其他有关证据来证明。如果证明这一结论是正确的，它就是客观的，不以人的意志为转移。无论你对收入分配差距拉大有什么看法，都不影响这一结论。这时的研究就与自然科学一样，分析所观察到的现象，从中得出结论，并加以验证。这也是研究一切科学的实证方法。

用规范方法研究收入分配时，要判断哪一种收入分配状况是理想的，或者说收入应该如何分配。这时要把一定的价值判断作为前提——是效率优先，还是公平优先；是强调过程的公平，还是强调结果的公平。由于所依据的价值判断不同，规范方法研究收入分配问题所得出的结论也不同。如果强调效率优先，就会得出收入分配差距拉大是一件好事的结论；如果强调公平优先，就会得出收入分配差距拉大是一件坏事的结论。收入分配差距拉大本身既有有利的影响，也有不利的影响，究竟哪一种结论正确，没有客观的标准，也无法进行验证，永远也不会得出客观、一致的结论。在根据规范的标准制定政策时，要由政治程序决定采用哪一种观点。在独裁政治下，由一个人说了算；在寡头政治下，由几个人说了算；在民主政治下，由多数人说了算。

实证方法与规范方法相互之间并不排斥。实证分析是规范分析的基础。比如，如果一个社会要使收入分配更为公平，其政策就要根据实证分析的结论来制定。如果实证分析证明受教育程度的差别是引起收入分配差距的主要原因，消除或减轻不公平就要从发展教育、更多关注贫困人口的教育问题入手。实证分析是认识世界，改造世界——按一定的价值判断制定政策——要以认识世界为基础。从这个角度看，实证方法是经济学的基础。

用实证的方法研究就是实证经济学，用规范的方法来研究就是规范经济学。这种划分与强调研究对象的微观经济学与宏观经济学的划分不同。实证经济学与规范经济学所强调的是用不同的方法来研究经济问题。

二、经济分析工具

如果你知道怎样发球，就会发现打网球很有意思；如果你有吸尘器，打扫房间就会轻松许多。就像每个学科都有自己的研究方法一样，每个学科或每个行当也都有一系列的基础工具。这些工具可能是有形的，如外科医生的手术刀；也可能是无形的，如打网球发球的能力。

在经济学中，经济分析的基本工具是模型。经济学中的模型是一种组织框架，它可以构建我们思考问题的路径。模型忽略现实世界的某些细节而集中研究本质问题，以此达到简化的目的。

经济学家使用模型的方式就好比旅行者使用地图一样。北京地区的地图忽略了现实世界中的许多事物——交通信号灯、建筑物的高低、街道的确切宽度。简化的地图很容易看懂，而且当你要寻找某一地点时，它可以给你提供帮助。

除了模型这一工具外，在经济分析中涉及的工具还有很多。下面仅介绍均衡分析与非均衡分析、静态分析与动态分析，以及由均衡分析与静态分析和动态分析分别结合而形成的静态均衡分析、比较静态均衡分析和动态均衡分析。

（1）均衡分析与非均衡分析。均衡是物理学中的名词。当一个物体同时受到方向相反的两个外力的作用，并且这两种力量恰好相等时，该物体由于受力相等而处于静止状态，这种状态就是均衡。19 世纪末英国经济学家 A. 马歇尔把这一概念引入经济学中，用于说明经济中各种对立的、变动着的力量处于一种力量相当、相对静止、不再变动的状态。均衡分析是分析各种经济变量之间的关系，说明均衡的实现及其变动。均衡分析又可以分为局部均衡分析与一般均衡分析。局部均衡分析考察在其他条件不变时单个市场的均衡的建立与变动。一般均衡分析考察各个市场之间均衡的建立与变动，它是从各个市场的相互关系来考察一个市场的均衡问题。均衡分析偏重于数量分析，非均衡分析则认为经济现象及其变化的原因是多方面的、复杂的，不能单纯用有关变量之间的均衡与不均衡来加以解释，而主张以历史的、制度的、社会的因素作为分析的基本方法。即使是数量的分析，非均衡分析也不是强调各种力量相等时的均衡状态，而是强调各种力量不相等时的非均衡状态。微观经济学与宏观经济学中运用的主要分析工具是均衡分析。

（2）静态分析与动态分析。静态分析和动态分析的基本区别在于，前者不考虑时间因素，而后者考虑时间因素。换句话说，静态分析考察一定时期内各种变量之间的相互关系，而动态分析考察各种变量在不同时期的变动情况。静态分析主要是一种横断面分析，不涉及时间因素所引起的变动，而动态分析主要是一种时间序列分析，要涉及时间因素所引起的变动。或者说，静态分析研究经济现象的相对静止状态，而动态分析研究经济现象的发展变化过程。

（3）静态均衡分析、比较静态均衡分析与动态均衡分析。把均衡分析与静态分析和动态分析分别结合在一起就产生了三种分析工具：静态均衡分析、比较静态均衡分析与动态均衡分析。静态均衡分析要说明各种经济变量达到均衡的条件；比较静态均衡分析要说明从一种均衡状态变动到另一种均衡状态的过程，即原有的条件变动时均衡状态发生了什么相应的变化，并将新旧均衡状态进行比较；动态均衡分析则要在引进时间因素的基础上说明均衡的实际变化过程，说明在某一时点经济变量的变动如何影响下一时点该经济变量的变动，以及这种变动对整个均衡状态变动的影响。在微观经济学与宏观经济学中，这三种分析工具都得到了广泛运用。

（4）定性与定量分析。定性分析说明经济现象的性质及其内在规定性与规律性，定量分析则分析经济现象之间量的关系。许多经济现象是可以用某种标准来衡量的，可以表示为一定的数量，各种经济现象之间量的关系可以更为精确地反映经济运行的内在规律。因此，实证经济分析中特别注意定量分析，这也是经济学中广泛运用数学工具的重要原因。经济学中数学的运用主要表现在两个方面：一是运用数学公式、定理来表示或推导、论证经济理论，这就是一般所说的数理经济学；二是根据一定的经济理论，编制数学模型，并将有关经济变量的数值代入这种模型中进行计算，以验证理论或进行经济预测，这就是一般所说的经济计量学。定量分析使经济学更能运用于实际。数学是经济学的重要分析工具，这一点应该加以注意。

本章小结

1. 资源的稀缺性是指相对于人类社会的无限欲望而言，生产人类所需的物品的资源是不足的。

2. 人类社会面临的三个基本问题是：生产什么、如何生产和为谁生产。

3. 微观经济学以单个经济单位为研究对象，通过研究单个经济单位的经济行为和相应的经济变量以及数值的决定来说明价格机制如何解决社会的资源配置问题。

4. 宏观经济学以整个国民经济为研究对象，通过研究经济中各有关总量的决定及其变化，来说明资源如何才能得到充分利用。

5. 一般来说，经济社会有三类决策者：家庭、企业和政府。

6. 经济学研究问题，既可以用实证的方法进行分析，也可以用规范的方法进行分析。

7. 模型是经济学家分析经济问题时的一个基本工具。

8. 把均衡分析与静态分析和动态分析分别结合在一起就产生了三种分析工具：静态均衡分析、比较静态均衡分析和动态均衡分析。

思考题

1. 如何理解资源是稀缺的？
2. 说明人类社会所面临的基本经济问题。
3. 微观经济学和宏观经济学有什么不同与联系？
4. 举例说明模型在现实生活中的用途。

重点概念

1. 资源的稀缺性：相对于人类社会的无限欲望而言，生产人类所需物品的资源总是不足的。

2. 市场经济：一种主要由个人和私人企业决定生产和消费的经济制度。

3. 实证方法：在研究经济问题时超脱价值判断，只研究经济本身的内在规律，并根据这些规律，分析和预测人们的经济行为的效果的方法。

4. 比较静态分析：说明从一种均衡状态变动到另一种均衡状态的过程，即原有的条件变动时均衡状态发生了什么相应的变化，并将新旧均衡状态进行比较。

02

Chapter

第2章

供给与需求

第二次世界大战后，很多西方人爱上了汽车，并逐步迁居到郊区，对汽车和其他石油产品的需求急剧上升。到了20世纪70年代，由于石油供给限量、石油国战争等原因，石油生产受到限制，从而导致1973年和1979年以后国际油价陡然上涨。此后，由于节能运动、小型汽车的开发及其价格战，石油的价格猛跌，每加仑(加仑这个单位现已废止，美国1加仑约为3.8升，英国约为4.5升）汽油的价格从1980年的2.50美元跌至1996年的1.40美元左右。

油价剧烈波动背后的机理是什么？解答这类问题以及解释经济环境中许多其他方面的变化，经济学有个非常有力的分析工具——供给和需求理论。这一理论说明消费者的偏好如何决定商品的消费需求，同时企业成本又如何成为商品供给的基础。如果你能理解供给和需求如何运作，那么，你就朝理解市场经济机理迈进了一大步。本章介绍供给和需求的概念，并说明它们在单个商品竞争市场上如何运作。

第1节　需求曲线

一种商品的需求量是买者在给定价格下愿意而且能够购买的该商品的数量。为了集中思考，我们围绕一种物品——冰激凌来说明。

一、影响需求的因素

先考虑一下你自己对冰激凌的需求。如果你想决定每个月买多少冰激凌，那么哪些因素会影响你的决策呢？一般来说，会包括以下几个因素：

（1）商品的价格。如果每勺冰激凌的价格上升了 20 美分，你将会少买冰激凌，转而购买冷冻酸奶。如果每勺冰激凌的价格下降 20 美分，你会多买一些。由于需求量随着价格上升而减少，随着价格下降而增加，我们说，商品的需求量与其价格呈负相关。价格与需求量之间的这种关系对经济中大部分物品都是正确的，而且，实际上这种关系也很普遍，以致经济学家称之为需求规律：在其他条件相同时，一种物品价格上升，该物品需求量减少。

（2）收入。如果某个夏天你失去了工作，你对冰激凌的需求会发生什么变化呢？需求很可能会减少。收入较低使你不得不在某些物品上少支出一些。如果收入减少，致使一种物品的需求减少，这种物品就称为正常物品。但并非所有物品都是正常物品。如果收入减少，导致一种物品的需求增加，这种物品就称为低档物品。低档物品的一个例子是搭乘公共汽车。如果收入减少，你就不太可能买汽车或乘出租车，而更大可能坐公共汽车。

（3）相关物品的价格。假定冷冻酸奶的价格下降，需求规律会使你多买冷冻酸奶。同时，你也许将少买冰激凌。这是因为冰激凌和冷冻酸奶都是冷而甜的奶油甜食，可以满足相似的欲望。当一种物品价格下降减少了另一种物品的需求时，这两种物品称为替代品。其他成对的替代品有比萨饼与汉堡包、毛衣与绒衣等。

现在假设新鲜软糖价格下降。根据需求规律，你将买更多的新鲜软糖。但在这种情况下，你将买更多的冰激凌，因为冰激凌和新鲜软糖通常是一起吃的。当一种物品价格下降增加了另一种物品的需求时，这两种物品称为互补品。其他成对的互补品有汽油与汽车、电脑和软件等。

（4）偏好。决定你需求的最明显因素是你的偏好。如果你喜欢冰激凌，你会买得多一些。经济学家通常并不想解释人们的偏好，因为偏好基于超越了经济学范围的历史与心理因素。但是，经济学家要考察当偏好变动时会出现什么变化。

（5）预期。你对未来的预期也会影响你现在对物品与劳务的需求。例如，你预期下个月会赚到更多钱，就可能愿意用现在的一些储蓄来买冰激凌。再如，你预期明天冰激凌的价格会下降，就不太愿意以今天的价格去买冰激凌。

二、需求表与需求曲线

我们已经知道，有许多因素决定一个人对冰激凌的需求量。设想有一个时段除了价格之外，其他所有因素都不发生变化。现在让我们来考虑价格如何影响需求量。

表2－1表示在不同的冰激凌价格下，买者A每个月买多少个冰激凌蛋筒。如果冰激凌是免费的，A吃12个冰激凌蛋筒。在每个价格为0.5美元时，A买10个。随着价格继续上升，A的需求越来越少。当价格达到3美元时，A根本不买冰激凌。表2－1是一个需求表，表示冰激凌价格与其需求量之间的关系。图2－1是根据表2－1中的数字画成的图形。根据习惯，冰激凌价格在纵轴，而冰激凌需求量在横轴。把价格与需求量联系在一起的曲线称为需求曲线。

表2－1　买者A的需求表

冰激凌的价格（美元）	冰激凌的需求量（个）
0.00	12
0.50	10
1.00	8
1.50	6
2.00	4
2.50	2
3.00	0

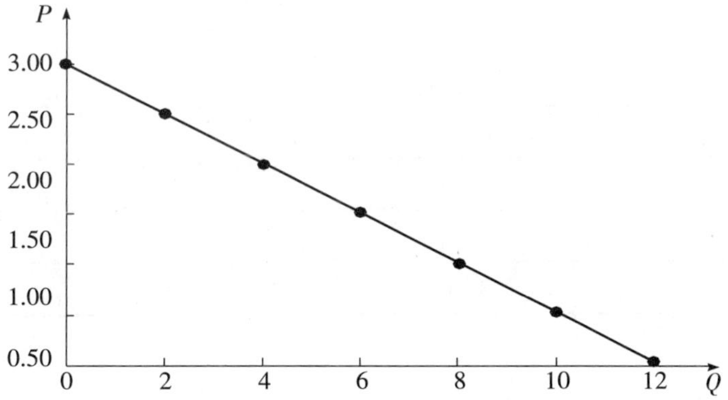

图2－1　买者A的需求曲线

当你看到需求曲线时，还应记住它是在其他条件不变的情况下画出的。图2－1中买者A的需求曲线表明，当只有冰激凌的价格变动时，其对冰激凌的需求会发生什么变化。这条曲线是在假设A的收入、偏好、预期和相关产品的价格都不变时画出来的。

经济学家用“其他条件相同”这个术语表明，除了正在研究的变量之外，所有相关变量都保持不变。需求曲线向右下方倾斜，是因为其他条件相同时，价格较低意味着需求量较多。

“其他条件相同”这个术语是指某些变量保持不变的一种假设情况，但在现实生活中，许多事物是在同时变动的。由于这个原因，当我们用供给与需求工具来分析事件或政策时，重要的是要记住哪些是不变的，哪些是变动的。

三、个人需求与市场需求

我们已经讨论了个人对一种产品的需求。为了分析市场如何运行，我们需要确定市场需求。市场需求是所有个人对某种物品或劳务需求的总和。

由于市场需求是从个人需求推导出来的，所以，市场需求量取决于决定个别买者需求量的因素。因此，市场需求量不仅取决于一种物品的价格，而且取决于买者的收入、偏好、预期以及相关物品的价格。它也取决于买者的人数（如果更多消费者加入购买冰激凌的行列，那么在每种价格时需求量也会增多）。表2-2表示当决定需求量的其他所有因素不变时，随着价格变动，购买者人数增加，需求量亦增加。

表2-2　个人与市场需求关系表

冰激凌的价格（美元）	A＋B＝市场（个）
0.00	12＋7＝19
0.50	10＋6＝16
1.00	8＋5＝13
1.50	6＋4＝10
2.00	4＋3＝7
2.50	2＋2＝4
3.00	0＋1＝1

四、需求的变动

在现实中，一种商品的需求随着经济环境的变化而发生变化。假定世界医学界突然宣布一个新发现：那些经常吃冰激凌的人更长寿，也更健康。这个发现对冰激凌市场会有什么影响呢？这个发现会改变人们的偏好并增加冰激凌需求。在任何一种既定价格下，买者现在想买更多的冰激凌，而且，冰激凌的需求曲线向右移动。

除了价格之外，任何一种决定需求的因素变动时，需求曲线都会随之移动。如图 2－2 所示，任何一种在每种价格下增加需求量的变动都会使需求曲线向右移动；同样，任何一种在每一价格下减少需求量的变动都会使需求曲线向左移动。

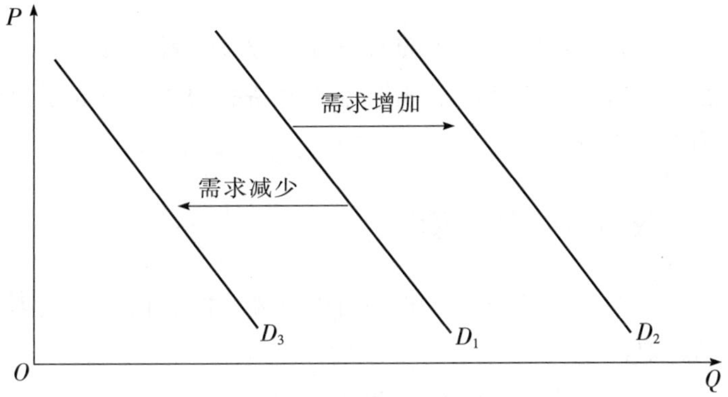

图 2－2　需求曲线的移动

表 2－3 列出了决定市场上需求量的因素，以及这些因素的变动如何影响需求曲线。简言之，需求曲线表示在其他所有决定需求的因素不变时，一种物品价格变动，该物品的需求量会发生的变动。当这些其他决定因素中的一项变动时，需求曲线亦会随之移动。

表 2－3　需求的决定因素

影响需求的因素	因素变动
价格	表现为沿着需求曲线的变动
收入	需求曲线移动
相关物品价格	需求曲线移动
偏好	需求曲线移动
预期	需求曲线移动

这里提醒大家注意：不要把需求的变化与需求量的变化相混淆。前者是指除商品价格外，影响需求的一种因素发生变化时，需求会发生变化。例如，当收入增加时，即使价格不变，消费者想要购买的商品（正常物品）数量也会增加，也就是说较高的收入增加了需求，使商品的需求曲线向右移动。

与之不同的是需求量的变化，当消费者面临的商品价格下降时，在其他条件保持不变的情况下，消费者倾向于购买更多的该商品。但是，这种商品购买量的增加并不是来自需求的增加，而是来自价格的下降。这一变化代表了沿着需求曲线变动时其他条件不变。

第 2 节 供给曲线

现在我们转向市场的另一方，考察卖者的行为。一种商品的供给量是卖者在给定价格下愿意而且能出售的该商品的数量。为了集中思考，仍然以冰激凌为例来加以说明。

一、影响供给的因素

设想你管理一家生产并销售冰激凌的公司。什么因素决定你愿意生产并销售冰激凌呢？下面是一些可能的答案。

（1）价格。冰激凌的价格是其供给量的一个决定因素。当冰激凌价格高时，出售冰激凌是有利可图的，因此供给量也大。作为冰激凌卖者，愿意延长工作时间，购买许多台冰激凌机，并雇用更多的工人。相反，当冰激凌价格低时，对你的经营不太有利，因此你将生产较少的冰激凌。在一个更低的价格时，你会选择完全停止营业，你的供给量减少为零。

由于供给与价格正相关，价格与供给量之间的这种关系称为供给规律：在其他条件相同时，一种物品价格上升，该物品供给量随之增加。

（2）投入品价格。为了生产冰激凌，生产者投入了各种生产要素，如奶油、糖、香料、冰激凌机、生产冰激凌的厂房以及搅拌各种材料并操作机器的工人劳动。当这些生产要素中的一种或几种价格上升时，生产冰激凌就不太有利，你的企业提供的冰激凌就较少。如果生产要素价格大幅上升，你会关闭你的企业，根本不生产冰激凌。因此，一种物品的供给量与生产这种物品所投入生产要素的价格为负相关的关系。

（3）技术。把各种生产要素转变为冰激凌的技术也是供给量的另一个决定因素。例如，冰激凌机的发明减少了生产冰激凌所必需的劳动量。技术进步通过降低冰激凌的生产成本增加了冰激凌的供给量。

（4）预期。你现在供给的冰激凌量还取决于对未来的预期。例如，如果预期未来冰激凌的价格会上升，你就会把现在生产的一些冰激凌储存起来，减少今天的市场供给。

二、供给表与供给曲线

考虑在投入品价格、技术和预期不变的情况下，供给量如何随着价格的变动而变动。表 2－4 表示冰激凌卖者 S 在各种冰激凌价格下的供给量。在价格低于 1 美元时，S 根本不供给任何冰激凌。随着价格上升，S 供给的数量越来越多。这个表称为供给表。

表 2－4　卖者 S 的供给表

冰激凌的价格（美元）	供给量（个）
0.00	0
0.50	0
1.00	1
1.50	2
2.00	3
2.50	4
3.00	5

图 2－3 为根据表 2－4 中数据画成的图形，表示冰激凌供给量与价格之间的关系。把价格与供给量联系在一起的曲线称为供给曲线。供给曲线向右上方倾斜，因为在其他条件相同的情况下，价格越高意味着供给量越大。

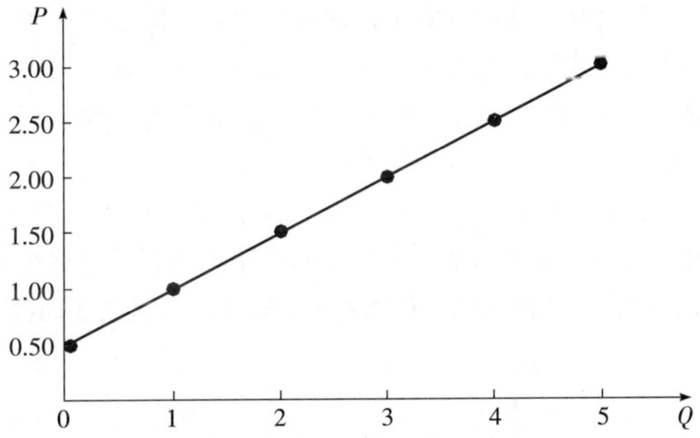

图 2－3　供给曲线

三、市场供给与个人供给

市场需求是所有买者需求的总和，市场供给就是所有卖者供给的总和。表 2－5 是两个冰激凌生产者——S 和 T 的供给表，表示在任何一种价格下，S 供给冰激凌的量和 T 供给冰激凌的量。市场供给是这两个生产者供给的总和。

市场供给量取决于决定个别卖者供给量的因素，例如物品的价格、生产该物品所投入的生产要素的价格、可得到的技术以及预期。此外，市场供给量还取决于生产者的数量。如果 S 或 T 退出了冰激凌市场，市场供给量就要减少。表 2-5 中的供给表表示，在其他所有决定供给量的因素不变时，随着价格变动，供给量也会发生变动。

表 2-5　个人与市场供给表

冰激凌的价格（美元）	S	T	S+T=市场（个）
0.00	0	0	0+0=0
0.50	0	0	0+0=0
1.00	1	0	1+0=1
1.50	2	2	2+2=4
2.00	3	4	3+4=7
2.50	4	6	4+6=10
3.00	5	8	5+8=13

四、供给的变动

当冰激凌的价格发生变动时，生产者改变他们的生产和供给量，但这只是在同一条供给曲线上的点的移动，在经济学中称这种变化为供给量的变化。

假设糖的价格下降了，这种变动将如何影响冰激凌的供给呢？由于糖是生产冰激凌的一种投入品，所以，糖的价格下降使销售冰激凌更有利可图。这就增加了冰激凌的供给，即在任何一种既定价格水平下，卖者现在愿意生产更多产量。因此，冰激凌的供给曲线向右移动。

除了价格以外，任何一种决定供给的因素变动都会使供给曲线移动。如图 2-4 所示，任何在同一价格水平下增加供给量的变动都会使供给曲线向右移动；同样，任何在同一价格水平下减少供给量的变动都会使供给曲线向左移动。

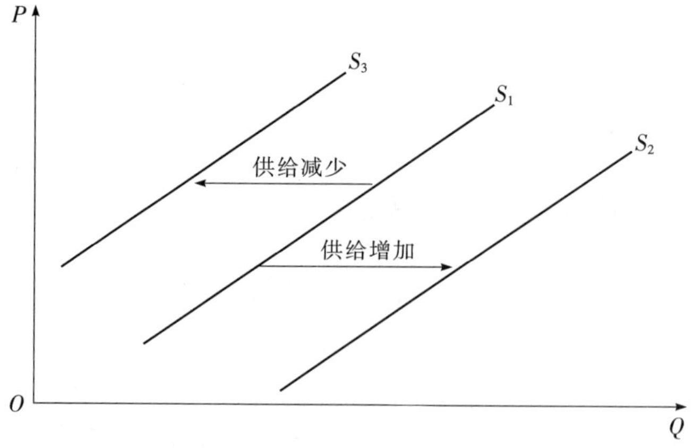

图 2-4　供给曲线的移动

表 2－6 所列为决定物品市场供给量的因素，以及这些因素的变动如何影响供给曲线。简言之，供给曲线表示在其他所有决定供给的因素不变时，一种物品的价格变动，该物品的供给量也会发生变动。当这些其他决定因素中的一种变动时，则供给曲线移动。

表 2－6　供给的决定因素

影响供给的因素	因素变动
价格	表现为沿着供给曲线的变动
投入品价格	供给曲线移动
技术	供给曲线移动
预期	供给曲线移动

第 3 节　供求均衡

在分别考察了供给与需求之后，现在我们把二者结合起来，说明如何决定一种物品的销售量和价格。

一、市场均衡

图 2－5 表示市场供给曲线与市场需求曲线的结合。

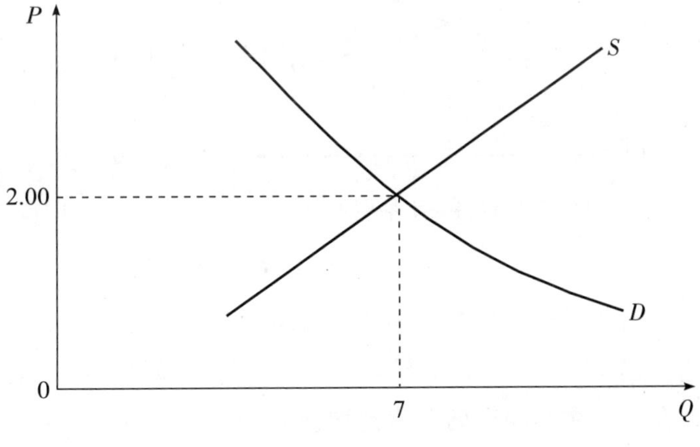

图 2－5　供求的均衡

要注意的是，供给曲线和需求曲线相交于一点，这一点称为市场的均衡。这两条曲线相交时的价格称为均衡价格，相交时的数量称为均衡数量。在这里，均衡价格是每个冰激凌 2 美元，而均衡数量是 7 个冰激凌。均衡这个词的含义是各种力量处于平衡的状态。在均衡价格时，买者愿意而且能够购买的冰激凌数量正好与卖者愿意而且能够出售的数量平衡。均衡价格有时也称为市场出清价格，因为在这一价格下，市场上的每一个人都得到满足：买者买到了他想买的所有东西，而卖者卖出了他想卖的所有东西。

买者与卖者的行动自然而然地使市场向供给与需求的均衡变动。为了说明原因，我们考虑当市场价格不等于均衡价格时会出现什么情况。

首先假设市场价格高于均衡价格，如图 2－6（a）所示，每个冰激凌的价格为 2.5 美元时，物品的供给量（10 个冰激凌）超过了需求量（4 个冰激凌），使物品出现过剩，在现行价格下卖者不能卖掉他们想卖的所有物品，这种情况称为超额供给。当在冰激凌市场上存在超额供给时，冰激凌卖者发现，他们的冰箱越来越多地装满了他们想卖而卖不出去的冰激凌。他们对超额供给的反应是降低价格。价格要一直下降到市场达到均衡时。

假设现在市场价格低于均衡价格，如图 2－6（b）所示。在这种情况下，每个冰激凌的价格是 1.5 美元，而且，物品需求量超过了供给量，存在物品短缺，买者不能按现行价格买到他们想买的物品，这种情况称为超额需求。当冰激凌市场出现超额需求时，买者不得不排长队等候购买可提供的几个冰激凌的机会。由于太多的买者抢购太少的物品，卖者可以作出的反应是提高自己产品的价格而不会失去销售量。随着价格上升，市场又一次向均衡变动。

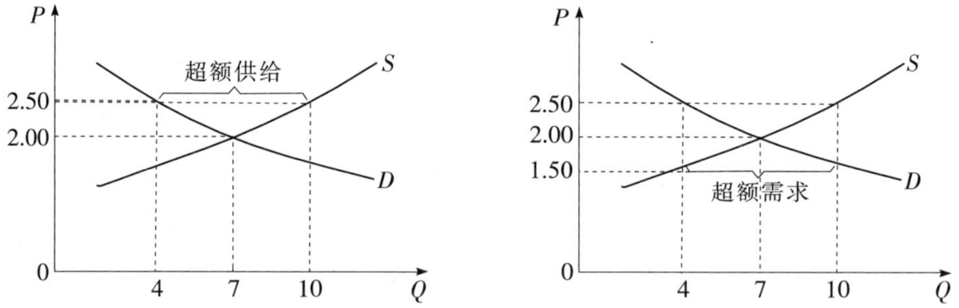

(a) 市场价格高于均衡价格　　(b) 市场价格低于均衡价格

图 2－6　非均衡的市场

因此，许多买者与卖者的活动自发地把市场价格推向均衡价格。一旦市场达到其均衡价格，所有买者和卖者都得到满足，价格上升或下降的压力也就不存在了。在不同市场上达到均衡的快慢是不同的，这取决于价格调整的快慢。但是，在大多数自由市场上，由于价格最终要变动到其均衡水平，所以过剩与短缺都只是暂时的。实际上，这种现象如此普遍存在，以至于被称为供求规律：任何一种物品价格的调整都会使该物品的供给与需求达到平衡。

二、供给或需求的变化对均衡的影响

到现在为止，我们已说明了供给与需求如何共同决定市场均衡，市场均衡又如何决定物品价格，以及买者所购买和卖者所生产的物品数量之间的关系。当然，均衡价格和数量取决于供给和需求曲线的位置。当某些事件使这些曲线中的一种移动时，市场上的均衡就改变了。关于这种变动的分析称为比较静态分析，因为它涉及原均衡与新均衡的比较。

当分析某个事件如何影响一个市场时，可按三个步骤进行。第一，确定该事件是使供给曲线移动，或需求曲线移动，还是在一些情况下，使两种曲线都移动；第二，确定曲线是向右移动，还是向左移动；第三，用供求图来考察这种移动如何影响均衡价格和数量。

为了说明如何使用这种方法，我们考虑了可能影响冰激凌市场的各种事件。假设某一年夏季天气特别热，导致需求变动。为了分析这种情况如何影响冰激凌市场的变化，按照以下三个步骤进行。

第一，天气热能改变人们对冰激凌的偏好而影响需求曲线。也就是说，天气炎热程度能改变人们在任何一种既定价格下想购买的冰激凌数量，但供给曲线不变，因为天气并不直接影响销售冰激凌的企业。

第二，天气热使人们想吃更多的冰激凌，所以需求曲线向右移动。图 2－7 表示随着需求曲线从 D_1 移动到 D_2，需求增加了。这种移动表明，在每种价格下，冰激凌的需求量更大了。

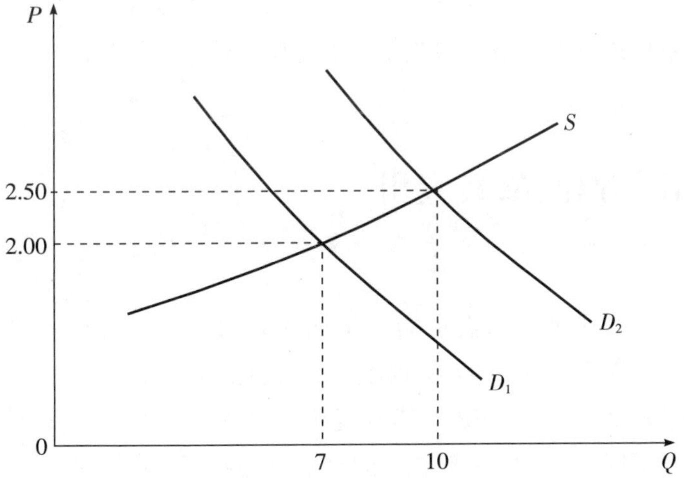

图 2－7　需求增加对均衡的影响

第三，如图 2－7 所示，需求增加使均衡价格由 2 美元上升到 2.5 美元，均衡数量由 7 个增加到 10 个。换句话说，天气热提高了冰激凌的价格，增加了冰激凌的销售量。

我们注意到曲线移动与沿着曲线的移动，当天气炎热使冰激凌价格上升时，尽管供给曲线仍然不变，但企业供给的冰激凌数量增加了。经济学家说，在这种情况下存在“供给量”增加，但“供给”未变。

“供给”指供给曲线的位置，而“供给量”指供给者希望出售的数量。在这个例子中，供给没有改变，因为天气并没有改变在任何一种既定价格下的企业的销售愿望；相反，天气热改变了在任何一种既定价格下消费者的购买愿望，从而使需求曲线移动。需求增加引起均衡价格上升。当价格上升时，供给量增加了。这种供给量的增加由沿着供给曲线的变动来表示。

总之，供给曲线移动称为“供给变动”，而需求曲线移动称为“需求变动”。沿着一条固定供给曲线的移动称为“供给量的变动”，而沿着一条固定需求曲线的移动称为“需求量的变动”。

一般，需求和供给的变动对价格和数量的影响可以概括为表 2－7。

表 2－7　需求和供给的变动对价格和数量的影响

需求和供给的变动		对均衡价格和数量的影响
需求增加	需求曲线向右移动	价格↑，数量↑
需求减少	需求曲线向左移动	价格↓，数量↓
供给增加	供给曲线向右移动	价格↓，数量↑
供给减少	供给曲线向左移动	价格↑，数量↓

总之，供给分析与需求分析的用途不仅仅是说明均衡价格和均衡数量，还包括预测经济条件的变化对于价格和数量的影响。

第 4 节　弹性及其应用

上述供给与需求的分析属于定性分析。定性分析只涉及经济变量变动的趋势和方向。但在现实中，人们可能还会关注经济变量的数量变化情况。例如，当一家生产电视机的企业决定将其生产的某种型号电视机的价格下降 16％时，该企业的经营者更感兴趣的是电视机的需求量会增加多少。为了考察需求和供给对其影响因素的变动的反应程度，经济学引出了弹性的概念。

一、需求的价格弹性及其决定因素

需求规律表明，一种物品的价格下降使需求量增加。需求价格弹性衡量需求量对价格变化的反应程度。如果一种物品的需求量对价格变化的反应大，可以说这种物品的需求是富有弹性的；如果一种物品的需求量对价格变化的反应小，可以说这种物品的需求是缺乏弹性的。

什么因素决定某种物品的需求富有弹性还是缺乏弹性呢？由于任何一种物品的需求取决于消费者的偏好，所以，需求的价格弹性取决于许多形成个人欲望的经济、社会和心理因素。但是，根据经验，我们可以归纳出某些决定需求价格弹性的一般规律。

（1）必需品与奢侈品。必需品倾向于需求缺乏弹性，而奢侈品倾向于需求富有弹性。当看病的费用上升时，尽管人们会比平常看病的次数少一些，但不会大幅改变他们看病的次数。与此相比，当游艇价格上升时，游艇需求量会大幅减少。原因是大多数人把看病作为必需品，而把游艇作为奢侈品。当然，一种物品是必需品还是奢侈品不取决于物品本身固有的性质，而取决于买者的偏好。对于一个热衷于航海的人来说，游艇可能就是需求缺乏弹性的必需品。

（2）相近替代品的可获得性。有相近替代品的物品往往较富有需求弹性，因为消费者从这种物品转向其他物品较为容易。例如，天然黄油和人造黄油很容易互相替代。假设人造黄油的价格不变，天然黄油价格略有上升，就会引起天然黄油销售量大大减少。与此相比，由于石油是一种没有相近替代品的物品，石油的需求弹性就较小。

（3）物品消费支出在消费者预算总支出中所占的比重。消费者在某种物品上的消费支出在预算总支出中所占的比重越大，该物品的需求价格弹性通常越大；反之，则正好相反。例如，香皂、盐等物品的需求价格弹性是比较小的，因为消费者每月在这些物品上的支出是很小的，消费者往往不太重视这类物品价格的变化。

（4）时间的长短。物品往往随着时间变长而需求更富有弹性。当汽油价格上升时，在最初的几个月中汽油的需求量只略有减少。但是，随着时间的推移，人们购买更省油的汽车，或转向公共交通，或迁移到离工作地近的地点。如此几年之内，汽油的需求量会大幅减少。

二、需求价格弹性的计算

我们已经在一般意义上讨论了需求价格弹性，现在更精确地讨论它的计量。经济学家用需求量变动的百分比除以价格变动的百分比来计算需求价格弹性，用公式表示为：

$$需求价格弹性=\frac{需求量变动的百分比}{价格变动的百分比}$$

例如，假定冰激凌的价格从 2 美元上升到 2.2 美元，使买者 A 购买的冰激凌从每个月 10 个减少为 8 个。我们计算出价格变动百分比为：

$$价格变动的百分比=\frac{2.20-2.00}{2.00}\times 100\%=10\%$$

同样，我们计算出需求量变动百分比为：

$$需求量变动的百分比=\frac{10-8}{10}\times 100\%=20\%$$

在这种情况下，冰激凌的需求弹性是：

$$需求价格弹性=\frac{20\%}{10\%}=2$$

在这个例子中，需求价格弹性是 2，反映了需求量变动是价格变动的 2 倍。

由于一种物品的需求量与其价格呈负相关，所以需求量变动的百分比与价格变动百分比的正负总是相反的。在这个例子中，价格变动的百分比是＋10%（反映了上升），而需求量变动的百分比是－20%（反映了减少）。在本书中我们遵循一般做法，把需求价格弹性表示为正数。根据这个习惯，需求价格弹性越大，意味着需求量对价格越敏感。

在实际需求价格弹性的计算中，通常用以下公式来计算：

$$需求价格弹性=-\frac{(Q_2-Q_1)\ /\ (Q_2+Q_1)}{(P_2-P_1)\ /\ (P_2+P_1)}$$

式中，P_1 和 Q_1 为初始价格和需求量；P_2 和 Q_2 为新的价格和需求量。

三、需求价格弹性与总收益

需求价格弹性的一个重要应用是它有助于弄清价格上涨对总收益的影响。对许多企业来说，这是个重要问题，无论是航空公司，还是餐厅或电影院，都需要决定是否值得提高价格，以及较高价格的收益是否能弥补较低需求的损失。

总收益又称销售额，其定义为一种物品的价格乘以该物品的销售量。如果消费者以每单位 3 美元的价格购买 5 个单位物品，则总收益为 3×5＝15（美元）。

我们可以像图 2－8 那样用图形来表示总收益。图中，需求曲线 D 下面矩形的高为产品价格 P，宽为数量 Q。这个矩形的面积 $P\times Q$ 等于这个市场的总收益。在图 2－8 中，$P=4$（美元），$Q=100$（个），总收益是 $4\times 100=400$（美元）。

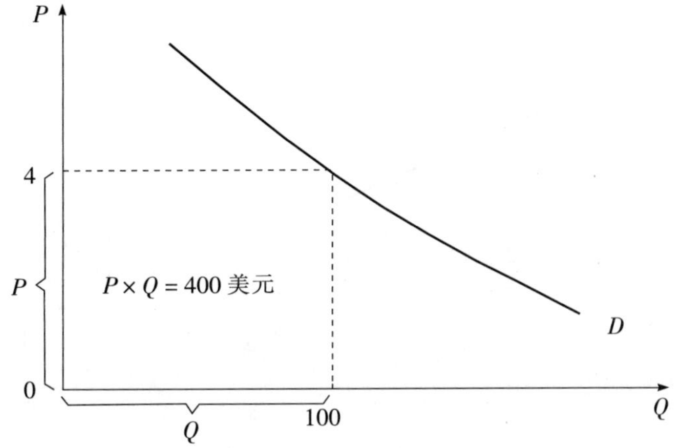

图 2－8　总收益

总收益如何沿着需求曲线变动呢？答案是取决于需求的价格弹性。如果需求是缺乏弹性的，如图 2－9 所示，那么，价格上升会使总收益增加。在这里，价格从 1 美元上升到 3 美元使需求量从 100 下降到 80，仅下降了 20，而总收益却从 100 美元增加到 240 美元。价格上升引起 $P \times Q$ 增加，是因为 Q 减少的比例小于 P 上升的比例。

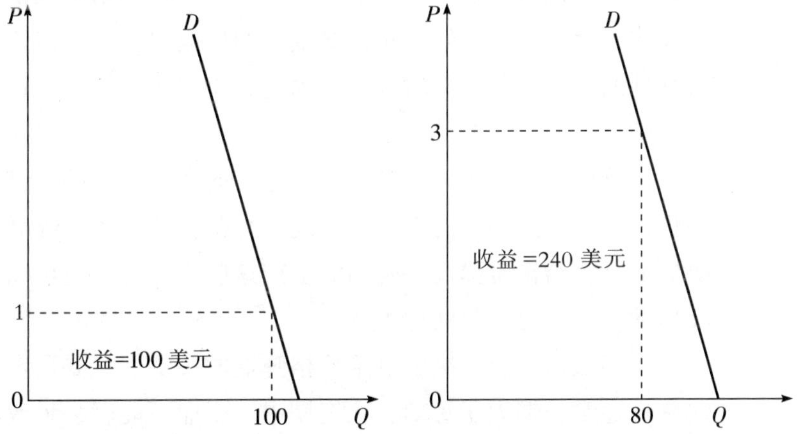

图 2－9　需求缺乏弹性时的收益

如果需求富有弹性，我们得出相反的结果：价格上升引起总收益减少。例如，在图 2－10 中，当价格从 4 美元上升到 5 美元时，需求量从 50 减少为 20，因此，总收益从 200 美元减少到 100 美元。由于需求富有弹性，需求量的减少如此之大，以至于大于所抵消的价格上升。这就是说，价格上升引起 $P \times Q$ 减少，是因为 Q 减少的比例大于 P 上升的比例。

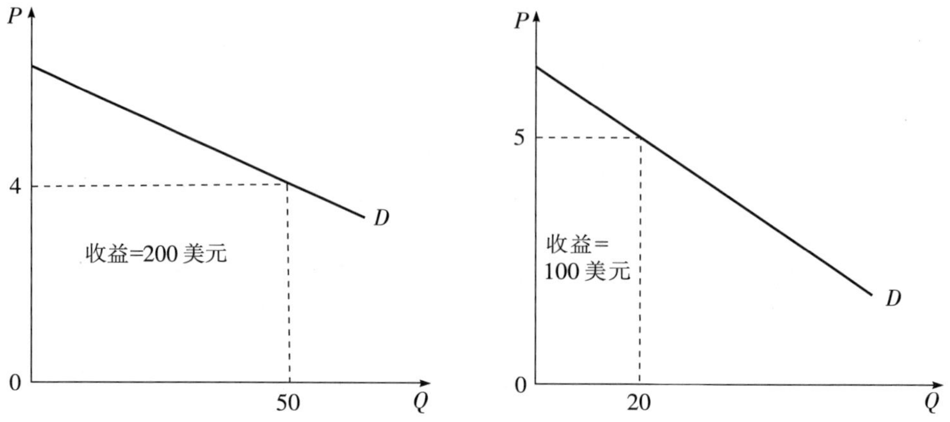

图 2-10　需求富有弹性时的收益

除了需求价格弹性之外，需求弹性还包括需求收入弹性和需求交叉弹性等，前者用来衡量消费者收入变动时需求量如何变动，后者用来衡量其他相关商品价格变动时对所考察的商品的需求量的影响。因篇幅所限，在此从略。

四、供给的价格弹性及其决定因素

供给规律表明，价格上升供给量增加。供给价格弹性衡量供给量对价格变动的反应程度。如果供给量对价格变动的反应很大，可以说这种物品的供给是富有弹性的；如果供给量对价格变动的反应很小，可以说这种物品的供给是缺乏弹性的。

供给价格弹性取决于卖者改变其生产的物品产量的伸缩性。如土地供给缺乏弹性是因为几乎不可能生产出土地。与此相比，诸如冰激凌、汽车和电视机这类制成品供给富有弹性，是因为生产这些产品的企业可以由于对价格上升作出反应而让工厂更长时间地生产。

在大多数市场上，决定供给价格弹性的关键因素是所考虑的时间长短。供给的弹性通常长期大于短期。在短期中，企业不能轻易地改变其规模来增加或减少一种物品的生产。因此，在短期中供给量对价格非常不敏感。与此相比，在长期中，企业可以建立新工厂或关闭旧工厂，此外，新企业可以进入一个市场，老企业也可以撤出市场。因此，在长期中供给量可以对价格作出相当大的反应。

五、供给价格弹性的计算

现在我们对什么是供给价格弹性已经有了一个大致的概念，下面再来更准确地说明它。经济学家用供给量变动的百分比除以价格变动的百分比来计算供

给价格弹性，即

$$供给价格弹性=\frac{供给量变动的百分比}{价格变动的百分比}$$

例如，假设每加仑牛奶的价格从3美元上升到3.3美元，牧场主每月生产的牛奶量从1万加仑增加到1.15万加仑。我们计算的价格变动的百分比为：

$$价格变动的百分比=\frac{3.30-3.00}{3.00}\times 100\%=10\%$$

同样，我们计算的供给量变动的百分比为：

$$供给量变动的百分比=\frac{11\ 500-10\ 000}{10\ 000}\times 100\%=15\%$$

在这种情况下，供给价格弹性为：

$$供给价格弹性=\frac{15\%}{10\%}=1.5$$

在这个例子中，弹性为1.5，大于1，它反映了供给量变动的比例大于价格变动的比例这一事实。

在实践中，供给价格弹性通常用以下公式来计算：

$$供给价格弹性=\frac{(Q_2-Q_1)\ /\ (Q_2+Q_1)}{(P_2-P_1)\ /\ (P_2+P_1)}$$

式中，P_1 和 Q_1 为初始价格和供给量；P_2 和 Q_2 为新的价格和供给量。

六、供给、需求和弹性的一个应用

作为本章的结束，这里用供给、需求和弹性这些有用的经济分析工具来考察石油输出国组织（OPEC）在世界石油市场的行为及其影响。

在过去几十年间对世界经济最具破坏性的大多数事件源于世界石油市场。20世纪70年代，OPEC成员决定提高世界石油价格，以增加收入。这些国家通过共同减少它们提供的石油产量，实现了这个目标。1973—1974年，石油价格上升了50%以上。几年之后，它们故伎重演。1979年石油价格又上升了14%，随后1980年上升了34%，1981年上升了34%。

但OPEC发现要维持高价格是困难的。1982—1985年，石油价格一直每年下降10%左右，由此引起的不满与混乱很快蔓延到OPEC各成员。1986年OPEC成员之间的合作完全破裂，石油价格猛跌了45%。1990年石油价格（根据总体通货膨胀进行了调整）又回到1970年开始时的水平，而且在90年代的大部分年份中一直保持在这一低水平上。

这个事件表明，供给与需求在短期与长期中的状况是不同的。

在短期中，石油的供给和需求都是较为缺乏弹性的。供给缺乏弹性是因为已知的石油储量和石油开采能力不能迅速改变；需求缺乏弹性是因为购买习惯不会立即对价格变动作出反应。例如，许多老式耗油汽车的所有者仍然支付高额的油价。石油的短期供给和需求曲线是陡峭的。当石油供给曲线移动时，价格上升幅度较大。

长期的情况则完全不同。在长期中，OPEC 以外的石油生产者对高价格的反应是扩大石油勘探并增加新的开采能力，消费者的反应是更为节俭，例如用新型节油汽车代替老式耗油的汽车。因此，石油的长期供给和需求曲线都更富有弹性。在长期中，供给曲线移动时，价格的变动要小得多。

这种分析表明，为什么 OPEC 只在短期中成功地保持了石油高价格。当 OPEC 成员一致同意减少它们的石油生产时，供给曲线向左移动。尽管每个 OPEC 成员销售的石油少了，但短期内价格上升如此之多，以至于 OPEC 成员的收入反而增加了。与此相比，在长期中，当供给和需求比较富有弹性时，用供给曲线移动来衡量的同样的供给减少只引起价格小幅上升。因此，这证明了 OPEC 成员共同减少供给在长期中无利可图。

本章小结

1. 需求曲线表示一种物品的需求量如何取决于价格。根据需求规律，当一种物品价格下降时，需求量增加，因此，需求曲线向右下方倾斜。

2. 除了价格之外，决定需求量的其他因素包括收入、偏好、预期，以及替代品和互补品的价格。如果这些其他决定因素中的一种发生了变化，需求曲线就会移动。

3. 供给曲线表示一种物品的供给量如何取决于价格。根据供给规律，当一种物品价格上升时，供给量增加。因此，供给曲线向右上方倾斜。

4. 除了价格之外，决定供给量的其他因素包括投入品价格、技术以及预期。如果这些其他决定因素中的一种发生了变化，则供给曲线移动。

5. 供给与需求曲线相交决定了市场均衡。在均衡价格下，需求量等于供给量。

6. 买者与卖者的行为自然而然地使市场趋向于均衡。当市场价格高于均衡价格时，存在超额供给，就会引起市场价格下降；当市场价格低于均衡价格时，存在超额需求，就会引起市场价格上升。

7. 为了分析一个事件如何影响市场，用供求图来考察这一事件对均衡价格和数量的影响。按照三个步骤进行分析：第一，确定该事件是使供给曲线移动，还是使需求曲线移动；第二，确定曲线移动的方向；第三，将新均衡与旧均衡进行比较。

8. 需求价格弹性衡量需求量对价格变动的反应程度。如果某种物品是奢侈品而不是必需品，如果可以得到相近的替代品，如果市场范围狭小，或者如果买者有相当长时间对价格变动作出反应，那么，这种物品就倾向于更富有弹性。

9. 可以用需求量变动的百分比除以价格变动的百分比来计算需求价格弹性。如果弹性小于1，以至于需求量变动的比例小于价格变动的比例，那么，就可以说需求缺乏弹性；如果需求价格弹性大于1，以至于需求量变动的比例大于价格变动的比例，那么，就可以说这种物品的需求富有弹性。

10. 总收益等于该物品的价格乘以销售量。对于缺乏弹性的需求曲线，总收益随着价格的上升而增加。对于富有弹性的需求曲线，总收益随着价格上升而减少。

11. 供给价格弹性衡量供给量对价格变动的反应程度。这种弹性往往取决于所考虑时间长短。在大多数市场上，供给在长期中比在短期中更富有弹性。

12. 可以用供给量变动的百分比除以价格变动的百分比来计算供给价格弹性。如果弹性小于1，以至于供给量变动的比例小于价格变动的比例，可以说这种物品供给缺乏弹性。如果弹性大于1，以至于供给量变动的比例大于价格变动的比例，可以说供给富有弹性。

思考题

1. 考虑家用旅行车市场。根据下面所列的每一个事件，确定哪一种需求或供给的决定因素要受到影响，并且指出，需求或供给是增加还是减少。

（1）人们决定多生孩子。

（2）钢铁工人的罢工提高了钢材价格。

（3）工程师开发生产出新的自动化机器用于家庭旅行车。

（4）客货两用车价格上升。

（5）股市崩溃减少了人们的财产。

2. 比萨饼市场有以下需求与供给表，根据表中数据画出需求与供给曲线。这个市场上均衡价格和均衡数量是多少？如果这个市场上实际价格高于均衡价格，什么因素会使市场趋向于均衡？如果这个市场上实际价格低于均衡价格，什么因素会使市场趋向于均衡？

价格（美元）	需求量（个）	供给量（个）
4	135	26
5	104	53
6	81	81
7	68	98
8	53	110
9	39	121

3. 假设你们大学里篮球比赛门票的价格是由市场力量决定的。现在，需求与供给表如下：

价格（美元）	需求量（张）	供给量（张）
4	10 000	8 000
8	8 000	8 000
12	6 000	8 000
16	4 000	8 000
20	2 000	8 000

（1）根据表中数据画出需求曲线和供给曲线。这条供给曲线有什么不寻常之处？为什么这是正确的？

（2）篮球比赛门票的均衡价格和数量是多少？

（3）下一年度你们大学计划总计增加 5 000 名学生。请给出增加学生的需求表。

重点概念

1. 需求量：买者在给定价格下愿意而且能够购买的某种物品的数量。
2. 供给量：卖者在给定价格下愿意而且能够出售的某种物品的数量。
3. 需求规律：在其他条件相同时，一种物品价格上升，该物品需求量减少。
4. 供给规律：在其他条件相同时，一种物品价格上升，该物品供给量随之增加。
5. 供求均衡：一种商品的供给量和需求量相等时的状态。
6. 均衡价格：当商品达到供求均衡时所对应的价格。
7. 均衡数量：当商品达到供求均衡时所对应的需求量或供给量。
8. 需求价格弹性：一种物品需求量对其价格变动反应程度的衡量，用需求量变动的百分比除以价格变动的百分比来计算。
9. 供给价格弹性：一种物品供给量对其价格变动反应程度的衡量，用供给量变动的百分比除以价格变动的百分比来计算。

03

Chapter

第3章

消费者选择

每天，我们都要就如何配置有限的金钱和时间作出许多选择。我们应该吃早餐，还是应该睡懒觉呢？傍晚是读书还是去拜访朋友呢？是买一台新电视机还是修理原来的旧电视机呢？是花掉收入还是储蓄起来以备日后之用呢？当我们平衡各种需求和欲望的时候，实际就是在作出决定自己生活方式的选择。

隐含在这些个人选择背后的，是上一章介绍的需求方面的分析。本章进一步考察需求，探讨消费者选择和消费者行为的基本原则。

第1节　无差异曲线

一、效用的概念

在西方经济学中，效用是指商品满足人的欲望的能力，或者说，效用是指消费者在消费商品时所感受到的满足程度。一种商品对消费者是否具有效用，取决于消费者是否有消费这种商品的欲望，以及这种商品是否具有满足消费者的欲望的能力。效用这一概念与人的欲望是联系在一起的，它是消费者对商品满足自己欲望的能力的一种主观心理评价。

既然效用是用来表示消费者在消费商品时所感受到的满足程度，于是，就产生了对这种满足程度即效用的度量问题。就这一问题，西方经济学家先后提出了基数效用和序数效用的概念，并在此基础上形成了分析消费者行为的两种方法，即基数效用论者的边际效用分析方法和序数效用论者的无差异曲线的分析方法。本章下面介绍后者。

二、关于消费者偏好的假定

序数效用论者认为，商品的效用是无法具体衡量的，它只能用顺序或等级来表示。序数效用论者指出：消费者对于各种不同的商品组合的偏好（即爱好）程度是有差别的，这种偏好程度的差别决定了不同商品组合的效用的大小顺序。具体地讲，对于 A，B 两个商品组合，若某消费者对 A 组合的偏好程度大于对 B 组合的偏好程度，则可以说 A 组合的效用水平高于 B 组合，或者说，A 组合给消费者带来的满足程度大于 B 组合。

序数效用论者对消费者偏好有以下三个基本的假设条件：

（1）对于任何两个商品组合 A 和 B，消费者总是可以作出，而且只能作出以下三种判断中的一种：对 A 的偏好大于对 B 的偏好，对 A 的偏好小于对 B 的偏好，对 A 和 B 的偏好相同。对 A 和 B 具有相同的偏好，也称为 A 和 B 是无差异的。

（2）对于任何三个商品组合 A，B 和 C，如果某消费者已经作出判断：对 A 的偏好大于（小于或等于）对 B 的偏好，对 B 的偏好大于（小于或等于）对 C 的偏好，那么，该消费者必须作出对 A 的偏好大于（小于或等于）对 C 的偏好的判断。

（3）如果两个商品组合的区别仅在于其中一种商品的数量不同，那么，消费者总是更偏好含有这种商品数量较多的那个组合。这意味着，消费者对每一种商品的消费都具有“多多益善”的心理状态。

三、无差异曲线及其特点

无差异曲线和偏好这一概念是联系在一起的。

无差异曲线是用来表示消费者偏好相同的两种商品的不同数量的各种组合的一条曲线。或者说，它是表示能给消费者带来相同的效用水平或满足程度的两种商品的不同数量的各种组合的一条曲线。

无差异曲线可以用表 3－1 和图 3－1 来说明。

表 3－1 是由某消费者关于商品 1 和商品 2 的一系列组合所构成的无差异表。该表由三个子表即表 a、表 b 和表 c 组成，每一张子表中有商品 1 和商品 2 的不同数量的 6 种组合。每一张子表中的 6 种商品组合给该消费者所带来的效用水平被假设为相等的。以其中的表 a 为例分析：表 a 中有商品 1 和

表 3－1　某消费者的无差异表

商品组合	表 a		表 b		表 c	
	X_1	X_2	X_1	X_2	X_1	X_2
A	20	130	30	120	50	120
B	30	60	40	80	55	90
C	40	45	50	63	60	83
D	50	35	60	50	70	70
E	60	30	70	44	80	60
F	70	27	80	40	90	54

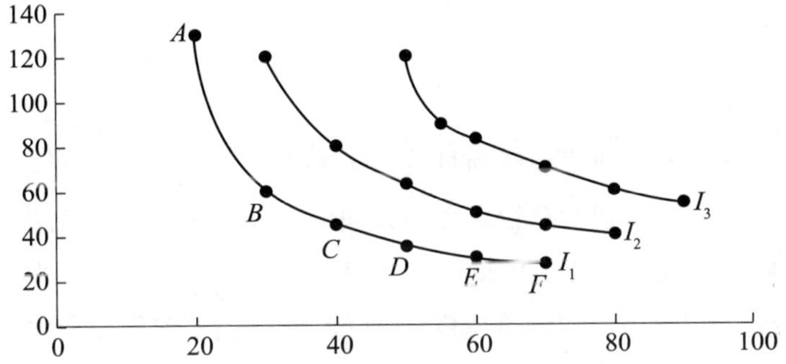

图 3－1　某消费者的无差异曲线

商品 2 的 A，B，C，D，E，F 6 种组合，A 组合中有 20 单位的商品 1 和 130 单位的商品 2；B 组合中有 30 单位的商品 1 和 60 单位的商品 2，等等。消费者对于这 6 个消费组合的偏好程度是无差异的，他认为这 6 个组合各自给他所带来的满足程度是相同的。同理，消费者对表 b 中的 6 个商品组合的偏好程度也是无差异的，表 c 中的 6 个商品组合给消费者带来的满足程度也是相同的。

需要注意的是，尽管表 a、表 b 和表 c 各自代表一定的效用水平，但是，它们之间的效用水平是不相同的。根据消费者偏好的第三个假设，稍加分析，就不难发现，表 a 所代表的效用水平低于表 b，表 b 又低于表 c。当然，消费者的偏好的程度是无限多的，因此，他有无穷多个无差异子表。表 3－1 所示的不过是其中的 3 个。

根据表 3－1 绘制的无差异曲线如图 3－1 所示。既然消费者具有无穷多个无差异子表，那么，根据无差异子表所作出的无差异曲线也有无数条，图 3－1 所示的不过是其中的 3 条。

图中的横轴表示商品 1 的数量 X_1，纵轴表示商品 2 的数量 X_2，I_1，I_2 和 I_3 分别代表与表 a、表 b 和表 c 相对应的三条无差异曲线。图中的无差异曲线是这样得到的：以无差异曲线 I_1 为例，假定商品数量可以无限细分，先在坐标图上描出表 a 中的 A，B，C，D，E，F 这 6 个组合点，然后用曲线将这 6 个点连接起来，便形成了光滑的无差异曲线 I_1。类似地，根据表 b 和表 c，可以分别作出无差异曲线 I_2 和 I_3。

图中的每一条无差异曲线上的任何一点，如无差异曲线 I_1 上的 A，B，C，D，E 和 F 点所代表的商品组合给消费者带来的效用水平都是相等的。显然，无差异曲线是消费者偏好相同的两种商品的各种不同组合的轨迹。每一条无差异曲线代表一个效用水平，不同的无差异曲线代表不同的效用水平。在图中，三条无差异曲线各自代表的效用水平是不相同的，其中，无差异曲线 I_3 代表的效用水平高于无差异曲线 I_2，无差异曲线 I_2 代表的效用水平高于无差异曲线 I_1。

无差异曲线被认为具有以下特点：

（1）消费者对较高无差异曲线的偏好大于较低无差异曲线。消费者通常偏好更多而不是更少的商品。这种对更多数量的偏好反映在无差异曲线上。正如图 3－1 所示，较高的无差异曲线 I_3 所代表的商品量多于较低的无差异曲线 I_2 和 I_1。因此，消费者偏好较高的无差异曲线。

（2）无差异曲线向右下方倾斜。在大多数情况下，消费者两种商品都喜欢。因此，如果要减少一种物品的数量，为了使消费者满足程度不变，就必须增加另一种物品的数量。这意味着，无差异曲线通常向右下方倾斜。

（3）在同一坐标平面上的任意两条无差异曲线不会相交。这可以用图 3－2 来说明。

在图 3－2 中，假设两条无差异曲线 I_1 和 I_2 相交于 A 点，这说明无差异曲线 I_1 上的 B 点的效用水平和无差异曲线 I_2 上的 C 点的效用水平由于都等于相交点 A 点的效用水平，消费者认为 B 点和 C 点是无差异的。但是，由于 C 点的商品组合所代表的两种商品的数量都大于 B 点的商品组合，根据消费者偏好的第三个假定，消费者对 C 点的商品组合的偏好必定大于对 B 点的商品组合的偏好。这样一来，消费者在认为 B 点和 C 点无差异的同时，又认为 C 点优于 B 点，这就违反了消费者偏好的第一个假定。所以，图中两条无差异曲线相交的画法是错误的。

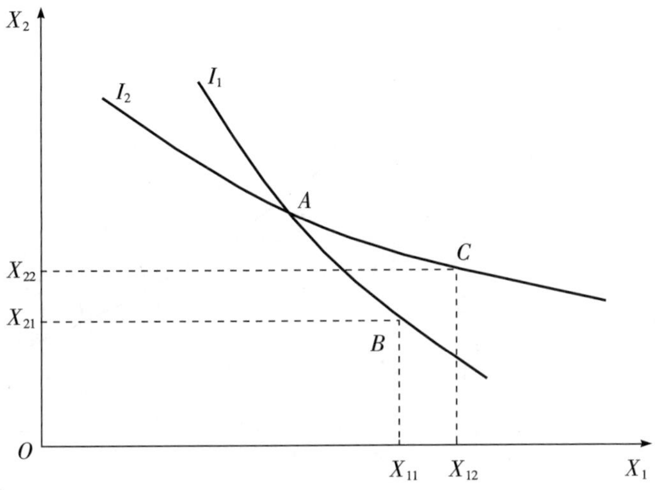

图 3－2　违反偏好假定的无差异曲线

（4）无差异曲线是凸向原点的。从图 3－1 可见，无差异曲线不仅是向右下方倾斜的，即无差异曲线的斜率是负值，而且无差异曲线是凸向原点的，即随着商品 1 的数量的连续增加，无差异曲线的斜率的绝对值是递减的。无差异曲线的这一特点是由商品的边际替代率递减规律所决定的。关于这一点，将在下一节给出详细的说明。

四、商品的边际替代率

可以想象一下，当一个消费者沿着一条既定的无差异曲线上下移动时，两种商品数量的组合会发生变化，但消费者所得到的效用水平却是不变的。也可以反过来说，消费者若要维持效用水平不变，则在增加一种商品的消费量的同时，必然会减少另一种商品的消费量。由此可以得到商品的边际替代率的概念：在维持效用水平或满足程度不变的条件下，消费者增加 1 单位某种商品的消费所必须放弃的另一种商品的消费数量。以 MRS 代表商品的边际替代率，则商品 1 对商品 2 的边际替代率的公式为：

$$MRS_{12}=-\frac{\Delta X_2}{\Delta X_1} \tag{3.1}$$

式中，ΔX_1 和 ΔX_2 分别为商品 1 和商品 2 数量的变化量。由于 ΔX_1 和 ΔX_2 的符号肯定是相反的，为了使商品的边际替代率取正值以便于比较，所以，在公式中加了一个负号。

我们用图 3－3 具体说明商品的边际替代率的概念。

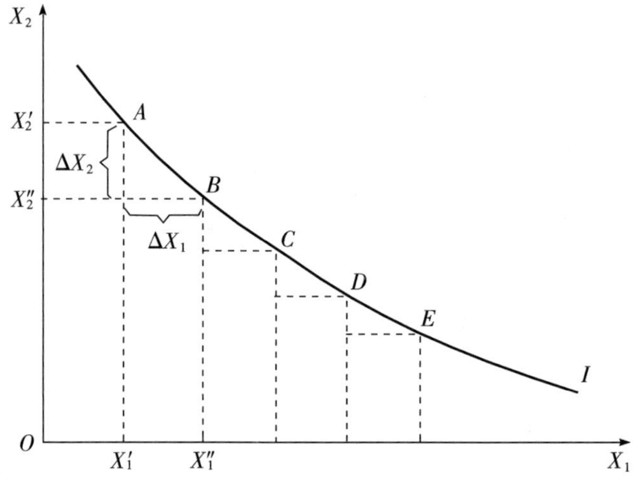

图 3-3　商品的边际替代率

图中一条既定的无差异曲线为 I。如果消费者沿着这条无差异曲线由 A 点运动到 B 点，由于效用水平不发生变化，因此，当商品 1 的数量由 X_1' 增加到 X_1'' 时，商品 2 的数量会相应地由 X_2' 减少为 X_2''。或者说，消费者愿意放弃 $X_2'X_2''$ 即 ΔX_2 数量的商品 2，以取得 $X_1'X_1''$ 即 ΔX_1 数量的商品 1。在这种情况下，两种商品的变化量之比的绝对值即 $-\frac{\Delta X_2}{\Delta X_1}$，就是由 A 点到 B 点的商品 1 对商品 2 的边际替代率。

假定商品数量的变化量趋于无穷小，即当 $\Delta X_1 \to 0$ 时，则商品的边际替代率的式（3.1）可以写为：

$$MRS_{12} = \lim_{\Delta X_1 \to 0}\left(-\frac{\Delta X_2}{\Delta X_1}\right) = -\frac{\mathrm{d}X_2}{\mathrm{d}X_1} \tag{3.2}$$

显然，无差异曲线上任何一点的商品的边际替代率等于无差异曲线在该点的斜率的绝对值。

第 2 节　消费者的预算线

任何消费者在购买商品时总要受到一定的收入水平的限制，因此，序数效用论者在分析消费者行为时又建立了消费者的预算线。

一、预算线的含义

预算线又称为预算约束线、消费可能线或价格线。预算线表示在消费者收入和商品价格既定的条件下，消费者的全部收入所能购买的两种商品的不同数量的各种组合。

假定某消费者有一笔收入为 80 美元，全部用来购买商品 1 和商品 2，商品 1 的价格为 4 美元，商品 2 的价格为 2 美元。那么，全部收入都用来购买商品 1 可得 20 单位，全部收入都用来购买商品 2 可得 40 单位。由此作出的预算线为图 3－4 中的 AB 线段。

在图 3－4 中，预算线 AB 把平面坐标图划分为三个区域：预算线 AB 以外的区域中的任何一点，如 C 点，是消费者利用全部收入不可能实现的商品购买的组合点；预算线 AB 以内的区域中的任何一点，如 D 点，表示消费者的全部收入在购买该点的商品组合以后还有剩余；唯有预算线 AB 上的任何一点，才是消费者的全部收入刚好花完所能购买到的商品组合点。

如果以 I 表示消费者的既定收入，以 P_1 和 P_2 分别表示已知的商品 1 和商品 2 的价格，以 X_1 和 X_2 分别表示商品 1 和商品 2 的数量，那么，预算线的方程为：

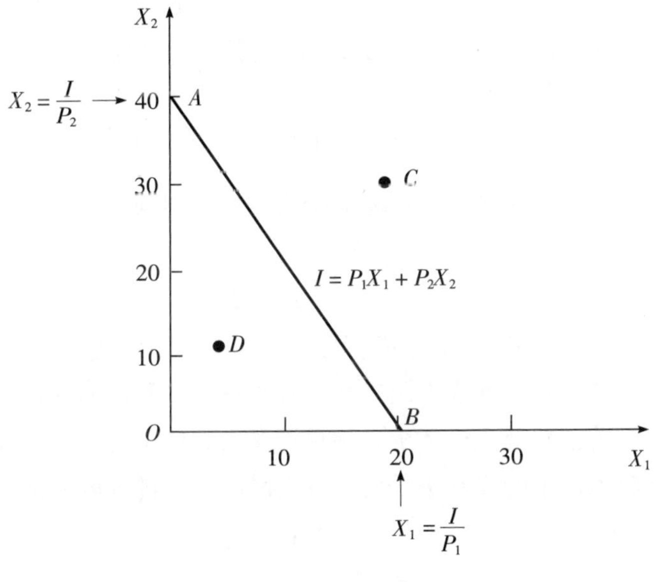

图 3－4　预算线

$$I=P_1X_1+P_2X_2 \tag{3.3}$$

该式表示：消费者的全部收入 I 等于他购买商品 1 的支出与购买商品 2 的支出的总和。

由式（3.3）可得，消费者全部收入购买商品 1 的数量为$\frac{I}{P_1}$，它是预算线在横轴的截距，即为图 3－4 中的 OB。消费者全部收入购买商品 2 的数量为$\frac{I}{P_2}$，它是预算线在纵轴的截距，即为图 3－4 中的 OA。预算线的斜率为：

$$-\frac{OA}{OB}=-\frac{\frac{I}{P_2}}{\frac{I}{P_1}}=-\frac{P_1}{P_2} \tag{3.4}$$

这说明预算线的斜率可以表示为两商品价格之比的负值。当然，式（3.3）的预算线方程也可改写为：

$$X_2=-\frac{P_1}{P_2}X_1+\frac{I}{P_2} \tag{3.5}$$

显然，式（3.5）中$-\frac{P_1}{P_2}$为预算线的斜率；$\frac{I}{P_2}$为预算线在纵轴的截距。

二、预算线的变动

既然预算线表示在一定的收入 I 的限制下，当两种商品的价格 P_1 和 P_2 已知时，消费者可以购买到的两种商品的各种组合，那么，消费者的收入 I 或商品价格 P_1，P_2 发生变化时，就会引起预算线的变动。预算线的变动可以归纳为以下四种情况：

（1）当两种商品的价格不变，消费者的收入发生变化时，预算线的位置会发生平移。这是因为商品的价格不变，则预算线的斜率$-\frac{P_1}{P_2}$不变。于是，收入的变化只能引起预算线的截距$\frac{I}{P_1}$和$\frac{I}{P_2}$的变化，如图 3－5（a）所示。假定原有的预算线为 AB，若消费者收入增加，则预算线由 AB 向右平移至$A'B'$。它表示消费者的全部收入用来购买其中任何一种商品的数量都因收入的增加而增加了。若消费者收入减少，则预算线由 AB 向左平移至 $A''B''$。它表示消费者的全部收入用来购买其中任何一种商品的数量都因收入的减少而减少了。

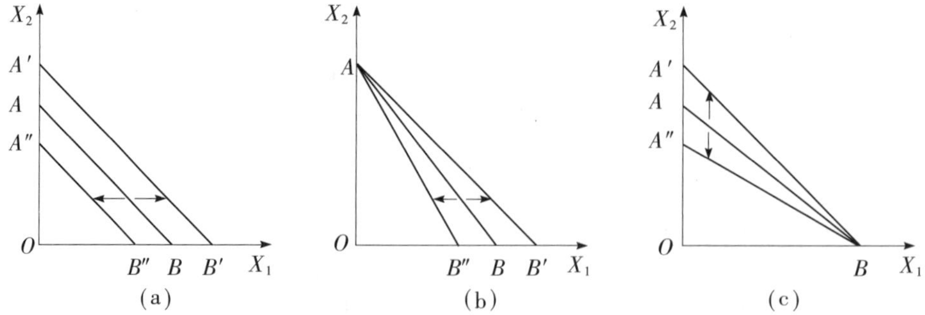

图 3－5　预算线的变动

（2）当消费者的收入不变，两种商品的价格同比例、同方向变化时，预算线的位置也会发生平移。这是因为两种商品价格同比例、同方向的变化并不影响预算线的斜率$-\frac{P_1}{P_2}$，而只能引起预算线的截距$\frac{I}{P_1}$和$\frac{I}{P_2}$的变化。仍以图3-5（a）说明。若两种商品的价格同比例下降，则预算线AB向右平移至$A'B'$；若两种商品的价格同比例上升，则预算线向左平移至$A''B''$。前者表示消费者的全部收入用来购买其中任何一种商品的数量都同比例于价格的下降而增加，后者则表示都同比例于价格的上升而减少。

（3）当消费者的收入不变，一种商品的价格不变而另一种商品的价格发生变化时，不仅预算线的斜率$-\frac{P_1}{P_2}$会发生变化，而且预算线的截距$\frac{I}{P_1}$和$\frac{I}{P_2}$也会发生变化。以图3-5（b）来说明。假定原来的预算线为AB。若商品1的价格P_1下降，则预算线由AB移至AB'。它表示消费者的全部收入用来购买商品1的数量因P_1的下降而增加了，但全部收入用来购买商品2的数量并未受到影响。同理，若商品1的价格P_1提高，则预算线由AB移至AB''。

类似地，在图3-5（c）中，商品2的价格的下降与上升分别使得预算线由AB移至$A'B$和$A''B$。

（4）当消费者的收入和两种商品的价格都同比例、同方向变化时，预算线不发生变化。这是因为此时预算线的斜率$-\frac{P_1}{P_2}$不会发生变化，预算线的截距$\frac{I}{P_1}$和$\frac{I}{P_2}$也不会发生变化。这说明消费者的全部收入用来购买其中任何一种商品的数量都是不变的。

第3节 消费者的均衡

序数效用论者把无差异曲线和预算线结合在一起来说明消费者的均衡。

任何一个理性的消费者在用一定的收入购买商品时，其目的都是从中获得尽可能大的消费满足。前面已经提到，消费者的偏好决定了消费者的无差异曲线，一个消费者关于任何两种商品的无差异曲线组合可以覆盖整个坐标平面；消费者的收入和商品的价格决定消费者的预算线，在收入既定和商品价格已知的条件下，一个消费者关于两种商品的预算线只能有一条。那么，当一个消费者面临一条既定的预算线和无数条无差异曲线时，他应该如何决策才能获得最大的满足呢？序数效用论的分析指出，只有既定的预算线与其中一条无差异曲线的相切点，才是消费者获得最大效用水平或满足程度的均衡点。下面以图 3－6 来具体说明。

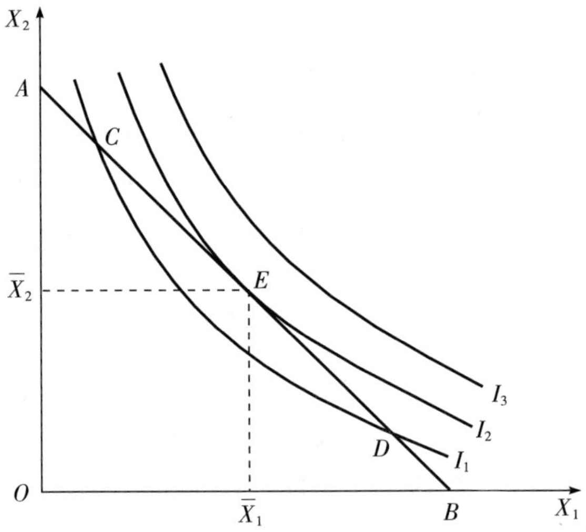

图 3－6　消费者的均衡

假定图中 AB 线段表示在某消费者收入既定和商品价格已知条件下的预算线，I_1，I_2 和 I_3 曲线表示在该消费者无数条无差异曲线中具有代表性的三条。现在的问题是：消费者应该如何选择两种商品的购买数量（X_1，X_2），才能获得最大的效用？

图 3－6 中既定的预算线 AB 和其中一条无差异曲线 I_2 相切于 E 点，则 E 点就是在既定收入约束条件下消费者能够获得最大效用的均衡点。这是因为就无差异曲线 I_3 来说，虽然它代表的效用水平高于无差异曲线 I_2，但它与既定的预算线 AB 既无交点又无切点。这说明消费者在既定的收入水平下是无法购买无差异曲线 I_3 上的任何一点的商品组合的。就无差异曲线 I_1 来说，虽然它与既定的预算线 AB 相交于 C，D 两点，表明消费者利用现有收入可以购买无差异曲线 I_1 上的 C，D 两点的商品组合，但是无差异曲线 I_1 的效用水平低于无差异曲线 I_2，C，D 两点的商品组合不会给消费者带来最大的满足。因此，理性的消费者是不会用全部收入去购买无差异曲线 I_1 上的 C，D 两点的商品组合的。事实上，就 C 点和 D 点来说，若消费者能购买 AB 线段上位于 C 点右边和 D 点左边的任何一点的商品组合，则都可以达到比 I_1 更高的无差异曲线，以获得比 C 点和 D 点更大的效用。这种沿着 AB 线段由 C 点往右和由 D 点往左的运动，最后必定在 E 点达到均衡。显然，只有当既定的预算线 AB 和无差

异曲线 I_2 相切于 E 点时，消费者才在一定收入的约束条件下获得最大的满足。因此，E 点即为消费者效用最大化的均衡点。在均衡点 E 上，消费者关于商品 1 和商品 2 的最优购买数量的组合为（$\overline{X}_1$，$\overline{X}_2$）。

在切点 E，无差异曲线 I_2 和预算线 AB 的斜率是相等的。前面已经提到，无差异曲线的斜率的绝对值可以用商品的边际替代率来表示，预算线的斜率的绝对值可以用两商品的价格之比来表示，所以，在 E 点有

$$MRS_{12}=\frac{P_1}{P_2} \tag{3.6}$$

这就是消费者效用最大化的均衡条件。它表示在一定的收入约束条件下，为了得到最大的消费满足，消费者应选择最优的商品数量的购买组合，使得两种商品的边际替代率等于两种商品的价格之比。也可以说，它表示：在消费者的均衡点上，消费者愿意用 1 单位的某种商品去交换另一种商品的数量，应该等于该消费者能够在市场上用 1 单位的这种商品去交换另一种商品的数量。

式（3.6）的消费者均衡条件的经济含义是什么呢？或者说，为什么说只有当 $MRS_{12}=\frac{P_1}{P_2}$ 时，消费者才能获得最大的满足呢？

按照序数效用论的解释，因为如果

$$MRS_{12}=-\frac{dX_2}{dX_1}=\frac{1}{0.5}>\frac{1}{1}=\frac{P_1}{P_2}$$

那么，从不等式右边看，市场上，在消费者购买总支出不变的条件下，消费者减少 1 单位的商品 2 的购买，就可以增加 1 单位的商品 1 的购买。而从不等式的左边看，消费者认为，在减少 1 单位的商品 2 的消费量时，只需增加 0.5 单位的商品 1 的消费量，就可以维持原有的满足程度。这样，消费者就因多得到 0.5 单位的商品 1 的消费量而使总效用增加。所以，在这种情况下，理性的消费者必然会不断地减少对商品 2 的购买和增加对商品 1 的购买，以便获得更大的效用。例如，在图 3－6 中的 C 点，无差异曲线的斜率的绝对值大于预算线的斜率的绝对值，即 $MRS_{12}>\frac{P_1}{P_2}$，消费者就会沿着预算线 AB 减少对商品 2 的购买和增加对商品 1 的购买，逐步达到均衡点 E。

相反，如果

$$MRS_{12}=-\frac{dX_2}{dX_1}=\frac{0.5}{1}<\frac{1}{1}=\frac{P_1}{P_2}$$

那么，从不等式的右边看，在市场上，在消费者的购买总支出不变的条件下，消费者减少 1 单位的商品 1 的购买，就可以增加 1 单位的商品 2 的购买。而从不等式的左边看，消费者认为，在减少 1 单位的商品 1 的消费量时，只需增加 0.5 单位的商品 2 的消费量，就可以维持原有的满足程度。这样，消费者就因

多得到 0.5 单位的商品 2 的消费量而使总效用增加。所以，在这种情况下，理性的消费者必然会不断减少对商品 1 的购买和增加对商品 2 的购买，以便获得更大的效用。例如，在图 3 - 6 中的 D 点，无差异曲线的斜率的绝对值小于预算线的斜率的绝对值，即 $MRS_{12}<\frac{P_1}{P_2}$，于是，消费者会沿着预算线 AB 减少对商品 1 的购买和增加对商品 2 的购买，逐步向均衡点 E 靠近。

显然，只有当消费者将两种商品的消费量调整到$MRS_{12}=\frac{P_1}{P_2}$时，或者说，调整到由消费者主观偏好决定的两商品的边际替代率和市场上的两商品的价格之比相等时，消费者才处于一种既不想再增加也不想再减少任何一种商品购买量这样一种均衡状态。这时，消费者获得了最大的满足。

第 4 节　需求曲线的推导

本节讨论如何从消费者的均衡推导单个消费者对某一商品的需求曲线，进而说明如何从单个消费者的需求曲线得到市场需求曲线。

一、单个消费者对某一商品的需求曲线

假定消费者在一定的收入约束下消费两种商品 X_1 和 X_2。为了推导该消费者对商品 X_1 的需求曲线，假定消费者的收入和商品 X_2 的价格均不发生变化，考察商品 X_1 的价格的变化对消费者均衡的影响。图 3 - 7（a）和（b）分别给出了当 X_1 的价格变动时，消费者均衡点的变动和消费者对商品 X_1 的需求的变动。

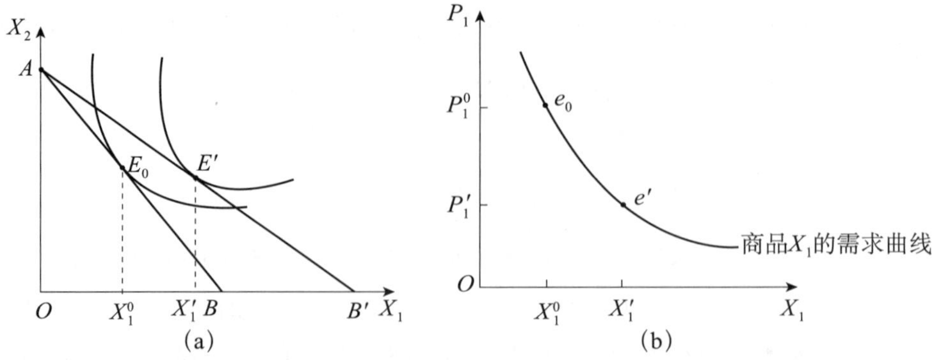

图 3 - 7　消费者对商品 X_1 需求的曲线的推导

在图3-7（a）中，当商品 X_1 的价格为 P_1^0 时，消费者的预算线为直线 AB，此时该消费者效用最大化的均衡点为 E_0。对应于 E_0，消费者对商品 X_1 的需求量为 X_1^0。相应地，在图3-7（b）中便可以在 X_1 为横坐标，P_1 为纵坐标的坐标系中找到 e_0 点，e_0 点描述了该消费者在商品 X_1 的价格为 P_1^0 时，对商品 X_1 需求量的选择，即为 X_1^0。因此，图3-7（b）中的 e_0 点便是该消费者对商品 X_1 的需求曲线上的一点。

现在考察当其他因素不变，商品 X_1 的价格从 P_1^0 下降到 P'_1时的情况。

根据前面关于消费者预算线的知识可知，当商品 X_1 的价格从 P_1^0 下降到 P_1'时，预算线会以图3-7（a）中的 A 点为支点，向外折动到 AB'。对于新的预算线 AB'，追求最大效用的消费者又会在众多的无差异曲线中，选取一条新的无差异曲线，使其和预算线 AB'在 E'点处相切。E'点对应的商品 X_1 的需求量为 X_1'。相应地，可以在图3-7（b）中找到 e'点，e'点便是商品 X_1 需求曲线的另一点。连接图3-7（b）中的 e_0 和 e'点构成的曲线，便是该消费者对商品 X_1 的需求曲线。

从上述关于消费者对商品 X_1 需求曲线的推导过程中可以看到，需求曲线与每一价格水平相对应的商品需求量，都是给消费者带来最大效用水平或满足程度的需求量。

二、从单个消费者的需求曲线到市场需求曲线

序数效用论从对单个消费者行为的分析中，推导了单个消费者对某种商品的需求曲线。下面将在此基础上进一步推导市场需求曲线。

一种商品的市场需求是指在一定时期内在各种不同的价格下市场中所有消费者对某种商品的需求数量。因而，一种商品的市场需求不仅依赖于每一个消费者的需求函数，还依赖于该市场中所有消费者的数量。

假定在某一商品市场上有 n 个消费者，他们都具有不同的个人需求函数 $Q_i^d=f_i(P)$（$i=1$，2，…，n），则该商品市场的需求函数为：

$$Q^d=\sum_{i=1}^{n}Q_i^d=\sum_{i=1}^{n}f_i(P)=F(P) \tag{3.7}$$

由式（3.7）可见，一种商品的市场需求是对在每一个价格水平上该商品的所有个人需求量的加总。由此可以推知，只要有了某商品市场的每个消费者的需求表或需求曲线，就可以通过加总的方法，得到该商品市场的需求表或需求曲线。下面用表3-2和图3-8来说明。

表 3-2　从单个消费者的需求表到市场需求表

商品价格 (1)	消费者 A 的需求量 (2)	消费者 B 的需求量 (3)	市场需求量 (2)＋(3)＝(4)
0	20	30	50
1	16	24	40
2	12	18	30
3	8	12	20
4	4	6	10
5	0	0	0

在表 3-2 中，假设某商品市场上只有 A，B 两个消费者，他们各自在每一个价格水平的需求量分别为表中第（2），（3）栏。通过把每一个价格水平上 A，B 两个消费者的需求量加总，便可得到每一个价格水平上的市场需求量，为表中第(4）栏。

图 3-8 是根据表 3-2 绘制的需求曲线。图中的市场需求曲线是 A，B 两个消费者的需求曲线的水平加总，即在每一个价格水平上，都有市场需求量 $Q^d = Q_A^d + Q_B^d$。

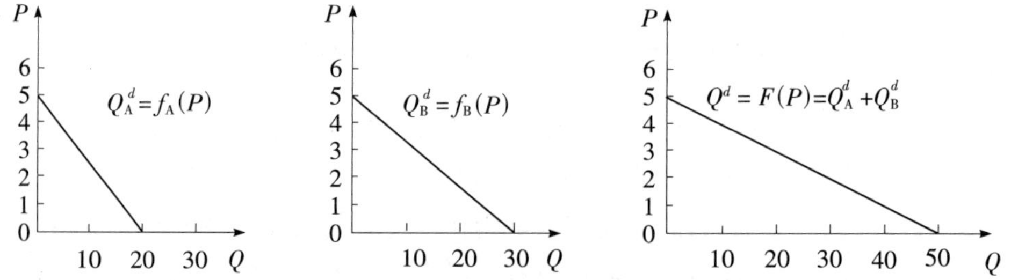

(a)消费者A的需求曲线　(b)消费者B的需求曲线　(c)市场的需求曲线

图 3-8　从单个消费者的需求曲线到市场需求曲线

市场需求曲线的推导过程说明：由于市场需求曲线是单个消费者的需求曲线的水平加总，所以，如同单个消费者的需求曲线一样，市场需求曲线一般也是向右下方倾斜的。市场需求曲线表示某商品市场在一定时期内在各种不同的价格水平所有消费者愿意而且能够购买的该商品的数量。更重要的是，从上述推导过程可知，市场需求曲线上的每个点都表示在相应的价格水平下可以给全体消费者带来最大的效用水平或满足程度的市场需求量。

第5节 消费者剩余

一、消费者剩余的概念

在购买物品时，消费者对每一单位物品所愿意支付的价格并不等于该物品在市场上的实际价格。事实上，消费者在购买物品时是按实际的市场价格支付的。于是，在消费者愿意支付的价格和实际的市场价格之间就可能产生一个差额，这个差额便构成了消费者剩余的基础。例如，某种汉堡包的市场价格为3美元，消费者在购买第一个汉堡包时，他认为值得付5美元去购买这个汉堡包，即他愿意支付的价格为5美元。于是当这个消费者在以市场价格3美元购买这个汉堡包时，就产生了额外的2美元的剩余。如果在以后的购买过程中，该消费者为购买第二个、第三个、第四个汉堡包所愿意支付的价格分别为4.50美元、4.00美元和3.50美元。这样，他为购买4个汉堡包所愿意支付的货币总量为17美元（5.00＋4.50＋4.00＋3.50），但他实际按市场价格支付的货币额为12美元（3.00×4），两者的差额为5美元（17－12），这个差额就是消费者剩余。一般来说，消费者剩余是消费者在购买一定数量的某种商品时愿意支付的货币额和实际支付的货币额之间的差额。

二、用需求曲线衡量消费者剩余

消费者剩余可以用图形来表示。简单地说，消费者剩余可以用消费者需求曲线以下、市场价格线之上的面积来表示，如图3-9中的阴影部分面积所示。

具体地看，在图3-9中，需求曲线D表示消费者对每一单位商品所愿意支付的价格。假定该商品的市场价格为P_0，消费者的购买量为Q_0。那么，根据消费者剩余的定义，我们可以推断，在销售量从零到Q_0区间需求曲线以下的面积表示消费者为购买Q_0数量的商品所愿意支付的总货币额，即相当于图中的面积$OABQ_0$；而消费者实际支付的货币额为市场价格P_0乘以购买量Q_0，即相当于图中的矩形面积OP_0BQ_0。这两块面积的差额即图中的阴影部分面积，就是消费者剩余。

以上只是利用单个消费者的需求曲线来表示和衡量单个消费者剩余。这一分析可以扩展到整个市场。类似地，我们可以由市场的需求曲线得到整个市场的消费者剩余，市场的消费者剩余可以用市场需求曲线以下、市场价格线以上的面积来表示和衡量。

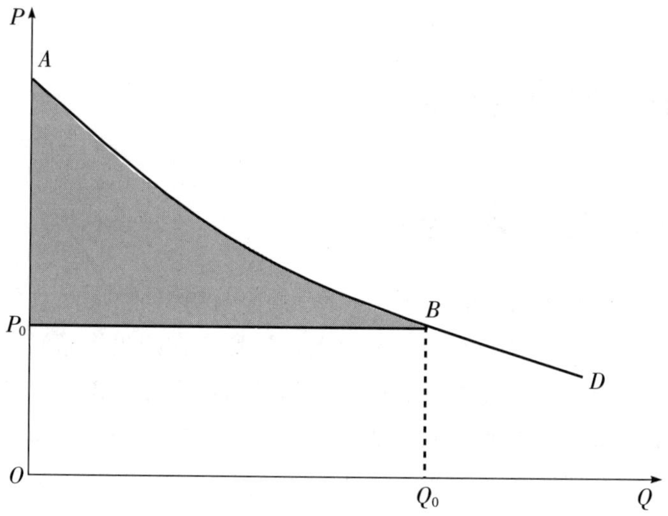

图 3－9　消费者剩余

消费者剩余是消费者的主观心理评价，它反映消费者通过购买和消费商品所感受的状态的改善。

三、价格如何影响消费者剩余

一般认为，消费者剩余反映了市场中的消费者的经济福利。为了考察价格如何影响消费者剩余，从而了解消费者的经济福利，这里以价格下降为例加以说明。

假设最初价格为 P_1，消费者购买量为 Q_1，这时，消费者剩余为图 3－10 中的三角形 ACP_1 的面积。若其他因素不变，产品价格从 P_1 下降到 P_2，如图 3－11 所示，需求量从 Q_1 增加到 Q_2，消费者剩余增加到三角形 ABP_2 的面积。

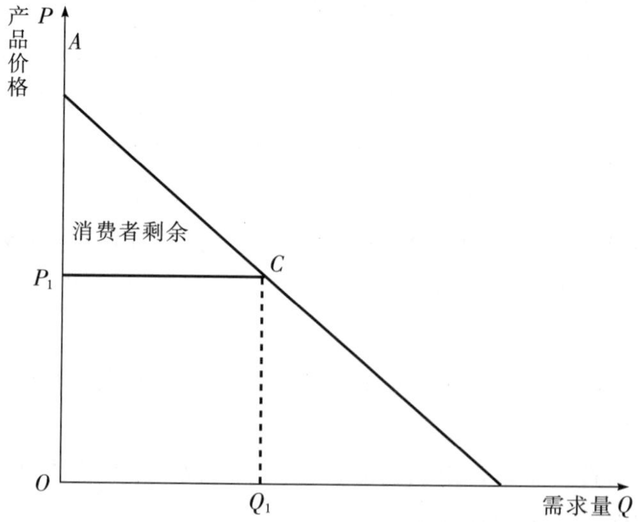

图 3－10　价格为 P_1 时的消费者剩余

从图 3 - 11 中可以看出，产品价格下降使消费者剩余增加，即消费者的福利增加了，增加的消费者剩余为图中 P_1P_2BC 的面积。增加的消费者剩余，一部分来自原来的消费者由于现在支付减少而带来的消费者剩余增加，即图中 P_1P_2DC 的面积；另一部分来自在较低的价格下吸引新的消费者（或购买量的增加）而带来的消费者剩余增加，即图中的三角形 BCD 的面积。

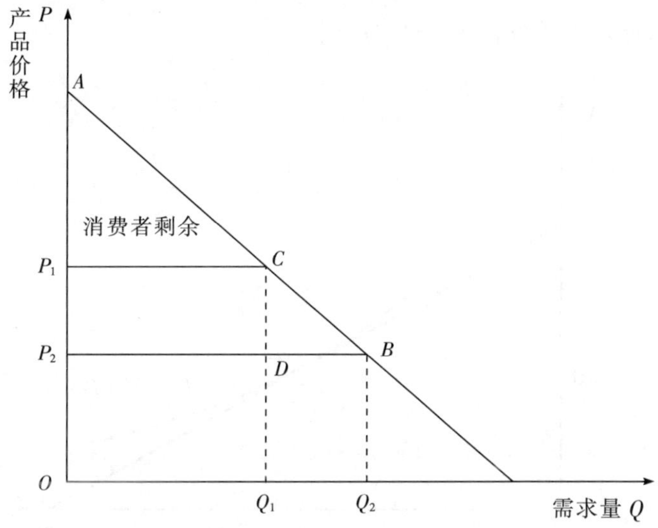

图 3 - 11　价格为 P_2 时的消费者剩余

本章小结

1. 消费者购买商品的行为可以描述为，消费者在一定的预算约束之下，通过购买选择，使其满足程度最大化。

2. 在既定的预算约束下，消费者选择使商品的边际替代率等于商品的价格比，即相对价格时，就达到了使其满足程度最大化的状态。

3. 消费者的需求曲线是产生于个人选择使其满足程度达到最大化的商品组合的过程。

4. 市场需求曲线可由市场中每个消费者的需求曲线水平相加得到。

5. 消费者剩余等于买者对一种物品的支付意愿减去实际为该种物品所支付的货币量，它衡量买者从参与市场交易中所得到的收益。可以通过找出需求曲线以下和价格线以上的面积来衡量消费者剩余。

思考题

1. 已知一件衬衫的价格为 80 美元，一份肯德基快餐的价格为 20 美元，在某消费者关于这两种商品的效用最大化的均衡点上，一份肯德基快餐对一件衬衫的边际替代率是多少？

2. 假设某消费者的均衡如图 3－12 所示。图中，横轴 OX_1 和纵轴 OX_2 分别表示商品 1 和商品 2 的数量，线段 AB 为消费者的预算线，曲线 I 为消费者的无差异曲线，E 点为均衡点。已知商品 1 的价格 $P_1=2$ 美元。

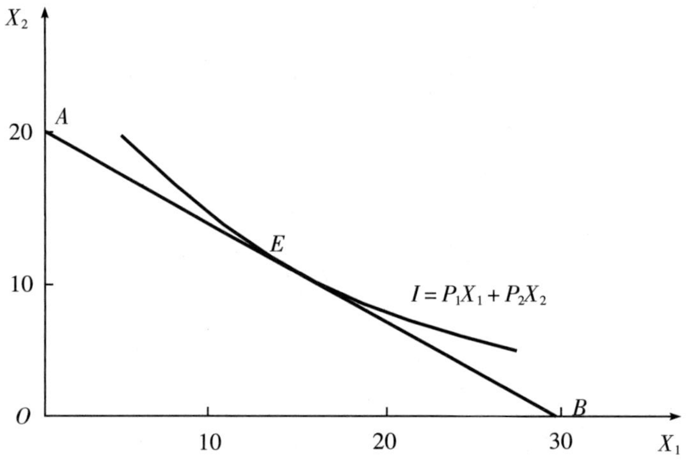

图 3－12　某消费者的均衡

（1）求消费者的收入。

（2）求商品 2 的价格 P_2。

（3）写出预算线方程。

（4）求预算线的斜率。

（5）求 E 点的 MRS_{12} 的值。

3. 假设某商品市场上只有 A，B 两个消费者，他们的需求函数分别为 $Q_A^d=20-4P$ 和 $Q_B^d=30-5P$。

（1）列出这两个消费者的需求表和市场需求表。

（2）根据（1）的回答，画出这两个消费者的需求曲线和市场需求曲线。

重点概念

1. 无差异曲线：表示能给消费者带来相同的效用水平或满足程度的两种商品的不同数量的各种组合。

2. 商品的边际替代率：在维持效用水平或满足程度不变的条件下，消费者增加一单位某种商品的消费所必须放弃的另一种商品的消费数量。

3. 预算线：在消费者收入和商品价格既定的条件下，消费者的全部收入所能购买的两种商品的不同数量的各种组合。

4. 消费者剩余：消费者在购买一定数量的某种商品时愿意支付的货币额和实际支付的货币额之间的差额。

04

Chapter

第 4 章

生产与成本

我们每天享用的物品与劳务都是企业生产的。我们穿的衣服是服装厂生产的，吃的粮食是农民生产的，住的房子是建筑公司建造的，骑的自行车是自行车厂生产的。一个社会经济是由成千上万家企业组成的，这些企业不仅规模大小不一，而且生产的产品也五花八门。

虽然在第 2 章中也涉及企业的生产决策，但那只是初步的。在本章和下一章中，我们将更仔细地考察企业行为，以便更好地理解市场供给曲线背后的决策行为。

第 1 节　生产的描述

在西方经济学中，生产者亦称厂商，是指能够作出统一的生产决策的单个经济单位。厂商可以采取个人、合伙和公司性质的经营组织形式。其中，个人企业指单个人独资经营的厂商组织，合伙企业指两个人以上合资经营的厂商组织，公司企业指按公司法建立和经营的厂商组织。

在微观经济分析中，厂商被假定为合乎理性的经济人，厂商提供产品的目的在于追求最大的利润。

一、生产函数的概念

厂商进行生产的过程就是从生产要素的投入到产品的产出的过程。在西方经济学中，生产要素一般被划分为劳动、土地、资本和企业家才能这四种类型。劳动指人类在生产过程中提供的体力和智力的总和。土地不仅指土地本身，还包括地上和地下的一切自然资源，如森林、江河湖泊、海洋和矿藏等。资本可以表现为实物形态或货币形态。资本的实物形态又称为资本品或投资品，如厂房、机器设备、动力燃料、原材料等。资本的货币形态通常称为货币资本。通过对生产要素的运用，厂商可以提供各种实物产品，如房屋、食品、机器、日用品等，也可以提供各种无形产品即劳务，如理发、医疗、教育、旅游服务等。

生产过程中生产要素的投入量和产品的产出量之间的关系，可以用生产函数来表示。生产函数表示在一定时期内，在技术水平不变的情况下，生产中所使用的各种生产要素的数量与所能生产的最大产量之间的关系。任何生产函数都以一定时期内的生产技术水平作为前提条件，一旦生产技术水平发生变化，原有的生产函数就会发生变化，从而形成新的生产函数。新的生产函数可能是以相同的生产要素投入量生产出更多或更少的产量，也可能是以变化了的生产要素的投入量进行生产。

在经济学的分析中，通常假定生产中只使用劳动和资本这两种生产要素。若以 L 表示劳动投入数量，以 K 表示资本投入数量，则生产函数可以写为：

$$Q = f(L, K) \tag{4.1}$$

生产函数表示生产中的投入量和产出量之间的依存关系，这种关系普遍存在于各种生产过程之中。一家工厂必然有一个生产函数，一家饭店也是如此，甚至一所学校或医院同样会存在各自的生产函数。估算和研究生产函数，对于经济理论研究和生产实践都具有一定意义。这也是很多经济学家和统计学家对生产函数感兴趣的原因。

二、生产中的短期与长期

微观经济学的生产理论可以分为短期生产理论和长期生产理论。短期指生产者来不及调整全部生产要素的数量，至少有一种生产要素的数量固定不变的时间周期；长期则指生产者可以调整全部生产要素的数量的时间周期。相应地，在短期内，生产要素投入可以分为不变要素投入和可变要素投入：生产者在短期内无法进行数量调整的那部分要素投入是不变要素投入，例如机器设备、厂房等；生产者在短期内可以进行数量调整的那部分要素投入是可变要素投入，例如劳动、原材料、燃料等。在长期内，生产者可以调整全部的要素投入，例如，生产者根据企业的经营状况，可以缩小或扩大生产规模，也可以加入或退出一个行业的生产。由于在长期内所有的要素投入量都是可变的，因而也就没有可变要素投入和不变要素投入的区分了。

在这里，短期和长期的划分是以生产者能否变动全部要素投入的数量为标准的。对于不同的产品生产，短期和长期的具体时间的规定是不同的。譬如，变动一个大型炼油厂的规模可能需要 5 年的时间，而变动一个豆腐作坊的规模可能仅需要 1 个月的时间，即前者的短期和长期的划分界线为 5 年，而后者仅为 1 个月。

微观经济学通常以一种可变生产要素的生产函数考察短期生产理论，以两种可变生产要素的生产函数考察长期生产理论。

第 2 节　短期生产

根据上一节关于短期与长期的划分可知，短期生产可以通过短期生产函数来描述。具体地，在生产函数 $Q=f(L,K)$ 中，假定资本投入量是固定的，用 $\overline{K}$ 表示，劳动投入量是可变的，用 L 表示，则生产函数可写为 $Q=f(L,\overline{K})$，它被称为短期生产函数。

一、总产量、平均产量和边际产量

对于短期生产函数 $Q=f(L,\overline{K})$，可以进一步定义关于可变要素劳动的三个产量的概念，即劳动的总产量、劳动的平均产量和劳动的边际产量。

劳动的总产量，记作 TP_L，是指与一定的可变要素劳动的投入量相对应的产量，其表达式为：

$$TP_L=f(L,\overline{K}) \tag{4.2}$$

劳动的平均产量，记作 AP_L，是总产量与所使用的可变要素劳动的投入量之比，其表达式为：

$$AP_L=\frac{TP_L}{L} \tag{4.3}$$

劳动的边际产量，记作 MP_L，是指增加一单位可变要素劳动投入量所增加的产量，其表达式为：

$$MP_L=\frac{\Delta TP_L}{\Delta L} \tag{4.4}$$

表 4－1 给出了劳动的总产量、平均产量和边际产量的数字例子。读者可以根据相关定义来理解这些数字之间的关系。

表 4-1　总产量、平均产量和边际产量的数字例子

劳动投入量 L	劳动的总产量 TP_L	劳动的平均产量 AP_L	劳动的边际产量 MP_L
0	0	0	
1	3	3	3
2	8	4	5
3	12	4	4
4	15	$3\frac{3}{4}$	3
5	17	$3\frac{2}{5}$	2
6	17	$2\frac{5}{6}$	0
7	16	$2\frac{2}{7}$	−1
8	13	$1\frac{5}{8}$	−3

二、总产量曲线、平均产量曲线和边际产量曲线

图 4-1 是根据表 4-1 绘制的产量曲线图。

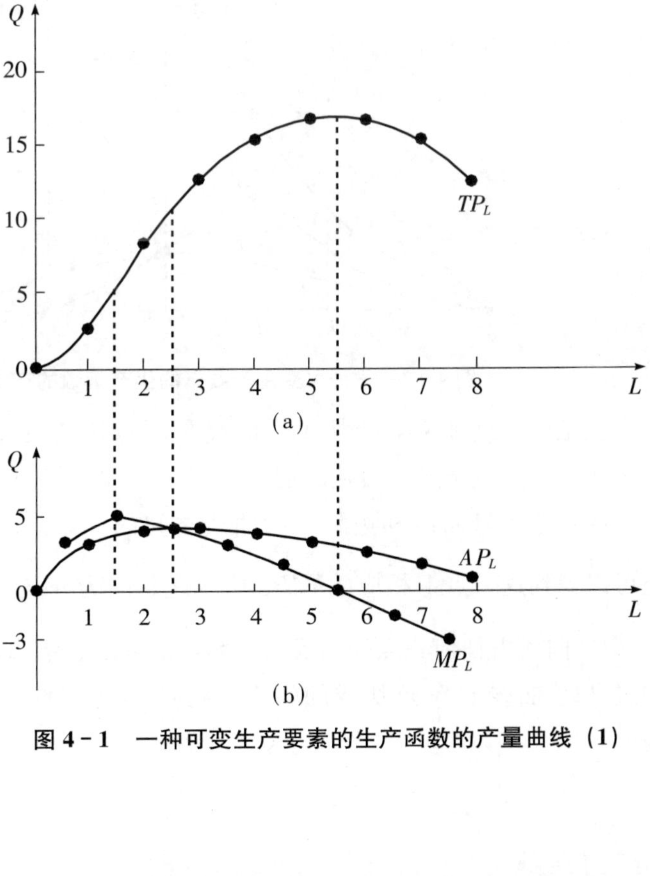

图 4-1　一种可变生产要素的生产函数的产量曲线（1）

图中的横轴表示可变要素劳动的投入数量 L；纵轴表示产量 Q；TP_L，AP_L 和 MP_L 三条曲线顺次表示劳动的总产量曲线、劳动的平均产量曲线和劳动的边际产量曲线。这三条曲线都是先呈上升趋势，在达到本身的最大值以后，再呈下降趋势。

西方经济学家通常将总产量曲线、平均产量曲线和边际产量曲线置于同一张坐标图中，来分析这三条曲线之间的相互关系。图 4－2 就是这样一张标准的一种可变生产要素的生产函数的产量曲线图。根据图 4－2，可以从以下三个方面来分析总产量曲线、平均产量曲线和边际产量曲线相互之间的关系。

（1）总产量曲线和平均产量曲线之间的关系。由 TP_L 曲线上任何一点，可以得到这一点上的相应的 AP_L 值。这是因为 $AP_L=\dfrac{TP_L(L,\overline{K})}{L}$，所以，连接 TP_L 曲线上任何一点和坐标原点的线段的斜率，都可以表示为该点上的 AP_L 值。如图 4－2 中 TP_L 曲线上 A 点所对应的 AP_L 值，就是线段 OA 的斜率，即$\dfrac{AL_1}{OL_1}$，它等于 $A''L_1$ 的高度。

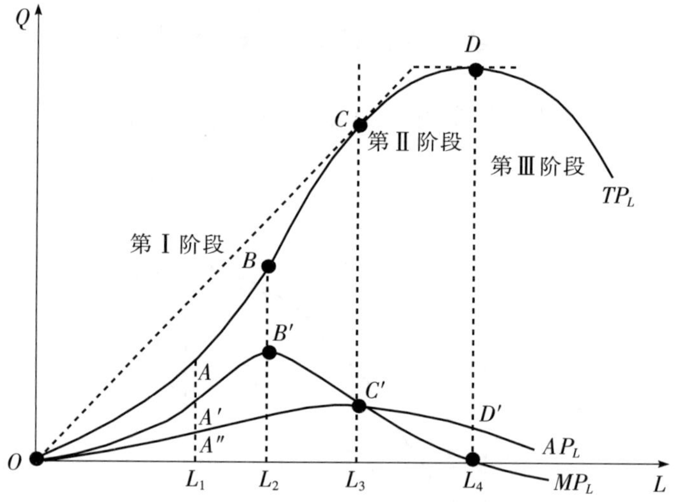

图 4－2　一种可变生产要素的生产函数的产量曲线（2）

正是由于这种关系，当 AP_L 曲线在 C' 点达到最大值时，TP_L 曲线必然有一条从坐标原点出发的最陡的切线，与 TP_L 曲线相切于相应的 C 点。

（2）总产量曲线和边际产量曲线之间的关系。由 TP_L 曲线上任何一点，还可以得到这一点上相应的 MP_L 值。这是因为 $MP_L=\dfrac{\mathrm{d}TP_L(L,\overline{K})}{\mathrm{d}L}$，所以，过 TP_L 曲线上任何一点的切线的斜率，都可以表示为该点上的 MP_L 值。如图中过 TP_L 曲线上 A 点切线的斜率，就是该点上的 MP_L 值，它等于 $A'L_1$ 的高度。

当总产量在开始时随着劳动投入量的增加而增加时，TP_L 曲线的斜率为正，相应地，MP_L 为正值。当总产量在以后随着劳动投入量的增加而减少时，TP_L 曲线的斜率为负，相应地，MP_L 为负值。上述关系也可以反过来说，只要边际产量是正的，总产量总是增加的；只要边际产量是负的，总产量总是减少的；当边际产量为零时，总产量达到极值点（在此为最大值点）。

进一步地，在总产量的上升段，随着劳动投入量的增加，当 TP_L 曲线先以递增的速率增加时，MP_L 曲线随着 TP_L 曲线的斜率的递增而上升。当 TP_L 曲线的斜率在拐点 B 达到最大值时，MP_L 曲线在 B'点达最高点。当 TP_L 曲线在 B 点以后以递减的速率继续增加时，MP_L 曲线在 B'点以后随着 TP_L 曲线的斜率的递减而下降。直至 TP_L 曲线的斜率在 D 点降为零时，MP_L 曲线在 D'点与水平轴相交。

（3）平均产量曲线和边际产量曲线之间的关系。图 4－2 中的 AP_L 曲线和 MP_L 曲线之间的关系表现为：两条曲线相交于 AP_L 曲线的最高点 C'。在 C'点以前，MP_L 曲线高于 AP_L 曲线，MP_L 曲线将 AP_L 曲线拉上；在 C'点以后，MP_L 曲线低于 AP_L 曲线，MP_L 曲线将 AP_L 曲线拉下。不管是上升还是下降，MP_L 曲线的变动都快于 AP_L 曲线的变动。

表现出以上这些特征的原因在于边际量和平均量的如下关系：就任何一对平均量和边际量而言，只要边际量大于平均量，边际量就把平均量拉上；只要边际量小于平均量，边际量就把平均量拉下。[①] 举一个例子：一支篮球队队员的平均身高为 1.85 米，如果一名新加入的队员的身高为 1.90 米（相当于边际量），那么整个队的平均身高就会增加；相反，如果一名新加入的队员的身高为 1.80 米（相当于边际量），那么，整个队的平均身高会下降。因此，就平均产量 AP_L 和边际产量 MP_L 来说，当 $MP_L > AP_L$ 时，AP_L 曲线是上升的，当 $MP_L < AP_L$ 时，AP_L 曲线是下降的。又由于 MP_L 曲线是先升后降的，所以，当 MP_L 曲线和 AP_L 曲线相交时，AP_L 曲线必达最大值。

此外，由于在可变要素劳动投入量的变化过程中，边际产量的变动相对于平均产量的变动而言要更敏感一些，所以，不管是增加还是减少，边际产量的变动都快于平均产量的变动。

三、边际报酬递减规律

对短期生产来说，边际产量表现出先上升而最终下降的规律，这一规律称为边际报酬递减规律。

---

① 一般地，边际量和平均量的这一关系可以用数学方法加以证明。

西方经济学家指出，在生产中普遍存在这样一种现象：在技术水平不变的条件下，在连续、等量地把某种可变生产要素增加到其他一种或几种数量不变的生产要素上去的过程中，当这种可变生产要素的投入量小于某一特定值时，增加一单位该要素的投入量所带来的边际产量是递增的；当这种可变要素的投入量连续增加并超过这个特定值时，增加一单位该要素的投入量所带来的边际产量是递减的。这就是边际报酬递减规律。

边际报酬递减规律成立的原因是：在任何产品的生产过程中，可变生产要素投入量和固定生产要素投入量之间都存在一个最佳的组合比例。开始时，由于可变要素的投入量为零，而不变要素的投入量总是存在的，因此，生产要素的组合比例远远没有达到最佳状态。随着可变要素投入量的逐渐增加，生产要素的组合越来越接近最佳组合比例。在这一过程中，可变要素的边际产量必然呈递增的趋势。一旦生产要素的组合达到最佳组合比例时，可变要素的边际产量达到最大值。在这之后，随着可变要素投入量的继续增加，生产要素的组合将越来越偏离最佳组合比例，可变要素的边际产量便呈递减的趋势了。

边际报酬递减规律决定了图 4－2 中的 MP_L 曲线先升后降的特征。

第 3 节　短期成本

我们已经了解了短期内产出如何随着投入的变化而变化。据此，进一步分析成本如何随着企业产出量的变化而变化。显然，对任何一个企业而言，在其决定产出量之前，必须弄清楚每一水平产出量对应的准确成本。

一、成本的初步概念

企业的生产成本通常被看成是企业对所购买的生产要素的货币支出。在经济学中，成本是非常复杂的，需要从多个视角认识它。为此，经济学家提出了机会成本的概念以及显成本和隐成本的概念。

西方经济学家认为，经济学是要研究一个经济社会如何对稀缺的经济资源进行合理配置的问题。从经济资源的稀缺性这一前提出发，当一个社会或一个企业用一定的经济资源生产一定数量的一种或者几种产品时，这些经济资源就不能同时用于其他生产用途。也就是说，这个社会或这个企业所获得的一定数量的产品收入，是以放弃用同样的经济资源来生产其他产品时所能获得的收入作为代价的。由此，便产生了机会成本的概念。生产一单位的某种商品的机会成本是指生产者所放弃的使用相同的生产要素在其他生产用途中所能得到的最高收入。在西方经济学中，企业的生产成本应该从机会成本的角度来理解。

企业的生产成本可以分为显成本和隐成本两个部分。

企业生产的显成本是指企业在生产要素市场上购买或租用所需要的生产要素的实际支出。例如，某企业雇用了一定数量的工人，从银行取得了一定数量的贷款，并租用了一定数量的土地，为此，这个企业就需要向工人支付工资，向银行支付利息，向土地出租者支付地租，这些支出便构成了该企业的生产的显成本。从机会成本的角度讲，这些支出的价格必须等于这些相同的生产要素使用在其他最佳用途时所能得到的收入。否则，这个企业就不能购买或租用到这些生产要素，并保持对它们的使用权。

企业生产的隐成本是指企业本身所拥有的且被用于该企业生产过程的那些生产要素的总价格。例如，为了进行生产，一个厂商除了雇用一定数量的工人、从银行取得一定数量的贷款和租用一定数量的土地（这些均属于显成本支出）之外，还动用了自己的资金和土地，并亲自管理企业。西方经济学家指出，既然借用了他人的资本需付利息，租用了他人的土地需付地租，聘用他人来管理企业需付薪金，那么，同样道理，在这个例子中，当企业使用了自有生产要素时，也应该得到报酬。所不同的是，现在企业是自己向自己支付利息、地租和薪金。当然，这笔价值也应该计入成本之中。由于这笔成本支出不如显成本那么明显，故称为隐成本。隐成本也必须从机会成本的角度按照企业自有生产要素在其他最佳用途中所能得到的收入来支付，否则，企业会把自有生产要素转移出本企业，以获得更高的报酬。

在微观经济学中，企业的所有显成本和隐成本之和构成总成本。

二、短期总产量曲线与短期总成本曲线的关系

成本函数表示产量和成本之间的关系。成本函数是在生产函数的基础上建立的。短期生产函数与短期成本函数之间，相应地，短期总产量曲线和短期总成本曲线之间，都存在密切的关系。

在短期内，假定企业仅用劳动和资本两种要素生产一种产品，其中，劳动投入量是可变的，用 L 表示；资本投入量是不变的，用 $\overline{K}$ 表示，则短期生产函数为：

$$Q=f(L,\ \overline{K}) \tag{4.5}$$

上式表示产量和可变要素劳动投入量之间存在着一一对应的相互依存关

系，即在资本投入量不变的条件下，企业可以通过对可变要素劳动投入量的调整来改变产量水平。也可以说，企业可以根据不同的产量水平的要求，来确定可变要素劳动的投入量。根据这种关系，在劳动价格 w 和资本价格 r 已知的条件下，用 TC 代表短期总成本，则可以用下式来表示企业在每一产量水平上的短期总成本：

$$TC(Q)=w\cdot L(Q)+r\cdot \overline{K} \tag{4.6}$$

式中，$w\cdot L(Q)$ 为可变成本部分，$r\cdot \overline{K}$ 为不变成本部分，两部分之和构成短期总成本。若以 $\Phi(Q)$ 表示可变成本 $w\cdot L(Q)$，以 b 表示不变成本 $r\cdot \overline{K}$，则短期总成本函数可以写成以下的形式：

$$TC(Q)=\Phi(Q)+b \tag{4.7}$$

由式（4.5）、式（4.6）和式（4.7）可以看出，企业的短期生产函数和要素的价格两者共同确定了短期总成本的函数。

根据式（4.6），可以很容易地由企业的短期总产量曲线求得相应的企业的短期总成本曲线。具体做法是：在总产量 TP_L 曲线上，找到与每一产量水平相对应的可变要素劳动的投入量 L，再用所得到的 L 去乘已知的劳动价格 w，便可得到每一产量水平上的可变成本。将这种产量与可变成本的对应关系描绘在以横轴代表产量 Q 和纵轴代表成本 C 的平面坐标图中，即可得到短期总可变成本曲线，如图 4-3 所示。

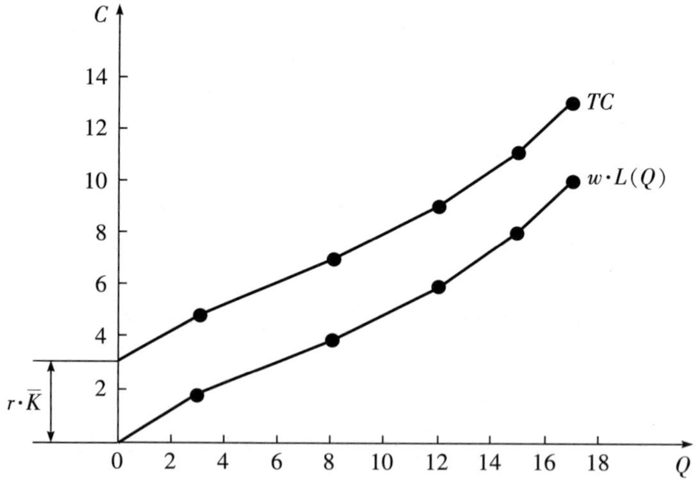

图 4-3　短期总成本曲线

图 4-3 中，从原点出发的曲线 $w\cdot L(Q)$ 为短期总可变成本曲线。由于短期内总不变成本为 $r\cdot \overline{K}$，所以，将 $w\cdot L(Q)$ 曲线向上垂直平移 $r\cdot \overline{K}$ 单位，就可得到短期总成本曲线 TC。

三、根据短期总成本曲线可得其他短期成本曲线

在短期内，厂商的成本可以分为不变成本部分和可变成本部分。具体地讲，厂商的短期成本有以下 7 种：总不变成本、总可变成本、总成本、平均不变成本、平均可变成本、平均总成本和边际成本。它们的英文缩写顺次为：*TFC*，*TVC*，*TC*，*AFC*，*AVC*，*AC* 和 *MC*。

总不变成本 *TFC* 是厂商在短期内为生产一定量的产品对不变生产要素所支付的总成本。例如，建筑物和机器设备的折旧费等。由于在短期内不管企业的产量为多少，不变要素的投入量都是不变的，所以，总不变成本不随产量的变化而变化，即使产量为零时，总不变成本也仍然存在。

总可变成本 *TVC* 是厂商在短期内为生产一定量的产品对可变生产要素所付出的总成本。例如，厂商对原材料、燃料动力和工人工资的支付等。由于在短期内厂商是根据产量变化的要求来不断地调整可变要素的投入量的，所以，总可变成本随产量的变动而变动。当产量为零时，总可变成本为零。在此以后，总可变成本随着产量的增加而增加。它的函数形式为：

$$TVC = TVC(Q) \tag{4.8}$$

总成本 *TC* 是厂商在短期内为生产一定量的产品对全部生产要素所付出的总成本。它是总不变成本和总可变成本之和。用公式表示为：

$$TC(Q) = TFC + TVC(Q) \tag{4.9}$$

平均不变成本 *AFC* 是厂商在短期内平均每生产一单位产品所消耗的不变成本。用公式表示为：

$$AFC(Q) = \frac{TFC}{Q} \tag{4.10}$$

平均可变成本 *AVC* 是厂商在短期内平均每生产一单位产品所消耗的可变成本。用公式表示为：

$$AVC(Q) = \frac{TVC(Q)}{Q} \tag{4.11}$$

平均总成本 *AC* 是厂商在短期内平均每生产一单位产品所消耗的全部成本。它等于平均不变成本与平均可变成本之和。用公式表示为：

$$AC(Q) = \frac{TC(Q)}{Q} = AFC(Q) + AVC(Q) \tag{4.12}$$

边际成本 *MC* 是厂商在短期内增加一单位产品时所增加的成本。用公式表示为：

$$MC(Q) = \frac{\Delta TC(Q)}{\Delta Q} \tag{4.13}$$

或

$$MC(Q) = \lim_{\Delta Q \to 0} \frac{\Delta TC(Q)}{\Delta Q} = \frac{\mathrm{d}TC}{\mathrm{d}Q} \tag{4.14}$$

从以上各种短期成本的定义公式中可见，由一定产量水平上的总成本（*TFC*，*TVC* 和 *TC*）出发，可以得到相应的平均成本（*AFC*，*AVC* 和 *AC*）和边际成本（*MC*）。

表 4－2 是某厂商的短期成本表。表中的平均成本和边际成本的各栏均可以分别由相应的总成本的各栏推算出来。该表体现了各种短期成本之间的相互关系。

表 4－2　短期成本表

产量 Q	总成本			平均成本			边际成本
	总不变成本 *TFC*	总可变成本 *TVC*	总成本 *TC*	平均不变成本 *AFC*	平均可变成本 *AVC*	平均总成本 *AC*	边际成本 *MC*
0	120	0	120				
1	120	60	180	120	60	180	60
2	120	80	200	60	40	100	20
3	120	90	210	40	30	70	10
4	120	105	225	30	26.3	56.3	15
5	120	140	260	24	28	52	35
6	120	210	330	20	35	55	70

图 4－4 是根据表 4－2 绘制的短期成本曲线图。图中，横轴表示产量 *Q*，纵轴表示成本 *C*。

在图 4－4（a）中，总不变成本 *TFC* 曲线是一条水平线。它表示在短期内无论产量如何变化，总不变成本是固定的。

总可变成本 *TVC* 曲线是一条由原点出发的向右上方倾斜的曲线。在达到一定的产量水平（2.5 单位）之前，总可变成本的增量是递减的。在达到这个产量水平（2.5 单位）之后，总可变成本的增量是递增的。或者说，在一定的产量水平（2.5 单位）上，总可变成本存在着一个拐点（*C* 点）。在拐点之前，*TVC* 曲线的斜率是递减的；在拐点之后，*TVC* 曲线的斜率是递增的。*TVC* 曲线的这一特征源于边际报酬递减规律。这一点在下一个问题中会得到进一步的说明。

总成本 *TC* 曲线是通过把每一产量水平上的总不变成本和总可变成本垂直相加得到的。因此，*TC* 曲线是一条由水平的 *TFC* 曲线与纵轴的交点出发的向右上方倾斜的曲线。在每一个产量点上，不仅 *TC* 曲线的斜率和 *TVC* 曲线的斜率相等，而且 *TC* 曲线和 *TVC* 曲线之间的垂直距离都等于固定的总不变成本 *TFC*。

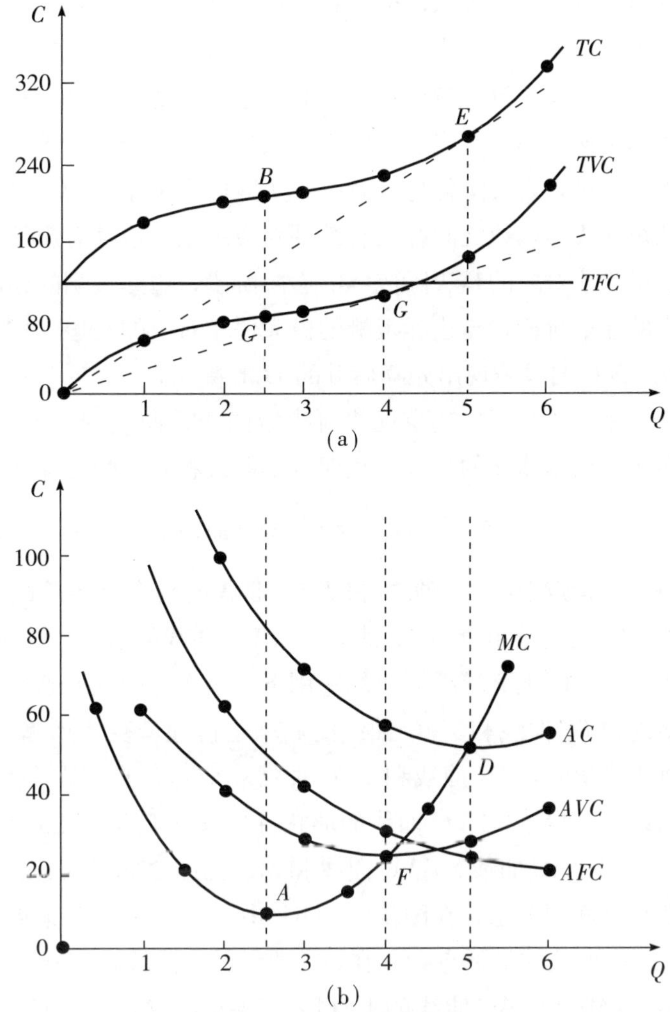

图 4-4　短期成本曲线

此外，从图 4-4（b）中可以看出，平均不变成本 *AFC* 曲线是一条向两轴渐近的双曲线，它表示平均不变成本随产量的增加而减少。平均可变成本 *AVC* 曲线、平均总成本 *AC* 曲线和边际成本 *MC* 曲线都呈 U 形，即它们都表现出随产量的增加而先降后升的特征。它们的这种 U 形特征都需用边际报酬递减规律来解释。这也将在下一个问题中作进一步分析。

四、边际报酬递减规律在短期成本函数中的体现

MC 曲线的 U 形特征表现了边际成本 *MC* 随产量增加而先递减后递增的性质。这一性质是由短期生产中的边际报酬递减规律所决定的。边际报酬递减规律是指在其他条件不变时，随着一种可变要素投入量的连续增加，它所带来的边际产量先是递增的，达到最大值以后再递减。边际报酬递减规律的作用也可

以通过以下形式表示出来：在其他条件不变，尤其是不变要素投入量和要素价格不变的条件下，当产量由零开始不断增加时，起初由于可变要素投入量相对不变要素投入量是较少的，因此，增加可变要素投入量会提高生产效率，边际成本是递减的。但当可变要素投入量增加到最佳比例以后，再继续增加可变要素投入量，就会降低生产效率，边际成本是递增的。这就说明，短期生产函数和短期成本函数之间存在着某种对应关系。这种对应关系表现为：边际报酬的递增阶段对应的是边际成本的递减阶段，边际报酬的递减阶段对应的是边际成本的递增阶段，与边际报酬的极大值相对应的是边际成本的极小值。正因为如此，*MC* 曲线表现出先降后升的 U 形特征。

用由边际报酬递减规律所决定的 *MC* 曲线的 U 形特征，可以解释其他一些短期成本曲线的特征和短期成本曲线相互之间的某些关系。

（1）*TC* 曲线、*TVC* 曲线和 *MC* 曲线之间的关系。由于$MC=\frac{dTC}{dQ}$，又由于每一产量点上的 *TC* 曲线和 *TVC* 曲线的斜率是相等的，所以，每一产量点上的 *MC* 值就是相应的 *TC* 曲线和 *TVC* 曲线的斜率。这种关系在图 4－4 中表现为：在边际报酬递减规律的作用下，当 *MC* 曲线逐渐地由下降变为上升时，相应地，*TC* 曲线和 *TVC* 曲线的斜率也由递减变为递增。当 *MC* 曲线在 *A* 点达到极小值时，*TC* 曲线和 *TVC* 曲线相应地各自存在一个拐点 *B* 点和 *C* 点。显然，*TC* 曲线和 *TVC* 曲线的形状特征取决于边际报酬递减规律。

（2）*AC* 曲线、*AVC* 曲线和 *MC* 曲线之间的关系。先分析 *AC* 曲线和 *MC* 曲线之间的关系。在图 4－4（b）中，U 形的 *AC* 曲线与 U 形的 *MC* 曲线相交于 *AC* 曲线的最低点 *D*。在 *AC* 曲线的下降段，即在 *D* 点之前，*MC* 曲线低于 *AC* 曲线；在 *AC* 曲线的上升段，即在 *D* 点之后，*MC* 曲线高于 *AC* 曲线。而且，不管是下降还是上升，*MC* 曲线的变动都快于 *AC* 曲线的变动。

形成这种特征的原因是本章第 2 节所说的边际量和平均量的关系：只要边际量小于平均量，边际量就把平均量拉下；只要边际量大于平均量，边际量就把平均量拉上。当边际量等于平均量时，平均量必然达到其本身的极值点。而在边际报酬递减规律的作用下，*MC* 曲线呈先降后升的 U 形，所以，*AC* 曲线也必呈先降后升的 U 形，且两线必相交于 *AC* 曲线的最低点。此外，还应该看到：对于产量变化的反应，边际成本 *MC* 要比平均总成本 *AC* 敏感得多。因此，不管是减少还是增加，*MC* 曲线的变动都快于 *AC* 曲线。

再分析 *AVC* 曲线和 *MC* 曲线的关系。在图 4－4（b）中，U 形的 *AVC* 曲线与 U 形的 *MC* 曲线相交于 *AVC* 曲线的最低点 *F*。在 *AVC* 曲线的下降段，即在 *F* 点之前，*MC* 曲线低于 *AVC* 曲线。在 *AVC* 曲线的上升段，即在 *F* 点之后，*MC* 曲线高于 *AVC* 曲线。而且，不管是下降还是上升，*MC* 曲线的变动都

快于 AVC 曲线。

对 AVC 曲线和 MC 曲线之间的关系的解释，与对 AC 曲线和 MC 曲线之间的关系的解释是相似的。读者可以自己进行具体分析。

（3）对 D 点与 F 点的比较。比较 AC 曲线和 MC 曲线的交点 D 与 AVC 曲线和 MC 曲线的交点 F 可以发现，前者的出现晚于后者，并且前者的位置高于后者。也就是说，AVC 曲线降到最低点 F 时，AC 曲线还没有降到最低点 D，而且 AC 曲线的最小值大于 AVC 曲线的最小值。这是因为在平均总成本中不仅包括平均可变成本，而且包括平均不变成本。正是由于平均不变成本的作用，才使得 AC 曲线的最低点 D 的出现既慢于又高于 AVC 曲线的最低点 F。

第 4 节　长期生产

在长期，所有的生产要素都是可变的。企业有时间建新工厂，安装新机器，使用不同的生产技术，一般来说也可以以任意比例、任意数量的生产要素投入进行生产。

通常以两种可变生产要素的生产函数来考察长期生产问题。假定生产者使用劳动和资本两种可变生产要素生产一种产品，则两种可变生产要素的长期生产函数可以写为：

$$Q = f(L, K) \tag{4.15}$$

式中，L 为可变要素劳动的投入量；K 为可变要素资本的投入量；Q 为产量。

一、等产量曲线

生产理论中的等产量曲线和效用理论中的无差异曲线很相似。等产量曲线是在技术水平不变的条件下生产同一产量的两种生产要素投入量的各种不同组合的轨迹。以 Q_0 表示既定的产量水平，则与等产量曲线相对应的生产函数为：

$$Q_0 = f(L, K) \tag{4.16}$$

等产量曲线如图 4－5 所示。图 4－5 中有三条等产量曲线，它们分别表示可以生产出 50 单位、100 单位和 150 单位产量的各种生产要素的组合。以代表产量为 50 单位的等产量曲线为例进行分析，50 单位的产量既可以使用 A 点的要素组合（OL_1 单位的劳动和 OK_1 单位的资本）生产出来，也可以使用 B 点的要素组合（OL_2 单位的劳动和 OK_2 单位的资本），或 C 点的要素组合（OL_3 单位的劳动和 OK_3 单位的资本）生产出来。

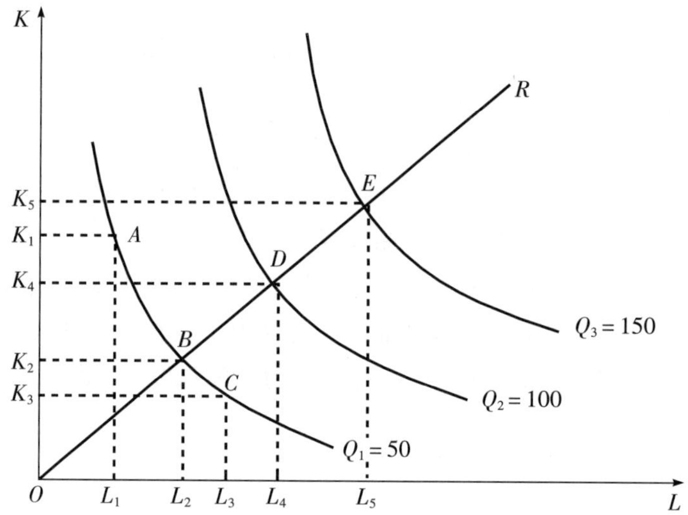

图 4-5　等产量曲线

与无差异曲线相似，等产量曲线与坐标原点的距离的大小表示产量水平的高低：离原点越近的等产量曲线代表的产量水平越低；离原点越远的等产量曲线代表的产量水平越高。同一平面坐标上的任意两条等产量曲线不会相交。等产量曲线是凸向原点的。

此外，由等产量曲线图的坐标原点出发引出的一条射线代表两种可变要素投入数量的比例固定不变情况下的所有组合方式，射线的斜率就等于这一固定不变的两要素投入数量的比例。例如，在 OR 射线上的 B，D 和 E 三点，50 单位、100 单位和 150 单位的产量都是以 $\frac{OK_2}{OL_2}=\frac{OK_4}{OL_4}=\frac{OK_5}{OL_5}$ 的固定不变的投入比例生产出来的。从原点沿一条既定的射线（如 OR）移动，随着产量水平的不断提高，两要素的投入绝对数量是不断增加的，但两要素的投入数量比例是固定不变的。要注意这种射线和等产量曲线之间的差别：一条这样的射线表示要素投入数量的不变比例的组合和可变的产量之间的关系；一条等产量曲线表示不变的产量水平和要素投入数量的可变比例的组合之间的关系。

二、边际技术替代率

与等产量曲线相联系的一个概念是边际技术替代率。

一条等产量曲线表示两种可变要素的各种不同数量的组合可以生产一个既定的产量水平。换句话说，生产者可以通过对两要素之间的相互替代，来维持一个既定的产量水平。例如，为了生产 50 单位的某种产品，生产者可以使用较多的劳动和较少的资本，也可以使用较少的劳动和较多的资本。前者可以看成是劳动对资本的替代，后者可以看成是资本对劳动的替代。想象一下，在图

4－5中，为了维持固定的50单位的产量，在企业沿着既定的等产量曲线由 A 点移动到 C 点的过程中，劳动投入量必然会随着资本投入量的不断减少而增加；相反，在由 C 点移动到 A 点的过程中，劳动投入量必然会随着资本投入量的不断增加而减少。由两要素之间这种相互替代的关系，可以得到边际技术替代率的概念：在维持产量水平不变的条件下，增加一个单位的某种要素投入量时所减少的另一种要素的投入数量。以 $MRTS$ 表示边际技术替代率，劳动对资本的边际技术替代率的公式为：

$$MRTS_{LK}=-\frac{\Delta K}{\Delta L} \tag{4.17}$$

式中，ΔK 和 ΔL 分别为资本投入的变化量和劳动投入的变化量。公式中加负号是为了使 $MRTS$ 的值在一般情况下为正值。

在图4－5中，当生产50单位产量的要素组合由 A 点变为 B 点时，劳动对资本的边际技术替代率等于资本投入的减少量与劳动投入的增加量之比，即

$$MRTS_{LK}=\frac{OK_2-OK_1}{OL_2-OL_1}=-\frac{\Delta K}{\Delta L}$$

当图中的 A 点沿着既定的等产量曲线的变动为无穷小时，即当 $\Delta L\to 0$ 时，边际技术替代率的公式为：

$$MRTS_{LK}=\lim_{\Delta L\to 0}-\frac{\Delta K}{\Delta L}=-\frac{\mathrm{d}K}{\mathrm{d}L} \tag{4.18}$$

由此可见，等产量曲线上某一点的边际技术替代率就是等产量曲线在该点的斜率的绝对值。

三、规模报酬

生产理论中的规模报酬分析涉及的是企业的生产规模变化与它所引起的产量变化之间的关系。企业只有在长期内才可能变动全部生产要素，进而变动生产规模，因此，企业的规模报酬分析属于长期生产问题。

在生产分析中，通常是以全部的生产要素都以相同的比例发生变化来定义企业的生产规模的变化。相应地，规模报酬变化是指在其他条件不变的情况下，企业内部各种生产要素按相同比例变化时所带来的产量变化。企业的规模报酬变化可以分为规模报酬递增、规模报酬不变和规模报酬递减三种情况。

（1）规模报酬递增。产量增加的比例大于各种生产要素增加的比例，称为规模报酬递增。例如，当全部的生产要素劳动和资本都增加100%时，产量的增加大于100%。产生规模报酬递增的主要原因是企业生产规模扩大所带来的生产效率的提高。它可以表现为：生产规模扩大以后，企业能够利用更先进的技术和机器设备等生产要素，而较小规模的企业可能无法利用这样的技术和生

产要素。随着对较多的人力和机器的使用，企业内部的生产分工能够更合理和专业化。此外，人数较多的技术培训和具有一定规模的生产经营管理，也都可以节省成本。

（2）规模报酬不变。产量增加的比例等于各种生产要素增加的比例，称为规模报酬不变。例如，当全部生产要素劳动和资本都增加 100％时，产量也增加 100％。一般可以预计两个相同的工人使用两台相同的机器所生产的产量，是一个这样的工人使用一台这样的机器所生产的产量的两倍。这就是规模报酬不变的现象。

（3）规模报酬递减。产量增加的比例小于各种生产要素增加的比例，称为规模报酬递减。例如，当全部生产要素劳动和资本都增加 100％时，产量的增加小于 100％。产生规模报酬递减的主要原因是企业生产规模过大，使得生产的各个方面难以得到协调，从而降低了生产效率。它可以表现为企业内部合理分工的破坏、生产有效运行的障碍、获取生产决策所需的各种信息的不易等。

规模报酬的三种情况可以用等产量曲线图来表示，如图 4－6 所示。在图 4－6的三幅图中，每幅图都有三条等产量曲线 Q_1，Q_2，Q_3 和一条由原点出发的射线型的扩展线 OR，图中的等成本线均略去。

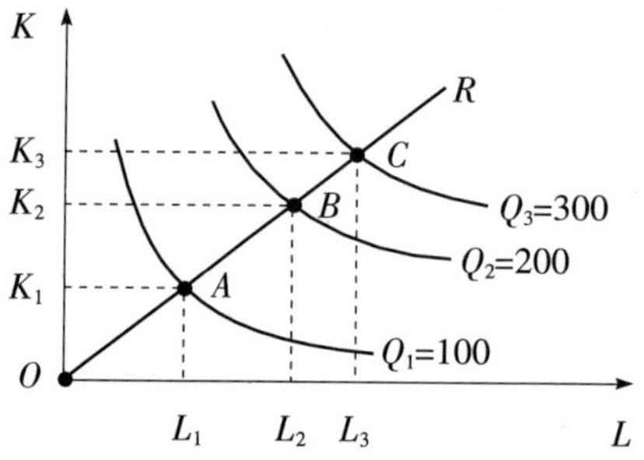

(a)

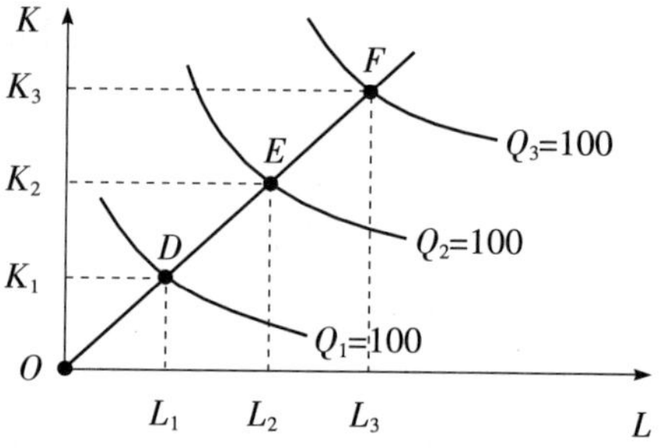

(b)

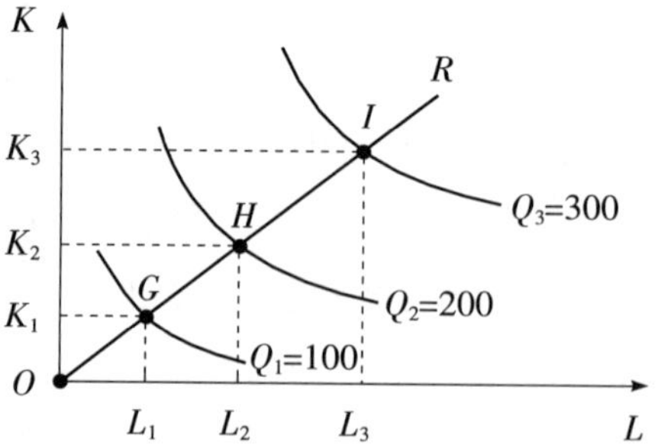

(c)

图 4－6　规模报酬

图 4－6（a）表示规模报酬递增。例如由 A 点到 B 点，两要素的增加比例

为$\frac{L_1L_2}{OL_1}=\frac{K_1K_2}{OK_1}<1$，而产量增加的比例为100%，产量增加的比例大于两要素增加的比例。在规模报酬递增的情况下，有$OA>AB>BC$。

图4-6（b）表示规模报酬不变。例如由D点到E点，两要素增加的比例为$\frac{L_1L_2}{OL_1}=\frac{K_1K_2}{OK_1}=1$，产量增加的比例是100%，产量增加的比例和两要素增加的比例是相同的。在规模报酬不变的情况下，有$OD=DE=EF$。

图4-6（c）表示规模报酬递减。例如由G点到H点，两要素增加的比例为$\frac{L_1L_2}{OL_1}=\frac{K_1K_2}{OK_1}>1$，产量增加的比例是100%，产量增加的比例小于两要素增加的比例。在规模报酬递减的情况下，有$OG<GH<HI$。

西方经济学家指出，一般来说，企业的规模报酬的变化呈现出如下规律：当企业从最初的很小的生产规模开始逐步扩大的时候，企业面临的是规模报酬递增的阶段。在企业得到了由生产规模扩大所带来的产量递增的全部好处以后，一般会继续扩大生产规模，将生产保持在规模报酬不变的阶段。这个阶段有可能比较长。在此以后，企业若继续扩大生产规模，就会进入一个规模报酬递减的阶段。

第5节　长期成本

本节讨论长期成本。由于在长期不存在不变生产要素，因此，这时就没有不变成本。一般，长期成本主要有三种：长期总成本、长期平均成本和长期边际成本。下面主要说明第二种。

一、长期平均成本

长期平均成本（记为$LRAC$）的曲线形状各式各样，典型的形状如图4-7所示。

值得指出的是，长期平均成本曲线的形状传递了关于一个企业生产一种物品的生产过程的重要信息。具体而言，它告诉我们企业的成本如何随着企业的经营规模，即产量的大小而变动。在微观经济学中，当长期平均成本随着产量增加而减少时，称为存在规模经济（economies of scale）。当长期平均成本随着产量增加而增加时，称为存在规模不经济（diseconomies of scale）。当长期平均成本不随产量变动而变动时，称为存在规模收益不变（constant returns to

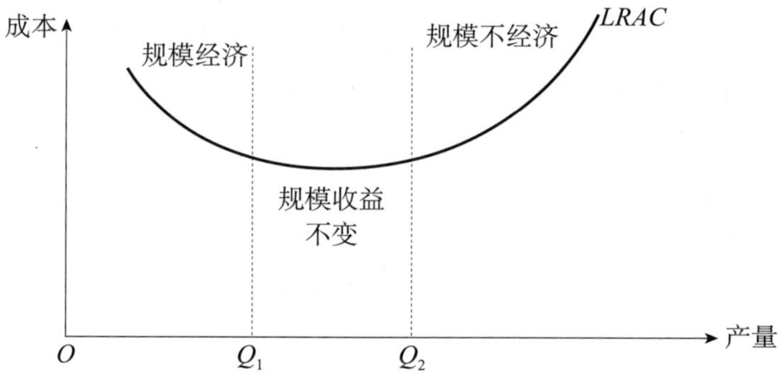

图 4-7　典型长期平均成本曲线

scale)。对于上面的图 4-7 来说，企业在产量水平低时有规模经济，在产量处于中等水平时规模收益不变，在产量水平高时有规模不经济。

规模报酬递增的概念与规模经济的概念紧密相连。如果随着生产规模的扩大，每一单位产品的成本减少，就说企业在经历规模经济。很明显，如果企业存在生产要素规模报酬递增，那么随着产出的增加，每一单位产品使用的要素量会越来越少。同样，也就意味着在更低的成本水平上进行生产。

企业可能经历规模经济的原因有很多。有些是由于规模报酬递增，有些则不是。

● 专业化和劳动分工。在大型工厂里，工人做的可能是简单、重复的工作。在这种专业化和劳动分工的情况下，需要的培训减少；特别地，在长期生产过程中，工人在特定岗位上的工作效率提高；从一个操作切换到另一个操作浪费的时间减少；监管更容易；可以雇用到在特定领域里具有特定技能的工人和管理者。

● 不可分性。有些投入属于最小规模投入，具有不可分性，最明显的例子是机器。我们以联合收割机为例，小型农场主不能充分利用联合收割机。所以，只有超过一定规模后，农场使用联合收割机才是经济的。当不同的机器具有不同规模，而每一种机器又属于生产过程的一部分时，不可分性问题更加严重。例如，如果有两种机器，一种每天生产 6 单位，另一种每天包装 4 单位，那么必须生产出来的最低数量就是 12 单位，因为如果所有的机器都得到充分利用，需要 2 台生产机器和 3 台包装机器。

● “集装箱原理”。任何集装设备（如高炉、油轮、管道、大桶等），其规模越大，每单位产品的成本越低。原因与集装箱的容积和表面积间的关系有关。集装箱的成本在很大程度上取决于使用材料的多少，即表面积的大小。而集装箱的产量在很大程度上取决于它的容积。相对于表面积而言，大型集装箱比小型集装箱具有更大的容积。例如，一个集装箱有底、有盖、有四面，边长 1 米，容积是 1 立方米，表面积是 6 平方米（每面面积为 1 平方米，共有 6

面）。如果现在将边长增加一倍，变为2米，容积变为8立方米，表面积为24平方米（每面面积为4平方米，共有6面），表面积只增长到原来的4倍的情况下，容积却增长到了原来的8倍，同时成本也只增长到原来的4倍。

● 大型机器的效率更高。在投入数量既定的情况下，大型机器的产量更高，从这个意义上说，大型机器的效率可能更高。例如，一台机器不管是大是小，可能都只需要一个人操作。而且，大型机器可能会更有效率地使用原材料。

● 副产品。在大规模生产的情况下，可能有很多边角余料，利用这些边角余料，可以制成一些副产品。

● 多阶段生产。大工厂可以完成多个阶段的产品生产，这可以节省半成品从一个企业或工厂转移到另一个企业或工厂的时间和成本。例如，一家生产薄纸板的大型企业可以把木材或废纸变成薄纸板，紧接着再把薄纸板变成纸箱。

上述所有例子都属于工厂规模经济，是单个工厂或场地或机器规模扩大的结果。然而，还有其他的规模经济，是由企业（可能由很多工厂组成）壮大引起的。

● 组织经济。就大型企业而言，可以使每个工厂的职能专门化，也可以对它们进行集中管理。例如，人力资源部门管理着企业所有员工的工资。通常，在两个企业合并之后，利用这种方式可使其行为合理化而实现节省。

● 分散间接费用。有些支出只有在企业是大型企业时才是经济的。例如，研究与开发——只有大型企业才有能力成立研究实验室。这同时也是不可分性的另一个例子，只是此时是从企业而非工厂的层面上说的。企业的产量越大，这些间接费用就越分散。

● 财务经济。大型企业比小型企业更能以较低的利率获得资金。通过大宗购买，它们也能以较便宜的价格获得某些投入要素。

当企业超过某一规模时，每单位产出的成本可能开始增加。这种规模不经济的原因有若干个。

（1）随着企业规模增大，结构更复杂，沟通线路变长，从而协调管理问题增加。管理中的个人参与可能不足。

（2）如果工人的工作乏味而重复，且工人觉得自己只是大组织中微不足道的一部分，那么他们就会觉得“被疏远”。工人在中小企业中能够感觉到的“影响力”在大型企业中会丧失，结果工作积极性不高，工作质量下降。

（3）由于这些因素以及不同工种工人之间更为复杂的关系，劳资关系可能会恶化。因此，可能需要更多层次的人本管理。

（4）一旦企业的任一部分发生故障，生产线工序和复杂的批量生产的相互依赖性就可能引发很大混乱。

企业是存在规模经济还是规模不经济，取决于每一单个企业现有的条件。

二、规模经济的一个例子

鉴于规模经济在现实中的重要性，在这部分给出一个由于专业化导致规模经济的一个经典例子，它是由英国著名经济学家亚当·斯密在其名著《国民财富的性质和原因的研究》（简称《国富论》）中描述的。斯密在书中描述了一家大头针厂的情况。他写道：

> 一个人抽铁丝，另一个人拉直，第三个人截断，第四个人削尖，第五个人磨光顶端以便安装圆头；做圆头要求有两三道不同的工序；装圆头是一项专门的业务；把针涂白是另一项；甚至将针装进纸盒中也是一门手艺。

斯密说，由于这种专业化，针厂每个工人每天生产成千上万枚针。他得出的结论是，如果工人选择独立工作，而不是作为一个团队来工作，“那他们肯定不能每人每天制造出 20 枚针，或许连 1 枚也造不出来”。换句话说，由于专业化，大针厂可以比小针厂实现更高的人均产量和每枚针更低的平均成本。

斯密在针厂中观察到的专业化在现代经济中普遍存在。例如，如果你想盖一栋房子，你可以试图自己去完成所有工作。但大多数人找建筑商。建筑商又雇用木工、水暖工、电工、油漆工和许多其他类型的工人。这些工人把他们的培训和经验集中在某种工作，因此，这使他们在这种工作上比作为通用型工人时做得更好。实际上，运用专业化实现规模经济是现代社会之所以这样繁荣的原因之一。

三、长期平均成本曲线与短期平均成本曲线的关系

假设企业只有一个工厂，并面临着像图 4－8 中的 AC_1 曲线那样的短期平均成本曲线。

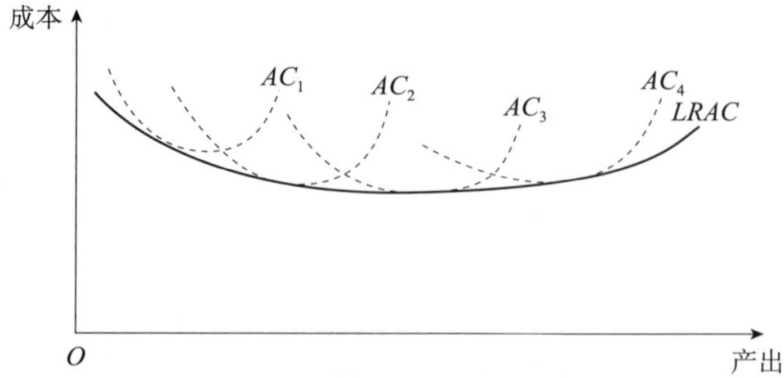

图 4－8　从短期平均成本曲线中导出长期平均成本曲线

在长期，企业可以修建更多的工厂。如果该企业存在规模经济（比如说由于管理成本的节省），每个新建的工厂将使它在新的更低的短期平均成本曲线上进行生产。因此，在两个工厂的情况下，企业面临 AC_2 曲线；在三个工厂的情况下，企业面临 AC_3 曲线，以此类推。

每条 AC 曲线对应于一个特定的要素数量，该数量在短期是固定的。这里，固定要素即为工厂。（在图中所示的 AC 曲线之间，还可以画出很多 AC 曲线，因为企业可以建不同规模的工厂或扩建现有的工厂）。

图 4－8 表明了短期平均成本与长期平均成本如何相关。长期平均成本曲线是比短期平均成本曲线平坦一些的 U 形曲线，并且所有短期平均成本曲线均在长期平均成本曲线上或其上方。之所以会出现这样的特点，是因为企业在长期中有更大的灵活性。从本质上说，在长期中，企业可以选择自己想要的短期成本曲线。但在短期中，企业不得不基于它拥有的那一条短期平均成本曲线作出选择，而该曲线取决于它过去的选择。

本章小结

1. 生产函数表示在一定时间内，在技术水平不变的情况下，生产中所使用的各种生产要素的投入数量与所能生产的最大产量之间的关系。

2. 边际报酬递减规律是指在技术水平不变的条件下，在连续、等量地把某种可变生产要素增加到其他不变生产要素上去的过程中，这种可变要素的边际产量先是递增的，达到最大值以后变为递减。

3. 规模报酬问题分析的是企业的生产规模变化与所引起的产量变化之间的关系。企业的规模报酬变化可分为规模报酬递增、不变和递减三种情况。

4. 生产一单位某种商品的机会成本是指生产者所放弃的使用相同的生产要素在其他生产用途中所能得到的最高收入。

5. 短期生产中的边际报酬递减规律决定了短期边际成本曲线呈现出 U 形的特征。

6. 长期成本有三种：长期总成本、长期平均成本和长期边际成本。当长期平均成本随产量增加而减少时，称为存在规模经济。当长期平均成本随产量增加而增加时，称为存在规模不经济。

思考题

1. 下面是某种可变生产要素的短期生产函数的产量表。

可变要素的数量	可变要素的总产量	可变要素的平均产量	可变要素的边际产量
1		2	
2			10
3	24		
4		12	
5	60		
6			6
7	·70		
8			0
9	63		

（1）请将表中空格填上。

（2）该生产函数是否表现出边际报酬递减？如果是，是从第几单位的可变要素投入量开始的？

2. 写出生产函数 $Q=AL^{a}K^{1-a}$ 关于劳动的平均产量和劳动的边际产量的生产函数。

3. 假定某企业的短期成本函数为：

$$TC(Q)=Q^{3}-10Q^{2}+17Q+66$$

（1）指出该短期成本函数中可变成本部分和不变成本部分。

（2）写出下列相应的函数：TVC，AC，AVC，AFC 和 MC。

重点概念

1. 等产量曲线：在技术水平不变的条件下生产同一产量的两种生产要素投入量的各种不同组合的轨迹。

2. 边际技术替代率：在维持产量水平不变的条件下，增加一个单位的某种要素投入量时所减少的另一种要素的投入数量。

3. 企业生产的隐成本：企业本身所拥有的且被用于该企业生产过程的那些生产要素的总价格。

4. 企业生产的边际成本：在短期内增加一单位产品时所增加的成本。

05

Chapter

第5章

产品市场分析

如果某地的加油站把汽油价格提高20%，就会发现销售量大幅下降。它的顾客会很快转而去买其他加油站的汽油。与此相比，如果你们当地的自来水公司提高水价20%，它就会发现水的销售量只有微不足道的减少。人们会采取一些节水措施，如比往常少用一些水浇草地，并买一个节水的喷头，但他们很难让用水量大幅减少。汽油市场和自来水市场的差别是显而易见的：有许多企业卖汽油，但只有一家企业卖水。正如你可以预见到的，这种市场结构的差别影响了在这些市场上经营的商品的定价与生产决策。

在本章中，我们将考察企业在不同结构的市场中的行为。

第1节　市场的类型

厂商进行生产的目的在于获取最大的利润。厂商的利润取决于厂商的收益和成本。厂商的成本是由生产中的技术方面的因素决定的。厂商的收益取决于市场上的消费者对厂商的产品的需求状况。在不同的市场条件下，厂商所面临的需求状况是有差异的，厂商所面临的需求曲线的形状是不同的。不同市场条件下的厂商所面临的需求曲线的差异，直接影响厂商所获得的利润量。在此，有必要先区分不同类型的市场和厂商。

微观经济学中的市场是指从事某一种商品买卖的交易场所或接触点，它由消费者和生产该商品的厂商构成。市场可以是一个有形的买卖商品的场所，也可以是一个利用现代通信工具进行商品交易的接触点。任何一种商品都有一个市场，有多少种商品，就有多少个市场。譬如，这种市场可以是稻米市场、自行车市场、袜子市场等。

与市场这一概念紧密联系的另一个概念是行业。行业是指为同一个商品市场生产和提供产品的所有厂商的总体。同一种商品的市场和行业的类型是一致的。例如，完全竞争的市场对应的是完全竞争的行业，等等。

市场竞争程度的强弱是微观经济学划分市场类型的标准。影响市场竞争程度的具体因素主要有以下四个：第一，市场上厂商的数目；第二，厂商之间各自提供的产品的差别程度；第三，单个厂商对市场价格控制的程度；第四，厂商进入或退出一个行业的难易程度。根据以上四点，微观经济学中的市场被划分为四个类型，即完全竞争市场、垄断竞争市场、寡头市场和垄断市场。后三种统称不完全竞争市场。关于这四个类型的市场和相应的厂商的区分及其特点可以用表 5－1 来说明。

表 5－1　市场和厂商类型的划分和特点

市场和厂商的类型	厂商的数目	产品差别的程度	对价格控制的程度	进出一个行业的难易程度	接近哪种市场情况
完全竞争	很多	完全无差别	没有	很容易	一些农产品
垄断竞争	很多	有差别	有一些	比较容易	香烟、糖果
寡头	几个	有差别或无差别	相当程度	比较困难	钢铁、汽车
垄断	一个	唯一的产品，没有接近的替代品	很大程度，但经常受到管制	很困难，几乎不可能	公用事业，如水、电

第 2 节　完全竞争市场

一、完全竞争市场的条件

微观经济学中对完全竞争市场的假设条件主要有以下四个：

第一，市场上有无数的买者和卖者。由于市场上有为数众多的商品的需求者和供给者，他们中的每一个人的购买份额或销售份额，相对于整个市场的总购买量或总销售量来说是微不足道的，好比是一桶水中的一滴水。他们中的任何一个人买与不买，或卖与不卖，都不会对整个商品市场的价格水平产生任何影响。所以，在这种情况下，每一个消费者或每一个厂商都是市场价格的被动接受者，对市场价格没有任何控制的力量。

第二，同一行业中的每一个厂商生产的产品是完全无差别的。这里的完全无差别的商品，不仅指商品之间的质量完全一样，还包括在销售条件、商标、包装等方面也是完全相同的。因此，对消费者来说，购买哪一家厂商的商品都是一样的。如果有一个厂商提价，它的商品就会完全卖不出去。当然，单个厂商也没有必要降价，因为在一般的情况下，单个厂商总是可以按照既定的市场价格实现属于自己的那一份相对来说是很小的销售份额。

第三，厂商进入或退出一个行业是完全自由的。厂商进出一个行业不存在任何障碍，所有的资源都可以在各行业之间自由流动。厂商总是能够及时地向获利的行业运动，及时地退出亏损的行业。在这样的过程中，缺乏效益的企业会被市场淘汰，取而代之的是有效益的企业。

第四，市场中的每一个买者和卖者都掌握与自己的经济决策有关的商品和市场的全部信息。这样，市场上的每一个消费者或生产者都可以根据自己所掌握的完全的信息，确定自己的最优购买量或最优生产量，从而获得最大的经济利益。而且，这样也排除了由于市场信息不畅通而可能产生的一个市场同时存在几种价格的情况。

显然，理论分析所假设的完全竞争市场的条件是很严格的。西方学者承认，在现实的经济生活中，完全竞争的市场是不存在的，通常只是将某些农产品市场看成是比较接近的市场类型。

二、完全竞争厂商的收益曲线

（1）厂商的收益。厂商的收益就是厂商的销售收入。厂商的收益可以分为总收益、平均收益和边际收益，它们的英文简写分别为 TR，AR 和 MR。

总收益指厂商按一定价格出售一定量产品时所获得的全部收入。以 P 表示既定的市场价格，以 Q 表示销售总量，则有

$$TR(Q) = P \cdot Q \tag{5.1}$$

平均收益指厂商在平均每一单位产品销售上所获得的收入，即

$$AR(Q) = \frac{TR(Q)}{Q} \tag{5.2}$$

边际收益指厂商增加一单位产品销售所获得的总收益的增加量，即

$$MR(Q) = \frac{\Delta TR(Q)}{\Delta Q} \tag{5.3}$$

或

$$MR(Q) = \lim_{\Delta Q \to 0} \frac{\Delta TR(Q)}{\Delta Q} = \frac{\mathrm{d}TR(Q)}{\mathrm{d}Q} \tag{5.4}$$

显然，每一销售量水平上的边际收益值就是相应的总收益曲线的斜率。

（2）完全竞争厂商的收益曲线。厂商的销售收入即收益与市场上消费者对该厂商所生产的产品的需求状况有着直接的联系，所以，分析厂商收益曲线必须以该厂商所面临的需求曲线为依据。

在完全竞争条件下，厂商所面临的需求曲线是一条水平线。它表示单个厂商无法通过改变销售量来影响市场价格，而只能被动地接受市场价格。在这样的前提下，假定某厂商所面临的既定的市场价格 P 为 2 美元，由此编制的该厂商的收益如表 5－2 所示。

表 5－2　完全竞争厂商的收益表

价格 P	销售量 Q	总收益 $TR=P\cdot Q$	平均收益 $AR=\frac{TR}{Q}$	边际收益 $MR=\frac{\Delta TR}{\Delta Q}$
2	100	200	2	2
2	200	400	2	2
2	300	600	2	2
2	400	800	2	2
2	500	1 000	2	2

从表 5－2 中可见，对每一个商品销售量水平，厂商都按既定的市场价格 P 为 2 美元出售商品。随着商品销售量的增加，厂商的总收益 TR 是不断增加的。但由于商品的单位销售价格是固定不变的，这就不仅使得厂商的平均收益 AR 必然保持不变，且等于商品的单位价格 2 美元，而且使得厂商每增加一单位商品的销售所获得的边际收益 MR 也必然保持不变，且等于商品的单位价格 2 美元。这表明完全竞争厂商在任何商品销售量水平上都有

$$AR=MR=P \tag{5.5}$$

假定市场上消费者的需求量总能得到满足，单个厂商的销售量总是等于他所面临的市场对其他产品的需求量，且商品的数量和价格可以无限分割，则可以根据表 5－2 绘制出相应的完全竞争厂商的收益曲线，如图 5－1 所示。

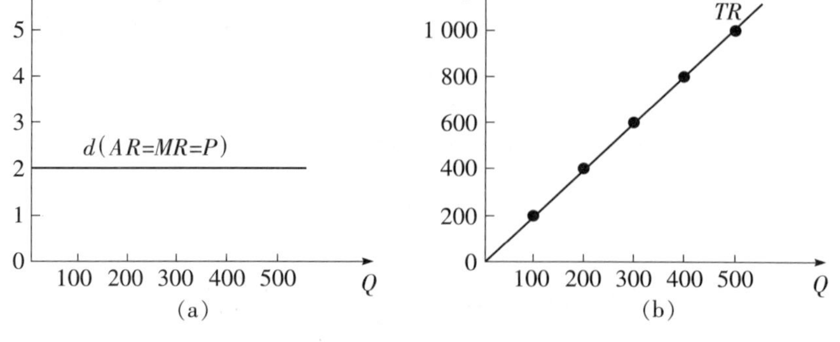

图 5－1　完全竞争厂商的收益曲线

图5-1（a）中的横轴表示厂商所面临的商品需求量即销售量 Q，纵轴表示商品的价格 P。图中的收益曲线具有以下特征：

第一，完全竞争厂商的平均收益 AR 曲线、边际收益 MR 曲线和需求曲线 d 这三条线是重合的，它们是用同一条水平线 d 来表示的。这是因为对于完全竞争厂商来说，在既定市场价格下的任何需求量上都有 $AR=MR=P$，而完全竞争厂商所面临的需求曲线本身就是一条由既定的市场价格水平出发的水平线。

第二，完全竞争厂商的总收益 TR 曲线是一条由原点出发的呈上升趋势的直线，如图5-1（b）。它之所以呈斜率不变的直线形，是因为每一销售量上的边际收益值是相应的总收益曲线的斜率，即 $MR=\frac{dTR}{dQ}$，而完全竞争厂商的边际收益是不变的，它等于既定的市场价格。

三、厂商实现最大利润的均衡条件

在微观经济学中，企业的经济利润被定义为企业的总收益和总成本之差。企业所追求的最大利润指的就是最大的经济利润。此外，还需要区分经济利润和正常利润。正常利润是指厂商对自己所提供的企业家才能或组织才能的报酬支付。一般，正常利润是厂商生产成本的一部分。由于正常利润属于成本，因此经济利润中不包含正常利润，所以，当厂商的经济利润为零时，厂商可以得到正常利润。

在短期内，完全竞争厂商只能通过对产量的调整来实现最大利润。厂商实现最大利润所要遵循的原则可以表述为：在其他条件不变的情况下，厂商应该选择最优的产量，使得最后一单位产品所带来的边际收益等于所付出的边际成本。或者简单地说，厂商实现最大利润的均衡条件是边际收益等于边际成本，即 $MR=MC$。

为什么只有当 $MR=MC$ 时，厂商才能实现最大的利润呢？下面利用图5-2加以说明。

图5-2中的横轴代表产量 Q，纵轴代表价格 P。厂商经营活动中的生产成本状况可以用第4章所论述的短期边际成本 MC 曲线和短期平均成本 AC 曲线来表示，厂商的销售收益状况用厂商所面临的水平的需求曲线 d 表示。根据 $MR=MC$ 的均衡条件，MC 曲线和 MR 曲线的交点 E 便是厂商实现最大利润的均衡点，相应的最优产量为 Q_e。

如果厂商选择的产量在小于 Q_e 的产量范围内，如图中的 Q_1，那么，厂商便处于 $MR>MC$ 的阶段。这表明厂商此时每增加一单位产量所得到的收益增量大于所付出的成本增量。权衡得失的增量，厂商会在这一阶段继续增加产量，以增加利润。由图中还可见，只要厂商沿着箭头方向扩大产量，边际收益 MR 始终保持不变，边际成本 MC 是不断增加的。也就是说，随着产量的不断增加，$MR>MC$ 的状况会逐步地转化为 $MR=MC$ 的状况。而在这一过程中，厂商会得到由扩大产量所带来的全部的经济上的好处，获得他所能得到的最大利润。

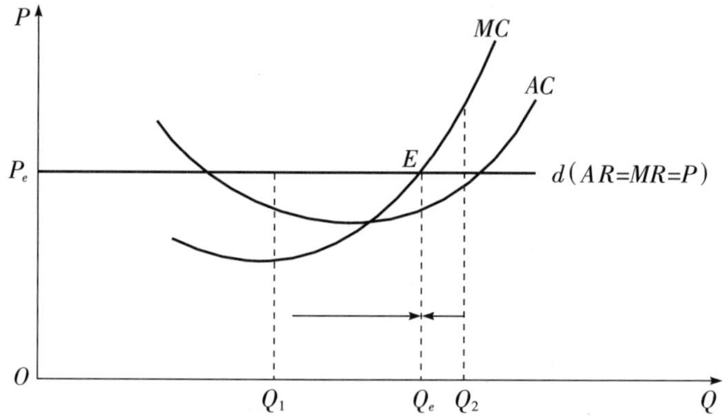

图 5-2　厂商实现最大利润的均衡条件（$MR=MC$）

相反，如果厂商选择的产量在大于 Q_e 的产量范围内，如图中的 Q_2，那么，厂商便处于 $MR<MC$ 的阶段。这意味着厂商此时每增加一单位产量所得到的收益增量小于所付出的成本增量。在这一阶段，厂商会不断地减少产量，以增加利润。由图中还可见，只要厂商沿着箭头方向缩减产量，边际收益 MR 和边际成本 MC 之间的差额就会逐步缩小，直至实现 $MR=MC$。而在这一过程中，厂商得到了他所能得到的最大利润。

由此可见，不管是增加产量，还是减少产量，厂商都是在寻找一个最优的产量点。只要厂商实现了这一最优的产量点，便必然能够从产量的调整过程中，既得到可能的利润增加的全部好处，又避免可能的利润减少的全部损失。这个最优的产量点只能是使 $MR=MC$ 的均衡产量点。所以，$MR=MC$ 是厂商实现最大利润的均衡条件。

这里需要强调的一点是，尽管在对图 5-2 的分析中，厂商在 $MR=MC$ 的均衡点上获得了最大的利润，但这并不是说，在任何情况下，只要厂商实现了 $MR=MC$ 的均衡条件，就一定能获得利润。对 $MR=MC$ 时的均衡状态的全面理解应该是：在 $MR=MC$ 的均衡点上，厂商可能是盈利的，也可能是亏损的。如果厂商是盈利的，那么，这时的利润就一定是相对最大的利润；如果厂商是亏损的，那么，这时的亏损就一定是相对最小的亏损。总之，当厂商实现 $MR=MC$ 的均衡条件时，不管是盈利还是亏损，厂商都处在由既定的收益曲线和成本曲线所能产生的最好的境况之中。这也正是 $MR=MC$ 的利润最大化的均衡条件有时也被称为利润最大或亏损最小的均衡条件的原因。

还需指出的是，虽然上述 $MR=MC$ 的利润最大化的均衡条件是以完全竞争厂商短期内的产量调整为例进行分析而得到的，但是这一利润最大化的均衡条件，对于完全竞争市场条件和不完全竞争市场条件下的厂商的短期生产和长期生产的分析都是适用的。

四、完全竞争厂商的短期均衡

在完全竞争市场条件下的短期生产中，不仅产品市场的价格是既定的，而且生产中的不变要素投入量是无法改变的，即厂商只能用既定的生产规模进行生产，所以，厂商只有通过对产量的调整来实现 $MR=MC$ 的利润最大化的均衡条件。厂商短期均衡时的盈亏状况可以用图 5－3 来说明。

图 5－3 中的三条成本曲线 MC，AC 和 AVC 共同代表厂商的既定的短期生产规模；厂商所面临的五条需求曲线 d_1，d_2，d_3，d_4 和 d_5 分别代表在五个不同市场价格水平下厂商的收益状况。下面的分析将表明，对于厂商的一个既定的生产规模来说，不同的市场价格水平将直接影响厂商的短期均衡的盈亏状况。厂商的短期均衡可以分为以下五种情况。

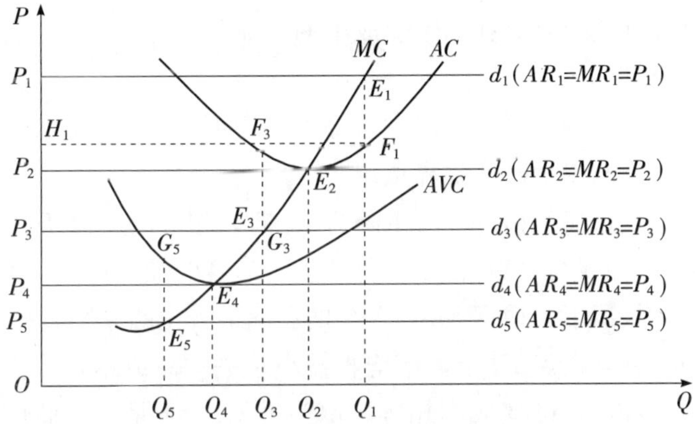

图 5－3　完全竞争厂商的短期均衡

第一种情况：平均收益大于平均总成本，即 $AR>AC$，厂商获得利润。

当市场价格较高为 P_1，相应的厂商所面临的需求曲线为 d_1 时，根据 $MR=MC$ 的利润最大化的均衡条件，厂商选择的最优产量为 Q_1，因为在 Q_1 的产量上，MC 曲线和 MR_1 曲线相交于 E_1 点，E_1 点是厂商的短期均衡点。这时，厂商的平均收益为 E_1Q_1，平均总成本为 F_1Q_1，平均收益大于平均总成本，厂商在单位产品上所获得平均利润为 E_1F_1，利润总量为 $E_1F_1 \cdot OQ_1$，相当于图中矩形 $H_1P_1E_1F_1$ 的面积。

第二种情况：平均收益等于平均总成本，即 $AR=AC$，厂商的利润刚好为零。

相对于第一种情况，市场价格由 P_1 下降为 P_2，厂商所面临的需求曲线相应地向下平移为 d_2 曲线，而且，厂商所面临的需求曲线 d_2 恰好与短期平均总成本 AC 曲线相切于后者的最低点 E_2，短期边际成本 MC 曲线也经过该点。由于该点就是 MC 曲线和 MR_2 曲线的交点，所以，E_2 点就是厂商的短期均衡点，相应的均衡产量为 Q_2。在 Q_2 的产量水平上，平均收益为 E_2Q_2，平均总成本也为 E_2Q_2，厂商的利润为零，但厂商的正常利润全部实现了。由于在这一点上，厂商既无利润，又无亏损，所以，MC 曲线与 AC 曲线的交点也称为厂商的收支相抵点。

第三种情况：平均收益小于平均总成本，但仍大于平均可变成本，即 $AVC<AR<AC$，厂商亏损，但继续生产。

当市场价格继续降为 P_3，相应的厂商所面临的需求曲线为 d_3 时，MC 曲线和 MR_3 曲线相交所决定的短期均衡点为 E_3，均衡产量为 Q_3。在 Q_3 的产量水平上，平均收益为 E_3Q_3，平均总成本为 F_3Q_3，平均收益小于平均总成本，厂商是亏损的，单位产品的亏损额为 F_3E_3，总亏损量为 $F_3E_3 \cdot OQ_3$。平均可变成本为 G_3Q_3，它小于平均收益 E_3Q_3。此时，厂商虽然亏损，但仍继续生产，因为只有这样，厂商才能在用全部收益弥补全部可变成本之后，还能弥补在短期内总是存在的不变成本的一部分。所以，在这种情况下，生产要比不生产有利。

第四种情况：平均收益等于平均可变成本，即 $AR=AVC$，厂商亏损，处于生产与不生产的临界点。

当市场价格进一步下降为 P_4 时，相应的厂商所面临的需求曲线为 d_4，而且 d_4 曲线与 AVC 曲线恰好相切于后者的最低点 E_4，MC 曲线也经过该点。在这种情况下，根据 $MR=MC$ 的利润最大化的原则，E_4 点就是厂商的短期均衡点。在均衡点 E_4 上，平均收益小于平均总成本，厂商是亏损的。同时，平均收益和平均可变成本相等，都为 E_4Q_4。于是，厂商可能继续生产，也可能不生产。或者说，生产与不生产的结果对厂商来说都是一样的。若继续生产，厂商的全部收益只够弥补全部的可变成本，而不能弥补任何的不变成本。若不生产，厂商虽不必支付可变成本，但不变成本仍然是存在的。所以，MC 曲线与 AVC 曲线的交点是厂商生产与不生产的临界点，通常称该点为停止营业点或关闭点。

第五种情况：平均收益小于平均可变成本，即 $AR<AVC$，厂商亏损，停止生产。

当市场价格下降为更低的 P_5，相应的厂商所面临的需求曲线为 d_5 时，$MR_5=SMC$ 的短期均衡点为 E_5，均衡产量为 Q_5。这时，平均收益为 E_5Q_5，它小于平均可变成本 G_5Q_5，厂商亏损，停止生产，因为倘若厂商继续生产，其全部收益连可变成本都无法全部弥补，就更谈不上对不变成本的弥补了。而事实上，厂商只要停止生产，可变成本就降为零。显然，此时不生产要比生产有利。

综上所述，完全竞争厂商短期均衡的条件是：

$$MR=MC \tag{5.6}$$

式中，$MR=AR=P$。在短期均衡时，厂商可以获得最大利润，可以利润为零，也可以蒙受最小亏损。

五、完全竞争厂商的短期供给曲线

从完全竞争厂商的短期均衡分析中，可以得到完全竞争厂商的短期供给曲线。

完全竞争厂商的短期均衡条件为 $MR=MC$，由于$AR=MR=P$，所以，该均衡条件也可以写为：

$$P=MC \tag{5.7}$$

式（5.7）说明：完全竞争厂商为了获得短期的最大利润，应该选择最优的产量 Q，使得商品的价格 P 和边际成本 MC 相等。也就是说，在每一个短期均衡点上，在厂商的产量与商品的价格之间都存在着一种对应的关系。这种对应关系在图 5－3 中得到充分的体现。根据 $P=MC$ 或 $MR=MC$ 的短期均衡条件，当市场的商品价格为 P_1 时，厂商所选择的最优产量为 Q_1；当商品价格为 P_2 时，厂商所选择的最优产量为 Q_2，等等。因为每一个商品价格水平都是由市场给定的，所以，在短期均衡点上商品价格和厂商的最优产量之间的对应关系可以明确地表示为以下函数关系：

$$Q^s=f(P) \tag{5.8}$$

式中，P 为商品的市场价格，且 $P=MC$；Q^s 为厂商的最优产量或供给量。显然，式（5.8）是完全竞争厂商的短期供给函数。

此外，从图 5－3 中还可以清楚地看到：根据 $P=MC$ 或 $MR=MC$ 的利润最大化的短期均衡条件，商品的价格和厂商的最优产量的组合，如 E_1，E_2，E_3，E_4 都出现在厂商的边际成本 MC 曲线上。更严格地讲，商品的价格和厂商所愿意提供的（能使他获得最大利润或最小亏损的）产量的组合，都出现在 MC 曲线上等于和高于 AVC 曲线最低点的部分，即 MC 曲线上等于和高于停止营业点的部分。在这一部分的曲线体现了式（5.8）的函数关系。

由此可以得到这样的结论：完全竞争厂商的短期边际成本 MC 曲线上等于和高于平均可变成本 AVC 曲线最低点的部分，就是完全竞争厂商的短期供给曲线。显然，完全竞争厂商的短期供给曲线必定是向右上方倾斜的。根据

图 5－3 所绘制的完全竞争厂商的短期供给曲线如图 5－4 的实线部分所示。至此，本节从对完全竞争厂商的追求利润最大化的经济行为中推导出了完全竞争厂商的向右上方倾斜的短期供给曲线，从而对第 2 章第 2 节所描绘的单个生产者的供给曲线向右上方倾斜的现象作出了解释。

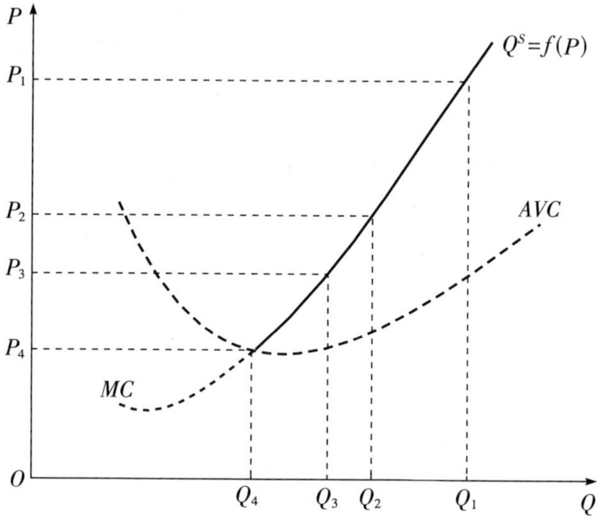

图 5－4　完全竞争厂商的短期供给曲线

从以上对完全竞争厂商的短期供给曲线的推导过程，可以清楚地看到供给曲线背后的生产者追求最大利润的经济行为。供给曲线表示在其他条件不变的情况下生产者在每一价格水平愿意而且能够提供的产品的数量。更重要的是，生产者所提供的产品数量是在既定价格水平下能够给其带来最大利润或最小亏损的产品数量。

六、完全竞争行业的短期供给曲线

任何一个行业的供给量都是该行业中所有厂商供给量的总和，完全竞争行业也同样如此。据此，假定生产要素的价格不变，那么，完全竞争行业的短期供给曲线就是由行业内所有厂商的短期供给曲线的水平加总而构成的。或者说，把完全竞争行业内所有厂商的 *MC* 曲线上等于和高于 *AVC* 曲线最低点的部分水平相加，便构成了该行业的短期供给曲线。关于这点可用图 5－5 来说明。

假定某完全竞争行业中只有两个相同的厂商，每一个厂商的短期供给曲线，即 *MC* 曲线上等于或高于 *AVC* 曲线最低点的部分，如图 5－5（a）所示。那么，将这两个厂商的相同的短期供给曲线水平相加，便可以得到行业的短期供给曲线，即图 5－5（b）中的 *S* 曲线。从图 5－5（a）和图 5－5（b）中可见，在每一个价格水平，行业的供给量都等于这两个厂商的供给量之和。例如，当价格为 P_1 时，行业供给量为 40，它等于两厂商的供给量之和，即 20×2=40；当价格为 P_2 时，行业供给量为 70，它同样等于两厂商的供给量之和，即35×2=70。

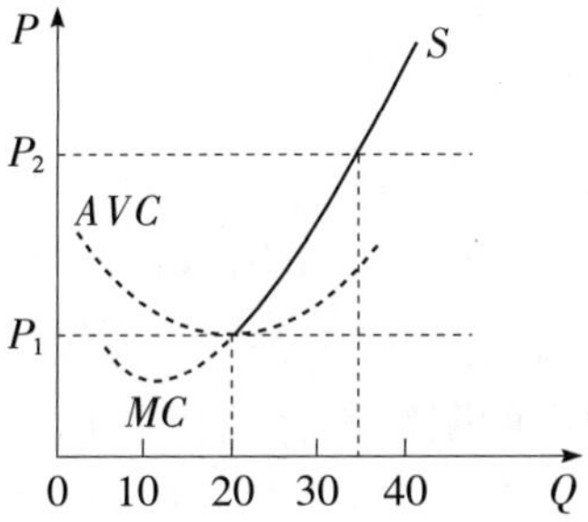

(a) 单个厂商的短期供给曲线

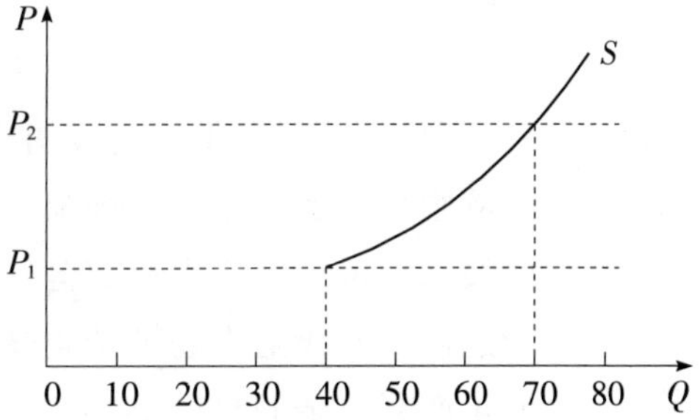

(b) 行业的短期供给曲线

图 5-5　完全竞争行业的短期供给曲线

由于行业的短期供给曲线是单个厂商的短期供给曲线的水平相加，所以，行业的短期供给曲线也是向右上方倾斜的。而且，行业短期供给曲线上的每一点都表示在相应价格水平下能够使全体厂商获得最大利润（或最小亏损）的行业短期供给量。

七、生产者剩余

在本书第 3 章中，我们引出消费者剩余这一概念来评价买者从参与市场中得到的利益。现在我们考虑卖者从参与市场中得到的利益。

对于生产者来说，它必须区分成本和价格。成本是生产者为生产某产品所必须支付的，而价格是生产者出售该产品时所得到的。由于成本是生产者愿意生产该产品的“底线”，所以成本是衡量生产者生产产品的意愿，每个生产者都渴望以高于其成本的价格生产产品，拒绝以低于其成本的价格生产其产品，而对在价格正好等于其成本时生产其产品持无所谓的心态：无论是生产该产品还是把他的时间和精力用于其他方面，他都同样满意。一般，在生产者付出的成本和实际的市场价格之间有可能产生一个差额，这个差额便构成了生产者剩余的基础。

考虑一个油漆工粉刷一间房子所提供的劳务。如果他得到的工钱（价格）超过了从事这项工作的成本，他就愿意接受这项工作。一般，油漆工的成本是他愿意接受这项工作的最低价格，所以，成本反映了油漆工出售其劳务的意愿。每个油漆工都渴望以高于其成本的价格出售其劳务，拒绝以低于其成本的价格出售其劳务。如果油漆工的成本是 500 美元，即他愿意以 500 美元从事这项工作。当雇主愿意为这项工作支付 600 美元时，该油漆工不仅很高兴地接受这份工作，而且微观经济学还认为他得到了 100 美元（600－500）的生产者剩余。一般来说，生产者剩余是卖者得到的货币额减去生产成本。生产者剩余实际上衡量的是卖者参与市场的收益。

正如消费者剩余与需求曲线密切相关一样，生产者剩余也与供给曲线密切相关。生产者剩余可以由市场价格之下和供给曲线以上的面积来衡量，如图 5－6 所示。

图 5－6 中，供给曲线的高度衡量卖者的成本，而价格和生产成本之间的差额则是卖者的生产者剩余。如果图 5－6 中的供给曲线是单个生产者的供给曲线，则该图中的阴影部分给出的是单个生产者的生产者剩余。如果图 5－6 中的供给曲线是市场供给曲线，则该图中的阴影部分给出的是市场中所有卖者的生产者剩余的总和。

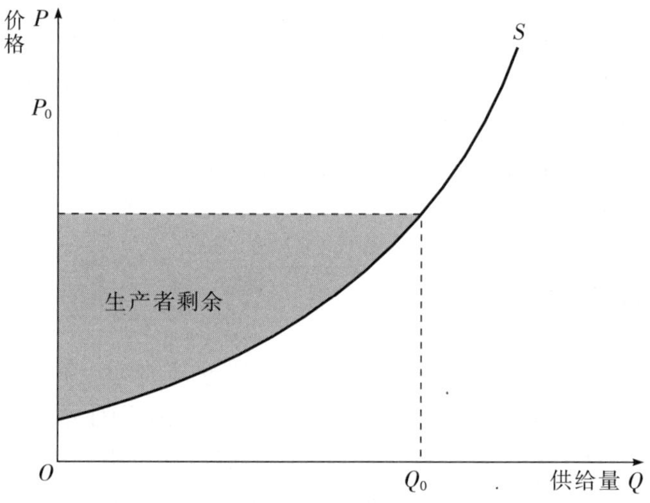

图 5－6　生产者剩余

有了生产者剩余的概念和衡量方法，很容易推知，高价格可以增加生产者剩余。读者可以自己结合图形来进行分析。理解了这一点，当你听到卖者总想使他们所卖的产品卖到一个高价格时，你就不会感到奇怪了。总之，经济学通常用生产者剩余来衡量卖者的福利。

第 3 节　垄断市场

一、为什么会产生垄断

如果一个企业是其产品唯一的卖者，而该产品又没有相近的替代品，这个企业就是该产品的垄断者。垄断者所在的行业和市场分别称为垄断行业和垄断市场。

垄断的基本原因是进入障碍。垄断者之所以能在市场上保持其垄断地位，是因为其他企业不能进入市场并与之竞争。进入障碍的形成主要有以下原因：

(1) 关键资源由一家企业拥有。垄断产生的最简单的方法是一个企业拥有某种关键的资源。例如，如果一个小镇只有一口水井，而且小镇的居民从其他地方不可能得到水，那么，水井的所有者就垄断了水。

垄断者比竞争市场上任何一家企业有大得多的市场势力。像水这样的必需品，即使成本低，垄断者也可以制定极高的价格。虽然关键资源的排他性所有权是垄断的一个原因，但实际上垄断很少产生于这种原因。现实经济如此巨大，而且资源往往由多方拥有。因此，企业拥有没有相近替代品资源的例子很少。

(2) 政府制造的垄断。在许多情况下，垄断的产生是因为政府给予一个人或一个企业排他性地出售某种物品或劳务的权利。有时垄断产生于想成为垄断者的人的政治影响。例如，国王曾经赋予他们的朋友排他性的经营许可证。在另一些时候，政府也会由于这样做符合公共利益而赋予某人垄断权。

专利法和著作权法是政府为公共利益创造垄断的一个例子。当一个制药公司发明了一种新药时，它就可以向政府申请专利。如果政府认为这种药是真正原创性的，就批准专利，该专利给予该公司在若干年中排他性地生产并销售这种药的权利。同样，当一个小说家写完一本书时，他可以拥有这本书的著作权。著作权是一种政府法律的保证，它保证没有一个人可以在没有得到作者同意时出版这本著作。著作权使这个小说家成为他的小说出版和销售的一个垄断者。

专利法与著作权法的影响是容易说明的。由于这些法律使一个生产者成为垄断者，所以，就使价格高于竞争时的情况。但是，通过允许这些垄断生产者收取较高价格并赚取较多利润，这些法律也鼓励了一些合意的行为。允许制药公司成为它们发明的药物的垄断者是为了鼓励这些公司的研究，允许出版商成为出版并销售作者著作的垄断者是为了鼓励作者写出更多更好的书。因此，决定专利和著作权的法律既有收益也有成本。专利法和著作权法的收益是增加了对创造性的活动的激励，在某种程度上这些收益被垄断定价的成本抵消。

(3) 自然垄断。当一个企业能以低于两个或更多企业的成本为整个市场提供一种物品或劳务时，称这个行业为自然垄断。当相关产量范围存在规模经济时，自然垄断就产生了。在这种情况下，一个企业可以以最低的成本生产任何数量的产品。这就是说，在任何一种既定的产量下，企业数量越多，每个企业的产量越少，平均总成本越高。

自然垄断的一个例子是供水。为了向镇上的居民供水，企业必须铺设遍及全镇的水管网。如果两个或更多企业在提供这种服务中竞争，则每个企业都必须支付铺设水管网的固定成本。因此，如果一家企业为整个市场服务，水的平均总成本就是最低的。

当一个企业处于自然垄断状态时，它不太关注有损其垄断力量的新进入行为。正常情况下，一个企业如果没有关键资源的所有权或政府保护，要维持垄断地位是不易的。垄断利润吸引了进入市场的行为，而且，这些进入行为使市场更具有竞争性。与此相比，进入一个自然垄断的市场并没有吸引力。想进入者知道，它们达不到垄断者所享有的同样低成本，因为在进入之后，每个企业的市场份额都小了。

二、垄断者的收益

竞争企业与垄断企业的一个重要差别是，垄断企业具有影响其产品价格的能力。一个竞争企业只是它所处的市场的一小部分，因此只能接受市场条件所给定的产品价格。与此相比，由于垄断企业是产品市场上唯一的卖者，它们就可以通过调整向市场供给的产量来改变产品的价格。垄断企业的需求曲线就是市场需求曲线。这一需求曲线会由于所有的正常原因而向右下方倾斜。如果垄断企业提高其产品价格，消费者就倾向于少买这种物品。换一个角度看，如果垄断企业减少它销售的产量，其产品价格就会上升。表 5-3 是某垄断厂商的收益表。

表 5-3　某垄断厂商的收益表

商品销售量（Q）	1	2	3	4	5	6	7	8	9	10	11	12
商品价格（P）	11	10	9	8	7	6	5	4	3	2	1	0
平均收益（AR）	11	10	9	8	7	6	5	4	3	2	1	0
总收益（TR）	11	20	27	32	35	36	35	32	27	20	11	0
边际收益（MR）	11	9	7	5	3	1	−1	−3	−5	−7	−9	−11

从表 5-3 可见，商品的市场价格 P 随着垄断厂商的商品销售量的不断增加而下降。与此相对应，从收益看，垄断厂商的平均收益 AR 等于商品的价格 P，平均收益 AR 也是不断下降的；垄断厂商的总收益 TR 是先增后减的；垄断厂商的边际收益 MR 亦呈不断下降的趋势。总收益 TR 和边际收益 MR 之间的关系是：在 MR 为正值时，TR 是上升的；在 MR 为负值时，TR 是下降的。

此外，在每一个销售量上，边际收益都小于平均收益，即 $MR<AR$，其原因在于：根据前面所提到的边际量和平均量之间的关系，只要平均量下降，边际量就总是小于平均量。所以，在商品价格即平均收益 AR 不断下降的同时，必有 $MR<AR$。$MR<AR$ 的原因也可这样具体分析：MR 是指增加一单位商品销售量所增加的收益，它应该等于垄断厂商从增加一单位商品本身售价中所得到的收益增加量与由于增加这一单位商品销售量引起的商品价格下降所带来的收益减少量之和。譬如，在表 5-3 中，当商品销售量由 4 增加为 5，商品价格由 8 下降为 7 时，厂商从增加的第 5 单位商品销售量中所得到的收益为 7，但同时由于商品的销售价格由 8 下降为 7，厂商在第 1 至第 4 单位商品销售中的收益减少量为 $1\times4=4$。所以，在以上两种因素的共同作用下，$MR=7-4=3$，它显然是小于 $AR=7$ 的。

三、垄断厂商的短期均衡

垄断厂商为了获得最大的利润，也必须遵循 $MR=MC$ 的原则。在短期内，垄断厂商无法改变不变要素投入量，垄断厂商是在既定的生产规模下通过对产量和价格的同时调整，来实现 $MR=MC$ 均衡条件下的利润最大化的。这可用图 5-7 来说明。图中的 MC 曲线和 AC 曲线代表垄断厂商既定的生产规模，d 曲线和 MR 曲线代表垄断厂商的需求和收益状况。垄断厂商根据 $MR=MC$ 的利润最大化的均衡条件，将产量和价格分别调整到 P_1 和 Q_1 的水平。在短期均衡点 E 上，垄断厂商的平均收益为 FQ_1，平均成本为 GQ_1，平均收益大于平均成本，垄断厂商获得利润。单位产品的平均利润为 FG，总利润量相当于图中阴影部分的矩形面积。

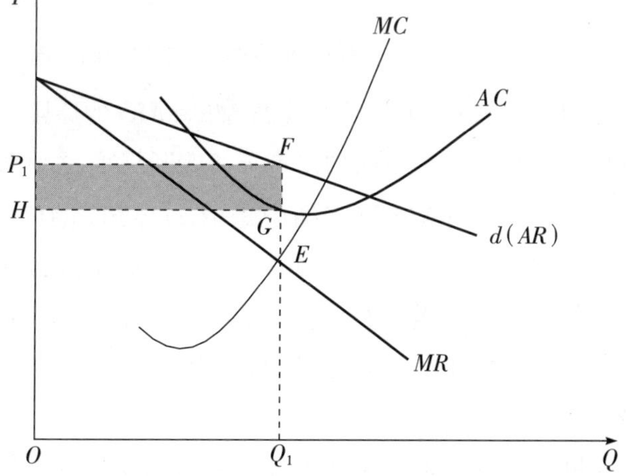

图 5-7 垄断厂商的短期均衡（1）

为什么垄断厂商只有在 $MR=MC$ 的均衡点上，才能获得最大的利润呢？这是因为只要 $MR>MC$，垄断厂商增加一单位产量所得到的收益增量就会大于所付出的成本增量。这时，厂商增加产量是有利的。如图 5－7 所示，随着产量的增加，MR 会下降，而 MC 会上升，两者之间的差额逐步缩小，最后达到 $MR=MC$ 的均衡点，厂商也由此得到了增加产量的全部好处。而 $MR<MC$ 时，情况正好相反。所以，垄断厂商的利润在 $MR=MC$ 处达到最大值。

如果认为垄断厂商在短期内总能获得利润的话，那就错了。垄断厂商在 $MR=MC$ 的短期均衡点上，可以获得最大的利润，也可能是亏损的（尽管亏损额是最小的）。造成垄断厂商短期亏损的原因，可能是既定的生产规模的成本过高（表现为相应的成本曲线的位置过高），也可能是垄断厂商所面临的市场需求过小（表现为相应的需求曲线的位置过低）。垄断厂商短期均衡时的亏损情况如图 5－8 所示。

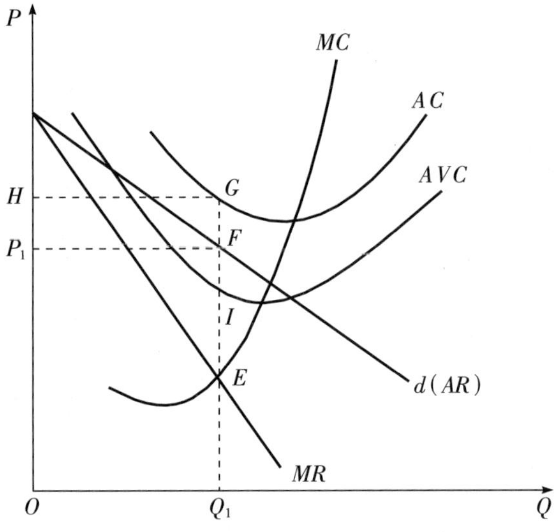

图 5－8　垄断厂商的短期均衡（2）

在图 5－8 中，垄断厂商遵循 $MR=MC$ 的原则，将产量和价格分别调整到 P_1 和 Q_1 的水平。在短期均衡点 E，垄断厂商是亏损的，单位产品的平均亏损额为 GF，总亏损额相当于图中矩形 HP_1FG 的面积。与完全竞争厂商相同，在亏损的情况下，若 $AR>AVC$，垄断厂商就继续生产；若 $AR<AVC$，垄断厂商就停止生产；若 $AR=AVC$，垄断厂商则认为生产和不生产都一样。在图 5－8 中，平均收益 FQ_1 大于平均可变成本 IQ_1，所以，垄断厂商会继续生产。

垄断厂商在短期除了获得经济利润和蒙受亏损外，还可以只获得零经济利润或正常利润，读者可以结合图 5－9 加以理解。

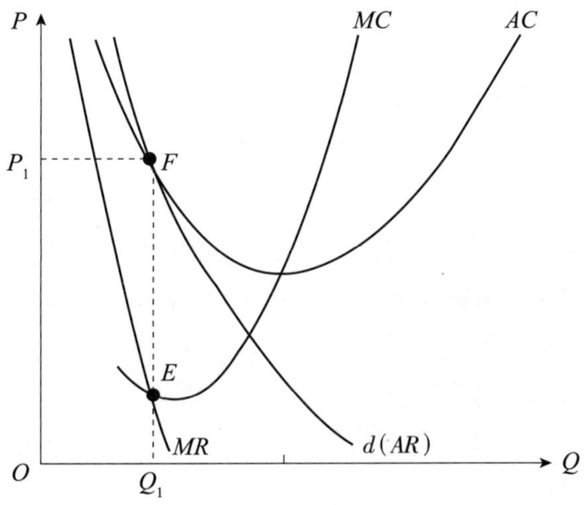

图 5-9　垄断厂商的短期均衡（3）

由此可以得到垄断厂商短期均衡条件为：

$$MR=MC \tag{5.9}$$

垄断厂商在短期均衡点上可以获得最大利润，可以利润为零，也可以蒙受最小亏损。

第 4 节　垄断竞争市场

一、垄断竞争市场的特点

前面分析了完全竞争和垄断。在现实经济中，这种纯粹的竞争市场和纯粹的垄断市场都是很少见的。现实中存在的市场更多的是某种竞争与垄断的混合。有些市场竞争的成分多一些，有些市场垄断的成分多一些。这里介绍一种以竞争为主要特征但同时又有垄断因素的市场，称为垄断竞争市场。垄断竞争市场具有以下特点：

（1）市场中存在大量的厂商。这条假设和完全竞争相同。每一个厂商在市场中的份额都很小，对市场的影响几乎可以忽略不计。这个假设也意味着单个厂商的行动（如产量和价格的变动）对市场几乎没有影响，对其他厂商也没有影响。这样，垄断竞争市场中的厂商在行动时也就不会去考虑自己的行动会对其他厂商造成什么影响，以及其他厂商又会作出什么反应。它只依据自己的情况和市场的需求行事。因此，我们也说市场中的厂商是相互独立的。

（2）这个行业是可以自由进入的。这表明如果其他行业的厂商想进入这个行业，不存在任何障碍。

这两个特点使得这种市场很像完全竞争市场，因为这两个特点表明这种市场具有竞争性，没有行业进入障碍。

（3）每一个厂商生产相互区别的产品。这被称为产品差别。这个特点是说厂商生产的产品或提供的劳务同其他的竞争者是有区别的，这种产品差异也正是一些消费者购买其产品或劳务的原因。因为每个厂商有自己的忠实顾客，价格的提高并不会使厂商失去所有顾客，价格的下降也不会把其他厂商的顾客都吸引过来。这意味着垄断竞争厂商像垄断厂商一样，有一条自己的向右下方倾斜的需求曲线，这条需求曲线代表了市场对它的产品或劳务（具有某种特征）有特殊的需求。

北京市餐饮业大致就是个垄断竞争行业。遍布京城的大小餐馆数不胜数，经常有新的餐馆开业，同时也有一些餐馆停业。与全北京市餐饮业的营业额相比，每一个餐馆的营业额是微乎其微的。但是，这些餐馆又各有特点，它们在地点、风味、服务等方面相互区别。

二、垄断竞争厂商的收益

垄断竞争厂商和垄断厂商一样面临着向右下方倾斜的需求曲线，这条需求曲线同时也是厂商的平均收益曲线，当然边际收益曲线同平均收益曲线是分离的。

在垄断行业中只有一个厂商，因此没有其他厂商同垄断厂商竞争。表现在需求上就是垄断厂商所面临的需求曲线是稳定的，不受竞争的影响。垄断竞争厂商的需求曲线是不稳定的，要受到竞争的影响。虽然我们说垄断竞争厂商是相互独立的，但并不是说垄断竞争市场中没有竞争，这只是表明单个厂商的竞争力对市场和其他厂商的影响是微不足道的，而单个厂商感受到的竞争压力受全部行业综合的影响。如果单个厂商感受到竞争压力加大，它的需求曲线就会向左移动，反之则向右移动。

三、短期中的垄断竞争企业

垄断竞争市场上的每个企业在许多方面都很像垄断企业。由于它的产品与其他企业提供的这种产品有差别，所以，它面临一条向右下方倾斜的需求曲线（与此相比，完全竞争企业面临一条市场价格下的水平曲线）。因此，垄断竞争企业遵循垄断者的利润最大化规律：它选择边际收益等于边际成本的产量，然后用其需求曲线找出与这种产品相一致的价格。

图 5-10 表示一个垄断竞争行业中的两家典型企业的成本、需求和边际收益曲线。图中，利润最大化产量是在边际收益与边际成本曲线的交点。(a) 和 (b) 两幅图表示企业利润的不同结果。在图 5-10 (a) 中，价格高于平均总成本，因此企业有利润。在图 5-10 (b) 中，价格低于平均总成本。在这种情况下，企业不能获得正利润，因此企业能做得最好的事就是使其亏损最小化。

所有这一切看来都是熟悉的。垄断竞争企业选择的产量和价格与垄断企业一样。在短期中，这两种市场类型是相似的。

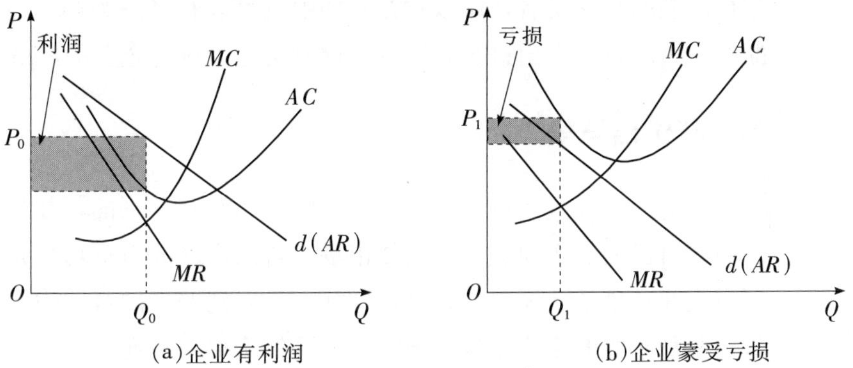

图 5-10　短期中的垄断竞争

四、垄断竞争市场的长期均衡

图 5-10 所描述的情况不会持续太久。当企业有利润，如图 5-10 (a) 所示时，新企业有进入市场的激励。这种进入增加了顾客可以选择的产品数量，因此，减少了市场已有的每家企业面临的需求。换句话说，利润鼓励进入，而进入又使已有企业面临的需求曲线向左移动。随着已有企业产品需求的减少，这些企业的利润下降了。

相反，当企业有亏损，如图 5-10 (b) 所示时，市场上的企业有退出的激励。随着企业退出，顾客可选择的产品少了。企业数量的减少扩大了留在市场上的企业面临的需求。换句话说，亏损鼓励退出，退出使留下的企业的需求曲线向右移动。随着留下的企业产品需求的增加，这些企业的利润就增加（也就是说，亏损减少）了。

这个进入和退出的过程一直持续到市场上企业正好有零经济利润时为止。一旦市场达到了这种均衡，新企业没有进入的激励，原有企业也没有退出的激励。

一旦进入和退出使利润为零，需求曲线与平均总成本曲线必定相切。因为所销售的每单位产品的利润是价格（根据需求曲线找出）与平均总成本之间的差额，所以，只有在这两条曲线相切时，最大化的利润才是零。

总之，垄断竞争市场的长期均衡的两个特点是：

（1）正如在垄断市场上一样，价格大于边际成本。这个结论的得出是因为利润最大化要求边际收益等于边际成本，以及由于向右下方倾斜的需求曲线使边际收益小于价格。

（2）正如在竞争市场上一样，价格等于平均总成本。这个结论的得出是因为自由进入和退出使经济利润为零。

上述第二个特点表明垄断竞争如何不同于垄断。由于垄断企业是没有相近替代产品的唯一卖者，所以它在长期中也可以有经济利润。与此相比，由于垄断竞争市场可以自由进入，所以，这种类型市场上企业的经济利润被迫为零。

五、非价格竞争

在垄断竞争的市场中，由于厂商的产品是有差别的，并且这种产品差别使厂商有自己的需求曲线，从而使市场对自己产品的需求增加是垄断竞争市场中厂商之间竞争的重要内容。如何增加产品对消费者的吸引力呢？产品开发和广告是两种主要的手段。这种不是通过降低价格而是通过增加产品其他特征的优势进行竞争的方式，称为非价格竞争。

第 5 节　寡头市场

垄断竞争是以“竞争”为主要特征的市场结构，主要表现是厂商的独立性和行业的自由进入。这一节介绍的市场结构也是竞争与垄断的某种混合，然而是以“垄断”为主要特征的市场结构，主要表现是厂商的相互依赖性和行业进入障碍。这种市场是由少数几个厂商瓜分市场全部份额或绝大部分份额的市场。可以看到，现实经济中的很多行业具有这种特征，例如汽车制造、家电、石油、钢铁、通信、航空等行业。因此，寡头市场是经济社会十分重要的市场结构。

一、寡头市场的主要特征

寡头市场有两个主要的特征：进入障碍和厂商相互依赖。

（1）进入障碍。像垄断行业一样，寡头市场一般存在着行业进入障碍。但是，障碍的大小却随行业的不同而不同。在有些行业，进入相对容易，而在一些行业中，几乎不可能进入。

（2）厂商相互依赖。寡头行业中只有少数几个厂商，每个厂商都要考虑到其他厂商的行动，因为每个厂商的利益都要受到任何其他厂商行动的影响。某个厂商产品的价格及产量的变动、新的研究与开发计划及广告等活动都会对其他厂商的利益产生影响，其他厂商不会不对这些行动作出反应。厂商的销售量不仅取决于它自己的价格，而且取决于其他厂商对它改变价格的行动作出的反应。

二、相互依赖——串谋与竞争

寡头市场中的厂商如何对待其他厂商呢？一般，寡头厂商有两种选择，即串谋或者竞争。

寡头厂商的相互依赖性使得它们有可能相互勾结或者说串谋。如果它们能够勾结起来形成一个像垄断厂商那样的整体，并像垄断厂商那样行动，那么，它们就可以联合获得最大的行业利润。剩下的问题便是如何瓜分这个最大的行业利润。

另一方面，寡头厂商又有与它们的同行相互竞争的倾向，目的是获得更大份额的行业利润。

然而，串谋与竞争对于寡头厂商而言是相互矛盾的。厂商为获得更大利润份额的竞争越激烈，它们共同从市场中获得的行业利润就越少。例如，价格战和广告都会使得寡头厂商的利润下降。因此，寡头市场可分为两种类型：串谋的寡头市场和竞争的寡头市场。

三、有利于串谋的因素

显然串谋有利于厂商，但寡头厂商并不总是能够形成串谋。串谋的形成需要一定的条件，这些条件主要包括：

（1）行业中只有很少几个厂商，相互之间非常了解。

（2）关于生产成本和生产技术，相互之间没有什么秘密。

（3）有相似的生产方法和平均成本，使得它们愿意在相同的时间以相同的比例改变价格。

（4）生产的产品相似，容易在价格上达成一致。

（5）有一个主导厂商（在行业中占据统治地位或支配地位的厂商）。

（6）存在有效的进入障碍。寡头厂商不担心受到联合厂商之外的新厂商的干扰。

（7）市场是稳定的。如果市场的需求不稳定，寡头厂商达成一致的可能性就会很小。

（8）没有政府对厂商之间的串谋进行控制。

四、串谋寡头

寡头厂商可以在价格、市场份额、广告支出等方面达成一致，从而形成串谋。这些串谋将使得厂商减少未来收益的不确定性，避免竞争性降价和过度的广告投入。这些都可以增加行业的总利润。

串谋可分为公开的串谋和隐蔽的串谋或者说默契。卡特尔是一种公开的串谋，价格领导则是一种隐蔽的串谋。下面只对前者予以说明。

有正式协议的串谋称为卡特尔。如果所有成员的行动能够使它们就像一个厂商一样，卡特尔就可以像一个垄断厂商那样行动，使行业利润最大化，如图 5－11 所示。

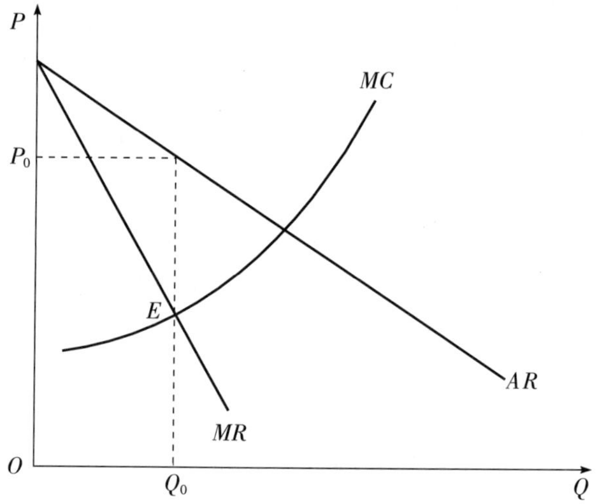

图 5－11　卡特尔的产量选择

图 5－11 中，Q_0 为使得行业利润最大的产量；P_0 为市场的价格。这个产量使得行业的边际收益等于行业的边际成本（$MR=MC$）。这个产量也是卡特尔的全部市场份额。卡特尔的所有成员瓜分这个份额，每个成员得到自己的份额。所有成员的份额加起来等于 Q_0。如果卡特尔成员的产量突破了自己的份额，要么市场的价格下降（低于 P_0），要么有一部分产品不能售出。

卡特尔这种串谋形式要求所有成员把产量限制在自己分得的份额内。做到这一点常常是困难的。通常，卡特尔成员在制定价格和产量政策方面存在分歧，它们常常会为市场份额争执不下。另外，卡特尔成员还可能采取欺骗其他成员的手段，私下违背卡特尔的市场份额或产量和价格协议。这种行为会导致卡特尔的破产。更为重要的是，公开的串谋常常是被法律禁止的。我们将在第 8 章中专门讨论法律对垄断进行约束的问题。

五、非串谋的寡头

在一些寡头行业中，有利于串谋的因素不是很多，此时厂商更容易进行价格竞争。即使存在串谋，行业中的一些寡头厂商也总是有欺骗其他厂商的企图，私下降低价格，增加销售份额等。厂商之所以这样做，是因为有投机的动机：如果其他厂商不降价，它们将获得更大的收益。然而，这种投机行为很容易引起报复，导致价格战，结果可能是两败俱伤。另一方面，有些厂商也许并不怕价格战，它们相信自己能够在价格战中取胜，击垮竞争对手，将对手挤出行业，从而获得更大的份额。对其他厂商的合作诚意有疑虑，寻找机会占有更大的市场份额，这容易使寡头厂商像战场上的对手，相互之间钩心斗角、明争暗斗。

在这种情况下，厂商考虑的只是自己的利益，而不会顾及行业的利益。它们考虑的是采取什么策略能够最大限度地维护自己的利益，避免被对手欺骗或击败。当然，厂商的竞争策略不仅涉及价格，还涉及广告、研究与开发等方面。

经济学常以博弈论为理论工具来研究这种非合作的寡头竞争。博弈论可以分析在厂商以一种非合作的态度相互竞争时，它们各自认为什么是最优的策略，厂商之间的策略是如何相互作用的，以及最终导致的结果是什么。

对此，我们可举一个例子加以说明。在表 5-4 中有两个厂商 X 和 Y，假设行业中只有这两个厂商，这是一个双寡头的行业。进一步假设它们同时开发出了一种新产品，并准备在同一时间推向市场。它们要在产品上市前确定产品的价格，假设它们面临着两种选择：10 美元或 8 美元。现在的问题是厂商 X 和 Y 的选择分别是什么？显然，单个的厂商在考虑这个问题时很清楚，它自己定价时必须考虑另一个厂商的定价对它的影响，以及它的定价对对方的影响和对方对它的定价的反应等问题。表 5-4 中列出了两个厂商选择不同价格后各自获得的利益。在这个例子中我们假设两个厂商都知道这些情况，或对事后的结果都有完全的信息。

表 5-4　竞争寡头的策略选择

		Y厂商的价格	
		10 美元	8 美元
X厂商的价格	10 美元	*A*：X 的收益为 100 万美元 Y 的收益为 100 万美元	*B*：X 的收益为 60 万美元 Y 的收益为 120 万美元
	8 美元	*C*：X 的收益为 120 万美元 Y 的收益为 60 万美元	*D*：X 的收益为 80 万美元 Y 的收益为 80 万美元

让我们看看 X 会选择什么价格。他知道 Y 有两种选择：10 美元或 8 美元。如果 Y 选择 10 美元，X 的最优选择是 8 美元；如果 Y 的定价为 8 美元，X 的最优定价也是 8 美元。显然，无论 Y 选择的定价是什么，X 的最优选择都是 8 美元。这种不论对方的选择是什么，自己的最优选择都一样的选择，称为占优策略。8 美元就是 X 的占优策略。

同样，我们也可以考察 Y 的选择。与上面对 X 的分析完全一样，Y 的最优选择也是 8 美元。因此，X 和 Y 都会把价格定在 8 美元。

进一步，我们还可以考察两个厂商之间的相互反应。当 X 知道了 Y 的定价是 8 美元后，X 会改变价格吗（由 8 美元变成 10 美元）？显然不会。同理，当 Y 知道了 X 的定价是 8 美元后，Y 也不会改变价格。因此，状态 D 是一个稳定的状态。每个厂商都认为自己的策略（定价）是最优的，并且没有一个厂商愿意单独背离这个状态。这种状态在博弈论中称为纳什均衡。

最后，我们可以考察一下结果。单个厂商自认为最优的定价（或占优策略）导致的收益，从行为的角度看实际上是最坏的结果，无论从行业还是从个体的角度讲，A 是最好的结果。在厂商非合作的环境下，A 是不稳定的状态，每个厂商为了多得到一些收益（120 万美元），都有单独背离这个状态的动机和倾向。当所有厂商都想得到这种实惠的状态时，由于厂商之间不合作，反而有利于消费者。

本章小结

1. 微观经济学根据市场的结构特征将市场划分为四种类型：完全竞争市场、垄断竞争市场、寡头市场和垄断市场。

2. 为了利润最大化，厂商选择使边际收益等于边际成本。

3. 完全竞争厂商在短期均衡时，可以获得最大的利润，可以利润为零，也可以蒙受最小的亏损。

4. 完全竞争厂商的短期供给曲线，就是其边际成本曲线上等于和高于平均可变成本曲线最低点且向右上方延伸的部分。

5. 同完全竞争的情形一样，垄断厂商和垄断竞争厂商在短期均衡时可以获得最大的利润，可以利润为零，也可以蒙受最小的亏损。

6. 垄断是市场上只有唯一的一个卖者的市场结构。垄断形成的主要原因包括：独家厂商控制了生产某种商品的全部或基本资源的供给，独家厂商拥有生产某种产品的专利权，政府的特许和自然垄断等。

7. 寡头市场是少数几家厂商控制整个市场的产品生产和销售的市场组织。由于寡头厂商之间的行为是相互影响的，一般来说，寡头厂商的价格和产量的决定是一个很复杂的问题。

思考题

1. 画出一个典型企业的成本曲线。解释完全竞争厂商在某一既定价格下如何选择利润最大化的产量水平。

2. 已知某完全竞争厂商的短期成本函数为：

$$C=0.1Q^3-2Q^2+15Q+10$$

试求：

(1) 当市场上产品的价格为 $P=55$ 时，厂商的短期均衡产量和利润。

(2) 当市场价格为多少时，厂商必须停产？

3. 举出一个政府制造垄断的例子。制造这种垄断一定是不好的吗？

4. 比较垄断竞争市场条件与完全竞争市场条件的相同点和不同点。

重点概念

1. 边际收益：厂商增加一单位产品销售所获得的总收益的增加量。

2. 垄断竞争：由许多生产和销售相似而不相同的产品的企业所组成的市场结构。

3. 寡头市场：少数几家厂商控制整个市场的产品生产和销售的市场组织。

4. 不完全竞争市场：泛指垄断市场、寡头市场和垄断竞争市场。

06

Chapter

第 6 章
生产要素的价格

当你参加工作后，收入高低将主要由你从事哪一类工作来决定。如果你成为一个电脑程序员，你赚的钱比加油站服务员要多。这个事实并不让人吃惊，但为什么是这样并非显而易见。并没有什么规定要求电脑程序员的工资比加油站服务员高，也没有什么伦理规范认为程序员应该报酬更高，那么为什么有的工作收入高，有的工作收入就低呢？

当然，你的收入只是整个经济中微乎其微的一部分。1995 年美国居民的总收入约为 7 万亿美元，人们以各种方式获得这些收入。工人以工资和福利津贴的形式获得总收入的 3/4，其他部分则以租金、利润和利息的形式归地主和资本所有者。什么因素决定总收入中多少归工人，多少归地主和资本所有者？为什么一些工人的工资比另一些工人的要高？为什么一些地主获得的租金比另一些地主高？特别是为什么电脑程序员获得的收入比加油站服务员多？

对上述问题的回答仍取决于供求关系。劳动、土地和资本的供给与需求关系，决定了支付给工人、地主和资本所有者的报酬，即这些生产要素的价格。

本章提供分析要素市场的基本理论，主要说明劳动、土地和资本这三种生产要素的价格是如何决定的。为了使分析简单一些，我们只考察完全竞争的要素市场。

第1节　完全竞争的要素市场

一、完全竞争的要素市场的特征

与产品市场的完全竞争相似，完全竞争的生产要素市场具有以下特征：

（1）每个经济单位都是价格接受者。每个厂商和要素所有者对生产要素的价格影响很小，以至于他们在进行决策时都将这一价格视为既定的。

（2）自由进入或退出。在这一市场上没有任何进入障碍，需要生产要素的厂商可以以现行的价格购买它们所需要的任何数量的生产要素，而劳动者和资本家可以自由选择他们供给要素的数量。

（3）经济当事人可得到完全信息。厂商知道各种生产要素的生产能力，要素所有者知道厂商的需求，他们尤其了解要素的价格。

（4）生产要素都是同质的。虽然在实际中劳动和资本等生产要素具有相当的不同，但为了分析方便，经济学中通常假定完全竞争市场上同一种生产要素具有相同的性质。比如，劳动者所提供的劳动在生产技能和熟练程度上完全相同。

为了简化分析，本章在考察要素市场涉及产品市场时，均假定产品市场为完全竞争市场，并将处在这一环境下的厂商称为竞争厂商或竞争企业。

二、要素需求的性质

生产要素市场是市场经济中市场体系的一个部分，作为要素消费者的厂商和要素供给者的家庭共同影响生产要素的价格。由于他们又都是产品市场上的参与者，因而其行为与其他市场也联系在一起。这种联系可概括为图6-1。

在图6-1中，厂商和家庭分别处于产品和要素市场的两边，作用却有所不同。在产品市场上，厂商供给商品，而消费者（家庭）需求商品；在要素市场上，厂商需求要素，而家庭供给要素。在两个不同的市场上，厂商和家庭的角色发生了变化。

在要素市场上，尽管厂商像家庭在产品市场上一样是需求者，二者却存在着较大的差异。厂商对生产要素的需求并不完全等同于消费者对产品的需求。在产品市场上，消费者为了自身的吃、穿、用等直接的需要而对产品产生需求。与此不同，在生产要素市场上，厂商需要生产要素却不是直接的，换言之，厂商对要素的需求量并不取决于其自身，而是取决于消费者对其产品的需求。为了使利润最大化，厂商向市场提供产品，为了能把产品生产出来，厂商才需要生产要素。由此可见，是消费者对产品的需求引发了厂商对生产要素的需求，因而后者有别于消费者的直接需求。在经济学中，把厂商对要素的需求称为引致需求。

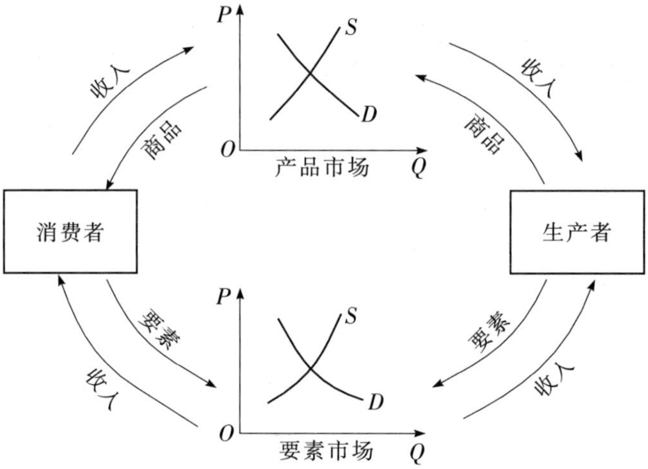

图 6-1　要素市场和产品市场的联系

第 2 节　要素的需求曲线

一、完全竞争厂商使用生产要素的原则

既然厂商对要素的需求是引致需求，那么厂商选择要素的使用量时也就遵循利润最大化原则，即使要素的“边际收益”等于要素的“边际成本”。

假定资本的数量保持不变，厂商选择劳动的最优数量。厂商一方面使用劳动生产出产品，并按市场价格出售而获得收益；另一方面，厂商需要在市场上购买劳动，付出成本。从收益的角度来看，在完全竞争的产品市场上，边际产量以既定的产品价格出售。因此，要素的边际收益等于该要素的边际产量乘以产品的价格。从成本的角度来看，完全竞争的要素市场上要素以不变的价格出售，因而增加一单位要素所增加的成本等于该要素的价格。由此，在完全竞争条件下，厂商使用要素的利润最大化原则是，要素的边际产量乘以产品的价格等于要素的价格。

为了表述厂商使用生产要素劳动的最优原则，经济学中把增加一单位生产要素的使用量所增加产量的价值称为要素的边际产品价值，并简记为 VMP。用公式表示为：

$$VMP = P \cdot MP \tag{6.1}$$

式中，P 为产品的价格；MP 为生产要素的边际产量（或者边际产品）。如果用 P_L 表示要素劳动的价格，则完全竞争厂商使用要素的利润最大化原则可以表示为：

$$P_L = VMP_L = P \cdot MP_L \tag{6.2}$$

式中，VMP_L 为劳动的边际产品价值；MP_L 为劳动的边际产品。

厂商将会根据式（6.2）选择劳动投入量。如果 $VMP_L > P_L$，这就意味着增加一单位劳动所增加的产品为厂商带来的收益增加量大于厂商为此支付的成本，那么增加该单位劳动就会增加厂商的利润，于是厂商就会使用它，即厂商会增加劳动使用量；反之，如果 $VMP_L < P_L$，则表明该单位劳动带来的收益增加量小于为此支付的成本，因而减少该单位劳动的使用就会增加利润，即厂商就会减少劳动使用量。这说明式（6.2）是厂商使用生产要素（比如劳动）的利润最大化原则。

二、完全竞争厂商对要素的需求曲线

式（6.2）不仅给出了厂商使用生产要素最优数量的条件，而且表示了厂商对要素的需求曲线。

如图 6-2 所示，图中描绘出一种生产要素，比如劳动的投入量与其边际产品价值曲线。在完全竞争市场上，由于产品价格 P 既定，而要素的边际产量 MP 又服从边际报酬递减规律，因而要素的边际产品价值曲线与边际产量曲线一样。随着劳动投入量的增加，劳动的边际产品价值曲线向右下方倾斜。

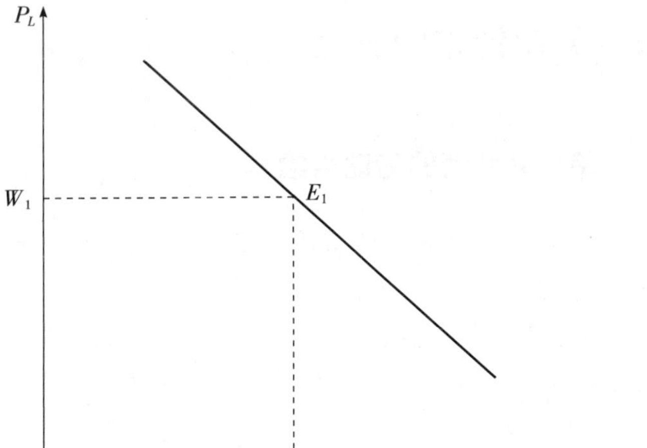

图 6-2　完全竞争厂商对要素的需求曲线

在图 6－2 中，对于任意给定的生产要素价格 $P_L = W_1$，W_1 与要素的边际产品价值曲线相交于 E_1 点。厂商就会在 E_1 点选择劳动投入量 L_1。在 L_1 的左边，劳动投入量对应的边际产品价值高于要素的价格，从而厂商会增加劳动投入量；同理，在 L_1 的右边，厂商会减少劳动使用量。这表明，对应于劳动的价格 W_1，厂商对劳动的需求量等于 L_1。

利用同样的方法，在劳动的价格为 W_2，W_3 等时，厂商在劳动的边际产品价值曲线上决定相应的劳动使用量，即要素价格 P_L 与厂商对要素的需求量之间的对应关系就是要素的边际产品价值曲线。由于要素的边际产品价值曲线向右下方倾斜，因而在完全竞争条件下，厂商对要素的需求曲线也向右下方倾斜。

三、要素的市场需求曲线

以上得到的是单个完全竞争厂商对生产要素的需求曲线。把所有厂商对要素的需求曲线沿横向加总起来即可近似得到要素的市场需求曲线。[①] 由于单个厂商的生产要素需求曲线向右下方倾斜，因而由单个厂商的要素需求曲线沿横向相加得到的市场需求曲线也向右下方倾斜。

通过以上分析，我们得到了生产要素的市场需求曲线。如果要素的市场供给曲线已知，那么就可以用供求分析的基本理论来说明要素价格的决定。由于劳动、资本和土地这三类要素的性质不同，因此对它们的供给曲线的讨论需要分别进行。

第 3 节　劳动价格的决定

一、单个劳动者的劳动供给

劳动的供给来源于劳动者或者家庭部门。对应于特定的工资率，劳动者提供劳动的数量是由劳动者的选择行为决定的。

劳动者是劳动供给者，又是消费者。作为消费者，需要收入。不难看出，消费者提供劳动的收益是工资收入。另一方面，劳动者提供劳动也需要支付成本。这种成本主要有两类，一是劳动使劳动者牺牲了闲暇；二是工作本身也可

① 严格说，当考虑整个要素市场的情况时，单个厂商的边际产品价值曲线不再代表其要素需求曲线，它们的简单加总也不再代表整个市场的要素需求曲线。

能并不令人快乐。经济学中把它们统称为劳动产生的负效用。与其他所有追求最大化的经济当事人一样，劳动者也会按边际收益等于边际成本的原则选择劳动供给数量。于是，在既定的工资率下，劳动者对劳动的决策事实上是在收入与收入对这种负效用的补偿之间进行选择。

首先分析劳动的“边际成本”。我们把每增加一单位劳动时间给劳动者带来的负效用称为边际负效用，并表示为 MDU。边际负效用是随着劳动时间的增加逐渐递增的。这主要有两个原因，一是劳动者的剩余闲暇时间越少，闲暇时间就越稀缺，从而再牺牲单位时间带来的负效用就越大；二是工作时间越长，越劳累，边际负效用越大。边际负效用度量了劳动的边际成本。

其次考察劳动的“边际收益”。在完全竞争市场上，由于每个劳动者都是价格接受者，因而工资率对劳动者而言是既定的。假定现行的工资率为 W，每增加一单位劳动可以获得的收益就等于现行的工资率 W。因此，W 衡量了劳动的边际收益。

根据劳动者决定劳动时间的最优条件，劳动者提供劳动的时间由下式决定：

$$MDU=W \tag{6.3}$$

进一步，对应于劳动市场的不同工资率，劳动者根据式（6.3）选择劳动时间。因此，当市场工资率变动时，劳动时间也会随之变动，从而得到工资与劳动时间之间的对应关系，即由式（6.3）决定的对应关系即为劳动者的劳动供给曲线（见图 6－3）。

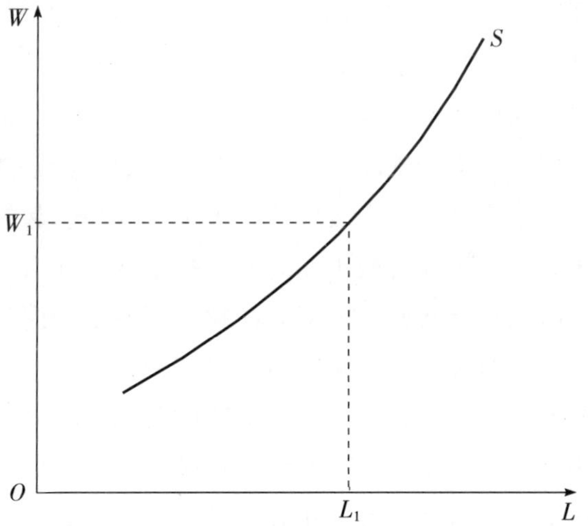

图 6－3　劳动者的劳动供给曲线

在图 6－3 中，对应于一个特定的工资率，如 W_1，劳动者根据式（6.3）在边际负效用 MDU 曲线上选择劳动时间 L_1。一般 MDU 曲线向右上方倾斜，因而劳动者的供给曲线也向右上方倾斜。

二、工资率变动的收入效应和替代效应

劳动的供给曲线通常向右上方倾斜，但在某些特殊情况下，劳动的供给曲线有可能是向后弯曲的（见图 6 - 4）。之所以出现如此形状，是因为当工资率提高时，对劳动供给所产生的替代效应和收入效应呈相反的作用。

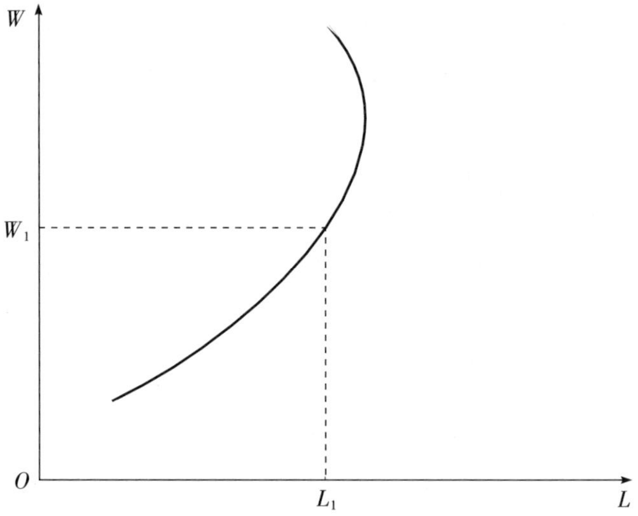

图 6 - 4　向后弯曲的劳动供给曲线

工资率变动的替代效应是指工资率变动对劳动者消费闲暇与收入之间的替代所产生的影响。较高的工资率意味着闲暇变得相对昂贵，因而若工资率提高，则劳动者倾向于用消费其他商品来代替闲暇。所以，工资率提高的替代效应使得劳动供给量增加。同理，若工资率降低，替代效应使得劳动者增加闲暇时间，即工资率降低的替代效应使得劳动供给量减少。

工资率变动的收入效应是指工资率变动引起的收入变动对劳动供给所产生的影响。如果劳动者的工作时间保持不变，那么工资率的提高使劳动者的收入提高。收入提高将使得劳动者能够购买更多的商品，其中包括购买更多的闲暇时间。闲暇时间增加意味着劳动时间减少。因此，工资率提高的收入效应使得劳动时间减少。反之，工资率下降的收入效应使得劳动者增加劳动时间。

由此可见，工资率提高的替代效应和收入效应方向相反，工资率提高是否使得闲暇时间减少，取决于替代效应和收入效应的程度。如果工资率提高的替代效应强度超过收入效应，那么工资率提高将使得劳动者减少闲暇，从而使劳动时间增加，即劳动的供给曲线向右上方倾斜；反之，如果工资率提高的替代效应强度小于收入效应，那么工资率提高将使得劳动者增加闲暇，从而使劳动时间减少，即劳动供给曲线向右下方倾斜。

一般来说，工资率较低时，工资率提高对于劳动者的收入影响不大，工资率提高的收入效应小于替代效应，因而劳动的供给曲线向右上方倾斜。但是，当工资率上升到一定程度以后，工作较少的时间就可以维持较高的生活水平，工资率提高的收入效应强度增加，超过替代效应，从而使得劳动供给曲线开始向右下方倾斜。因此，随着工资率提高，劳动者的劳动供给曲线呈现向后弯曲的形状。

三、劳动的市场供给曲线

与产品市场一样，通过将单个劳动者的劳动供给曲线沿着横向相加，可以得到劳动的市场供给曲线。

假定所有提供同种劳动的劳动者只有两个。当工资率为 W_1 时，劳动者 1 提供的劳动数量为 L_{11}，劳动者 2 提供的劳动数量为 L_{21}，于是，工资率为 W_1 时，劳动的市场供给量就是 $L_1=L_{11}+L_{21}$。改变劳动的价格，可以相应地得出一系列劳动的市场供给量，从而得到劳动的市场供给曲线（见图 6－5）。

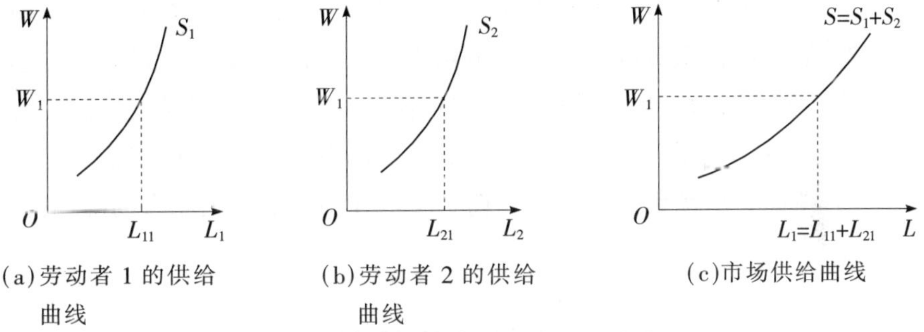

图 6－5　劳动的市场供给曲线的推导

需要说明，尽管单个劳动者的劳动供给曲线向后弯曲，但市场供给曲线通常并不向后弯曲。在完全竞争市场上，当工资率提高时，单个劳动者可能减少劳动量，但随着新工人的加入，市场上劳动供给量会增加，从而劳动的市场供给曲线仍向右上方倾斜。

四、工资率的决定

劳动的价格就是每单位时间的工资率。劳动市场的均衡工资率是劳动的需求和劳动的供给相互作用的结果。劳动市场的均衡工资率恰好使得劳动的供求处于平衡。

劳动需求或供给的变动会导致市场均衡工资率发生改变。

假设劳动者对劳动的市场供给曲线由 S_L 表示，它向右上方倾斜，而劳动

的市场需求曲线为 D_L。当劳动的需求等于供给时，决定市场均衡价格 W^*（见图 6－6）。

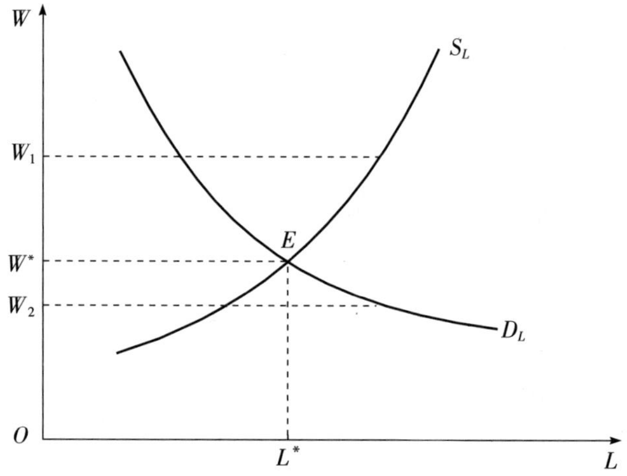

图 6－6　劳动市场均衡

如果劳动价格为 W_1，高于市场的均衡工资率 W^*，这时，劳动的供给量大于需求量，有些劳动者就找不到工作，或者劳动时间不足，从而愿意以更低的工资率提供劳动，结果，市场工资率下降；反之，如果工资率为 W_2，低于市场均衡价格 W^*，这时，有些厂商就得不到所需要的劳动，从而愿意以更高的工资率使用劳动，结果促使市场工资率上涨。由此可见，只有当劳动的供求相等时，劳动市场才处于均衡状态，并相应地决定了市场的均衡工资率。

第 4 节　土地和资本市场的均衡

上面已经说明了，厂商是如何决定雇用工人以及工人工资的。厂商除了雇用劳动这一要素外，还需要决定其他生产要素的投入数量。在经济学中常涉及的生产要素有劳动、土地和资本三类。劳动和土地这两个术语的含义比较好理解。对于资本，我们在这里将它理解为用于生产物品与劳务的设备和建筑物存量。也就是说，资本代表过去生产的物品的积累，现在仍用于生产新物品和劳务。

什么决定了土地与资本所有者由于其对生产过程的贡献而获得的收入呢？在回答这个问题之前，我们需要区分两种价格：购买价格和租赁价格。土地或资本的购买价格是个人为了无限期地拥有这些生产要素而支付的价格。租赁价格是个人为了在一个有限时期内使用这些生产要素而支付的价格。从一般的意义上说，土地或资本的购买价格与其他商品的价格并无不同，这里不再考虑。下面着重说明这两个要素所提供的生产服务的价格，即租赁价格。对土地而言，这一租赁价格更正式地称为地租率。对资本而言，其租赁价格称为利息率。

在作出上述说明后，就可以把我们对劳动市场提出的要素需求理论运用于土地和资本市场了。用现在的观点看，工资毕竟是简单的劳动租赁价格。因此，我们所知道的决定工资的许多知识可用于说明土地和资本的租赁价格。土地的租赁价格如图6－7（a）所示；资本的租赁价格如图6－7（b）所示，它们都是由供给和需求决定的。土地和资本的需求也与劳动的需求一样，同样是由供给和需求决定的。也就是说，当一家生产企业决定租用多少土地和资本时，也遵循着与决定雇用多少劳动同样的逻辑。无论是土地还是资本，厂商会一直增加对它们的租用量，直到要素的边际产品价值等于要素的价格时为止。

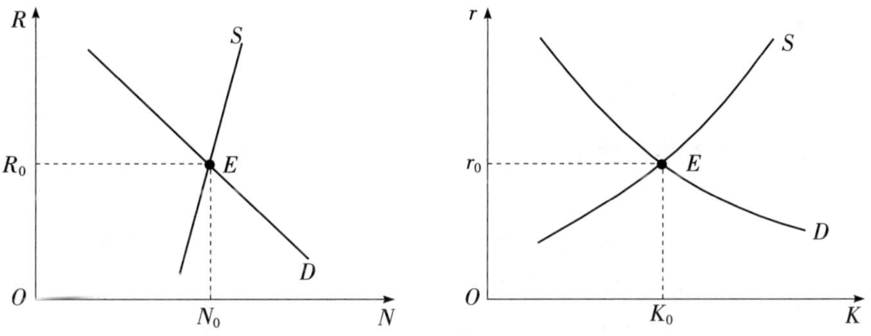

(a) 土地市场　　(b) 资本市场

图6－7　土地和资本市场曲线

图6－7表明，供给和需求决定了对土地所有者支付的报酬和对资本所有者支付的报酬。在图6－7（a）中，均衡的地租率为 R_0；在图6－7（b）中，均衡的利息率为 r_0。

本章小结

1. 与产品市场的完全竞争相似，完全竞争的生产要素市场具有四个特征，即每个经济单位都是价格接受者；要素交易者可以自由进入或退出；经济当事人具有完全信息；生产要素都是同质的。

2. 在生产要素市场上，厂商需要生产要素不是直接的，即厂商对要素的需求并不取决于其自身，而取决于消费者对其产品的需求，从这一点来说，厂商对要素的需求称为引致需求。

3. 在完全竞争条件下，厂商使用要素的利润最大化原则是：要素的边际产量乘以产品的价格等于要素的价格。

4. 劳动、土地和资本的供给与需求决定了支付给工人、地主和资本所有者报酬的价格。

思考题

1. 试述厂商的要素使用原则。

2. 在完全竞争的产品市场和劳动市场上，某一厂商的生产函数为：

$$Q=-0.01L^3+L^2+36L$$

产品价格为 10 美元，工资率为 48 美元。试求厂商的最优劳动使用量。

3. 试运用收入效应和替代效应的概念对向后弯曲的劳动供给曲线进行分析。

重点概念

1. 边际产品价值：增加一单位生产要素的使用量所增加产量的价值。

2. 工资变动的替代效应：工资变动对劳动者消费闲暇与收入之间的替代所产生的影响。

3. 工资变动的收入效应：工资变动引起的收入变动对劳动供给所产生的影响。

4. 土地或资本的购买价格：个人为了无限期地拥有这些生产要素而支付的价格。

5. 土地或资本的租赁价格：个人为了在一个有限时期内使用这些生产要素而支付的价格。

07

Chapter

第 7 章

利用供求工具考察政府政策

当竞争性市场达到均衡时，市场得以出清，生产者按已确定的价格提供给消费者正好想购买的数量的产品，此时，市场既不存在过剩，也不存在短缺。另一方面，由于政治或社会等因素，政府有时会干预市场。在本章，利用前面说明过的供给和需求分析的工具及一些相关概念来考察政府政策的影响和福利效应。其目的是让读者了解经济分析的一些逻辑和方法。

本章分为三节，前两节考察政府对价格的干预，最后一节考察政府税收问题。

第 1 节　政府最高限价的经济分析

一、最高限价的概念和影响

当政府设定最高限价（price ceiling）时，是在强制规定某种物品或劳务的最高价格，这是一个法定的最高价格，不管市场力量怎样，价格都不能超过这个限制。

考察政府最高限价的合适的工具，就是本书前面论述的供求模型。

图 7－1 展示了一个有效最高限价，即最高限价低于均衡价格。在这种情况下，均衡价格为 P_e，但是政府设定的最高限价为 P_c，在最高限价处的供给量为 Q_2，但是消费者需要的是 Q_1，所以造成 Q_1-Q_2 个产品的短缺。注意，如果最高限价高于 P_e，市场价格就为 P_e，这时最高限价就没有任何影响。

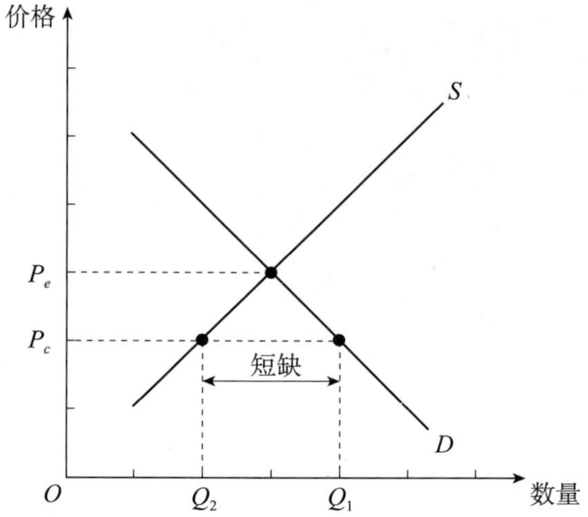

图 7-1　最高限价的影响

租金控制是最高限价的经典例子。许多地方政府都十分重视房租的合理性和可支付性，都认为租客需要得到保护，免于受到一些贪婪房主的高租金敲诈。在短时间内，租金控制起到了作用，房主并不能轻易把公寓挪作他用，所以他们只能接受低房租用于单间出租，但是，一旦有可能，他们就会把公寓改造为套房或者办公室；而其他一些房主，由于低收入不能维持房屋保养维修的费用，他们只好让公寓条件变得越来越差，几乎没有房主会投资出租更多的公寓，所以在图 7-1 中看到的短缺就来自上述原因造成的出租屋数量减少。

这时你可能会说，虽然会存在短缺的情况。但至少租金已经变得更“合理”呀。问题在于，对谁合理？主要的受益人群是已经租到房屋的人，他们会逐渐享受到比均衡价格低得多的房租，但是对于那些租不到房屋，或者想换套大公寓的大家庭来说，却是不利的，当这些人找到一个可能的房屋时，房主很可能会进行暗地交易。

当物品出现短缺时，物品的卖者必须在大量潜在买者中配给稀缺物品。一种方法是按先来后到的顺序排队，那些愿意提前来并排队等候的人会买到物品，而那些不愿等候排队的人则买不到。另一种方法是，卖者可以根据他们自己的个人偏好来配给稀缺的物品。排长队是无效率的，因为这浪费了买者的时间。而基于卖者偏好的歧视既无效率（因为物品并不一定会卖给对它估价最高的买者），又可能是不公平的。

二、最高限价的福利分析

利用本书前面论述的消费者剩余和生产者剩余的概念，还可以进一步分析最高限价的福利影响。为此，先介绍一下总剩余的概念。

在微观经济学中，市场的总剩余被定义为消费者剩余和生产者剩余之和。以图 7－2 来分析最高限价的福利效应。

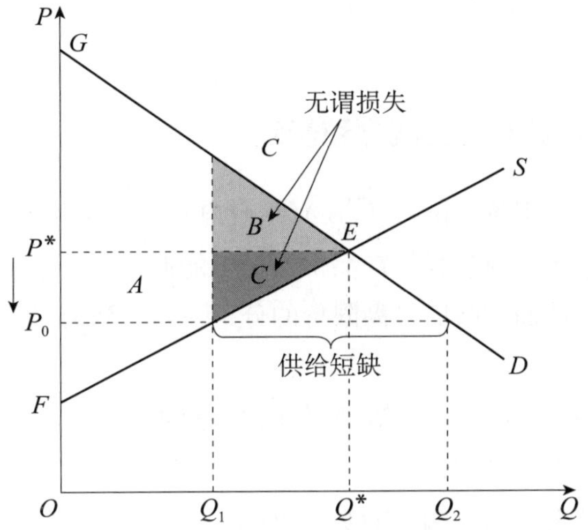

图 7－2　最高限价的福利效应

在图 7－2 中，在无价格管制时，市场的均衡价格和均衡数量分别为 P^* 和 Q^*，消费者剩余为三角形 GP^*E 的面积，生产者剩余为三角形 P^*FE 的面积。假定政府认为价格水平 P^* 过高并实行最高限价政策，规定市场的最高价格为 P_0。于是，在低价格水平 P_0，生产者的产量减少为 Q_1，消费者的需求量增加为 Q_2，商品短缺的现象发生。在最高限价政策下，消费者和生产者各自的损益如何？总剩余又会发生什么样的变化？

首先看消费者。由于厂商的供给数量只有 Q_1，所以，消费者只能购买到 Q_1 数量的商品，一部分原有消费者将买不到商品。其中，对仍能买到商品的消费者来说，他们的消费者剩余由于商品价格的下降而增加了，其增加量为矩形面积 A；对没有买到商品的原有消费者来说，他们的消费者剩余的损失为三角形面积 B。总体来说，市场上消费者剩余的变化量为 $A-B$。

然后看生产者。由于厂商的供给数量只有 Q_1，这意味一部分原有生产者将退出生产，其中，对继续生产的厂商而言，他们的生产者剩余由于商品价格的下降而减少了，其损失为矩形面积 A；对退出生产的厂商而言，他们的生产者剩余的损失为三角形面积 C。总体来说，市场上生产者剩余的变化量为 $-A-C$。

最后，分析市场总剩余的变化。市场总剩余的变化等于市场上消费者剩余的变化量加生产者剩余的变化量，即 $(A-B)+(-A-C)=-B-C$。其中，由于降价导致的生产者剩余的损失 $-A$ 转化为消费者剩余的增加 A；$-B-C$ 是最高限价导致的市场总剩余的损失。经济学中，把这两个三角形 B 和 C 构成的面积称为无谓损失。

第 2 节　政府最低限价的经济分析

一、最低限价的概念和影响

最低限价（price floor）是政府对于一种物品或劳务强制规定的最低价格，无论市场情况怎样，产品价格都不能低于这个水平。

如前面对政府最高限价的分析一样，政府最低限价的影响也通过供求模型来说明。

图 7－3 显示了最低限价的经济影响。在这种情况下，最低限价 P_f 高于均衡价格 P_e，造成 Q_2-Q_1 个产品的过剩，在 P_f 上，商家希望提供的数量（Q_2）多于消费者愿意购买的数量（Q_1），因此产生过剩。注意，如果最低限价低于均衡价格，它对市场就没有任何影响。

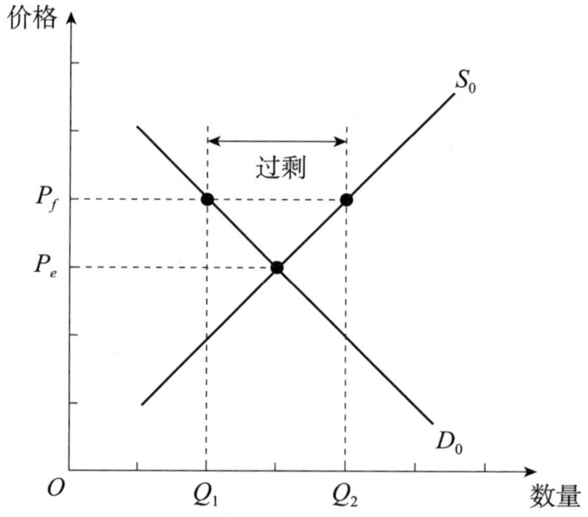

图 7－3　最低限价的影响

在现实经济中，农产品价格支持或最低限价政策试图让农民的收入更加稳定，因为农民收入经常随着每年农作物价格的变动而大幅度波动，政府扮演最后的救命者，当过剩产生时，政府出面购买这些产品。因为这种价格支持政策基本上是高于市场均衡价格的，所以会产生过剩，这些过剩农产品被储藏起来或者用于未来的短缺情况。但是，由于农业技术的提升和农作物产量的增加，几乎不会出现短缺的情况。在对于农民收入会变得稳定的预期下，消费者增加了农产品的支出，农产品产生过剩并且日益腐烂。

最低限价应用的另一个领域是最低工资，当最低工资被设定为高于均衡工资时，过剩劳动力即失业就会产生，受这种失业影响的群体大部分是低技能工人和年轻人，他们之前已经遭受了高失业率的影响。如果允许雇主向他们支付均衡工资，这些人可能会找到工作，但是当雇主被强制支付高于均衡工资的最低工资时，他们也就无法找到工作。

当政府设定最高限价和最低限价时，必须谨慎小心，避免出现短缺或过剩。

二、最低限价的福利分析

最低限价的福利分析可以借助图 7－4 来说明。

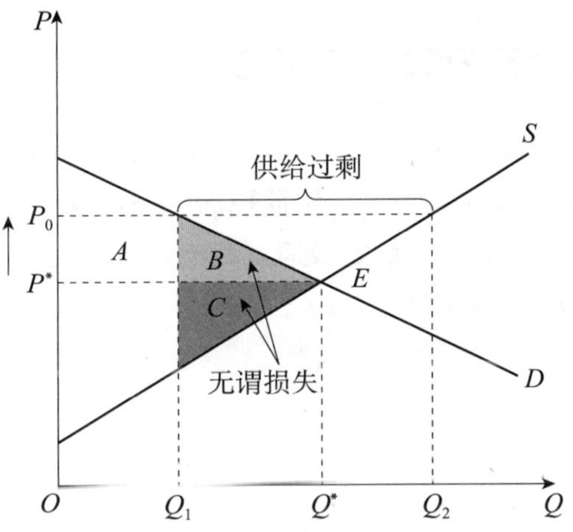

图 7－4　最低限价的福利效应

在图 7－4 中，假定政府实行最低限价政策，将价格由均衡价格水平 P^* 提高到 P_0，即将最低限价定为 P_0。于是，受价格上升的影响，消费者的需求量减少为 Q_1，生产者的供给量增加为 Q_2，供给过剩的现象发生。假定生产者的销售量取决于需求量，那么，生产者实际提供的产量只能是 Q_1。这就是说，一部分原有生产者将不得不退出生产，一部分原有消费者将退出商品购买。

先看消费者：在高价位继续购买商品的消费者的剩余损失为矩形面积 A，退出购买的原有消费者的剩余损失为三角形面积 B，总的消费者剩余的变化为 $-A-B$。再看生产者：在高价位继续生产的厂商的剩余增加量为矩形面积 A，退出生产的原有厂商的剩余损失为三角形面积 C，总的生产者剩余的变化为 $A-C$。最后，市场总剩余的变化等于 $(-A-B)+(A-C)=-B-C$。其中，由于提价导致的消费者剩余的损失 $-A$ 转化为生产者剩余的增加 A，这也反映政府实行最低限价的目的往往更多的是顾及生产者的福利；与前面的最高限价一样，最低限价导致的市场的无谓损失也是 $-B-C$。

第 3 节　税收的经济分析

税收是政府收入中最主要的部分，它是国家为了实现其职能按照法律预先规定的标准，强制地、无偿地取得财政收入的一种手段，因此税收具有强制性、无偿性和固定性三个基本特征。税收依据不同标准可以进行不同的分类。出于本章的目的，本节把政府税收简单地分为向卖者征税和向买者征税，且为简单起见，政府的税收都按单位物品征收 t 货币量的方式征收。

一、向卖者征税的经济影响

假设某地政府通过了一项法律，要求物品的卖者每卖一单位物品须向政府支付 t 元的税收。为了分析征税的影响，我们借助下面的供求模型来说明。

在图 7－5 中，假定政府征税前，市场处于均衡状态 E_1，此时物品的均衡价格为 P_1，均衡数量为 Q_1。

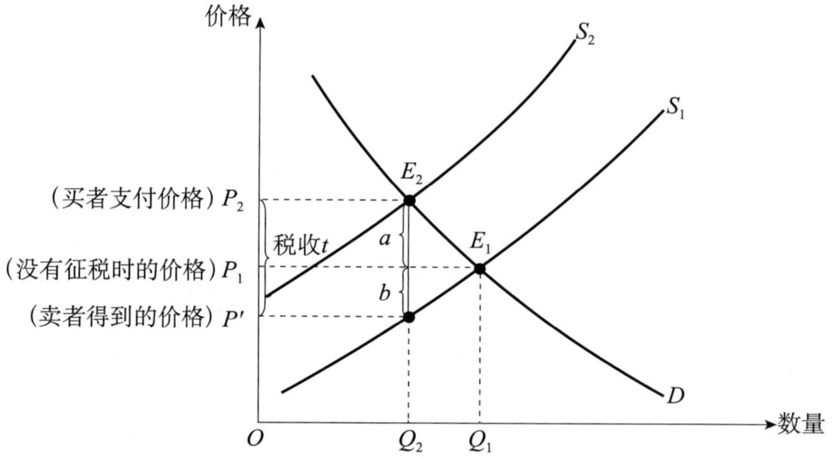

图 7－5　向卖者征税的影响

政府征税后，税收对物品的卖者产生了直接影响。由于并没有向买者征税，所以图中的需求曲线不发生变动。与此相反，政府对卖者征税使物品生产者在每一价格水平下的获利减少了，因此，这一征税行动将使物品的供给曲线移动。进一步地，由于对卖者征税提高了生产和销售物品的成本，因此，税收减少了每一种价格下的供给量，使供给曲线向左移动。为了准确知道供给曲线移动的幅度，现做出如下分析。

在该物品任何一种市场价格下，卖者的有效价格，即他们在纳税后得到的

量要降低 t 元。换言之，为了促使卖者供给任何一种既定的数量，现在市场价格必须高 t 元，以便弥补税收的影响。因此，在图 7－5 中，供给曲线从 S_1 向上移动到 S_2，其幅度正好是税收量 t。

在确定了物品供给曲线的移动后，就可以比较原来的均衡点 E_1 和新均衡点 E_2。图 7－5 表明，政府向卖者征税后，物品的均衡价格从原来的 P_1 上升到 P_2，而均衡数量从原来的 Q_1 减少为 Q_2。

从图 7－5 可以看到，虽然卖者向政府支付了全部税收，但买者和卖者分摊了税收负担。由于在考虑税收后，物品的市场价格从 P_1 上涨为 P_2，买者购买一个物品的支出比没有税收时增加了 a 元（P_2-P_2）。因此，这一税收使买者的状况变差了。卖者从买者那里得到了一个更高的价格 P_2，但纳税后的有效价格从征税前的 P_1 下降为 P'。因此，税收使卖者的状况也变差了。

总之，上面的分析得到两个结论：其一，税收抑制了市场活动，该物品在新均衡时的销售量减少了；其二，买者和卖者分摊了税收负担。在新均衡状态下，买者为物品支付的更多了，而卖者得到的更少了。

二、向买者征税的经济影响

假设某地政府通过了一项法律，要求某一物品的买者每购买一单位的该物品向政府支付 t 元的税收。现在还是借助供求模型来说明征税的影响。

在图 7－6 中，假定政府征税前，市场处于均衡状态 E_1，此时物品的均衡价格为 P_1，均衡数量为 Q_1。

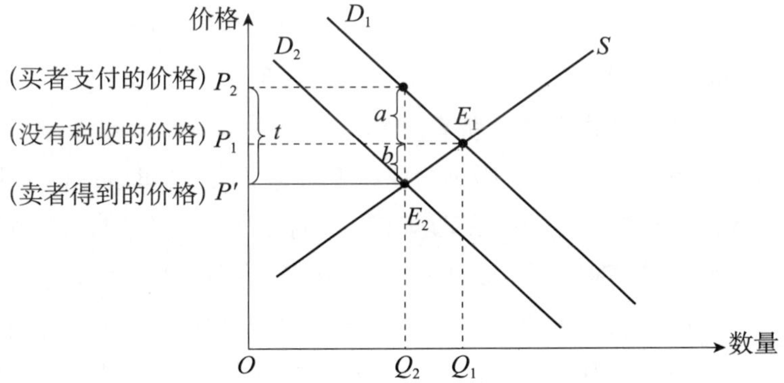

图 7－6　向买者征税的影响

政府对买者征税后，供给曲线并不受其影响，因为在任何一种既定的物品价格下，卖者向市场提供物品的激励并没有变化。与此相比，买者只要购买物品，就不得不向政府支付税收，因此，这一情况会使物品的需求曲线发生移动。进一步地，这一情况会使物品的需求曲线向左移动，因为政府对物品的买者征税使物品的吸引力变小了。

与向卖者征税的分析类似，我们还可以知道需求曲线向左移动的幅度。其结果是，如图 7－6 所示，政府向买者征税，使物品的需求曲线从 D_1 向左移动到 D_2，其移动幅度正好是税收量 t。

现在便可以通过比较原来的均衡 E_1 与新均衡 E_2，来说明税收的影响。从图 7－6 看到，征税后，物品的均衡价格从 P_1 下降到 P'，而均衡数量从 Q_1 减少为 Q_2。而且，买者和卖者又一次分摊了税收负担。在图中，卖者分摊了 b 元，而买者分摊了 a 元，且 $a+b=t$。

如果比较图 7－5 和图 7－6，可以看出一个有意思的结论：对卖者征税和对买者征税的效应是相同的。在这两种情况下，税收都是在买者支付的价格和卖者得到的价格之间打入一个楔子。无论税收向买者征收还是向卖者征收，这一楔子都是相同的。在新均衡时，买者和卖者分摊了税收负担。事实上，对买者征税和对卖者征税的唯一区别在于是谁把税款交给政府。

三、征税的福利效应分析

现在考虑征税的福利效应。为此，考虑税收如何影响买者、卖者和政府。我们已经知道，消费者的福利可以用消费者剩余来表示，生产者的福利可以用生产者剩余来表示。

那么，税收又如何影响利益第三方——政府呢？如果 t 是税收规模，Q 是物品销售量，那么，政府得到的总税收收入就是 $t\times Q$。政府可以用这一税收收入提供服务，例如道路、警察和公共教育，或用于帮助需要帮助的人。因此，为了分析税收如何影响经济福利，我们用政府税收收入来衡量从税收中得到的公共利益。但是，应该记住，这种利益实际上并不归政府所有，而是归那些得到这种收入的人所有。

图 7－7 描述了用供给曲线和需求曲线之间矩形的面积表示的政府税收收入。这个矩形的高是税收规模 t，而矩形的宽是销售的物品数量 Q。由于矩形的面积是高乘以宽，所以，这个矩形的面积是 $t\times Q$，它等于税收收入。

（1）没有税收时的福利。为了说明税收如何影响福利，我们从考虑政府征税之前的福利开始。图 7－8 表示供求图，并用字母 A 至 F 标出了几个关键的面积。

没有税收时，可以在供给曲线和需求曲线相交处找出均衡价格和均衡数量。价格是 P_1，销售量是 Q_1。由于需求曲线反映了买者的支付意愿，所以，消费者剩余是需求曲线和价格之间的面积，即 $A+B+C$。同样，由于供给曲线反映了卖者的成本，所以，生产者剩余是供给曲线和价格之间的面积，即 $D+E+F$。在这种情况下，由于没有税收，税收收入等于零。

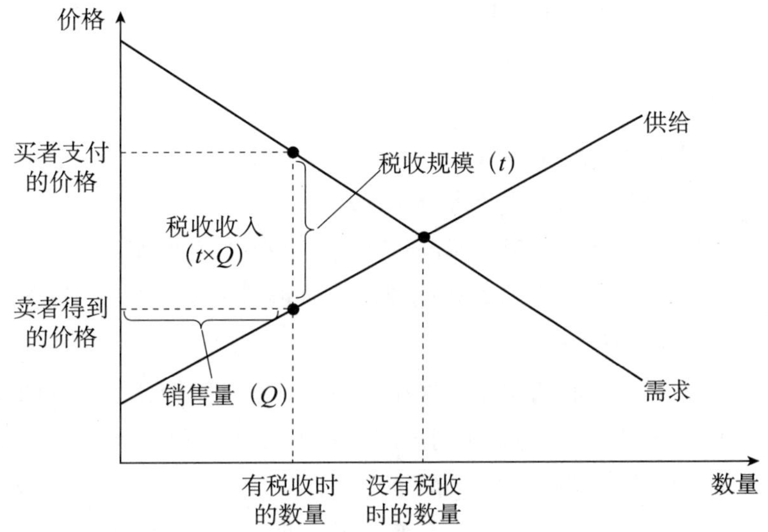

图 7-7　税收收入

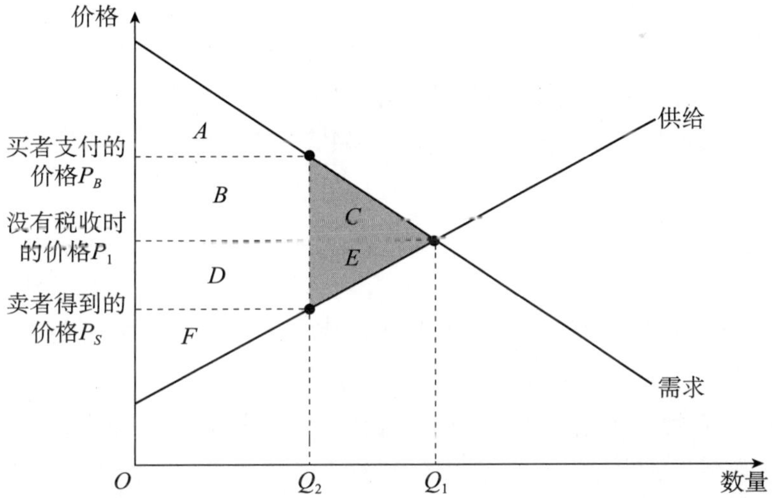

图 7-8　税收如何影响福利

总剩余，即消费者剩余和生产者剩余之和，等于面积 $A+B+C+D+E+F$。表 7-1 概括了这些描述。

表 7-1　税收的福利分析

	没有税收时	有税收时	变动
消费者剩余	$A+B+C$	A	$-(B+C)$
生产者剩余	$D+E+F$	F	$-(D+E)$
税收收入	无	$B+D$	$+(B+D)$
总剩余	$A+B+C+D+E+F$	$A+B+D+F$	$-(C+E)$

说明：面积 $C+E$ 表示总剩余的减少，并代表税收的无谓损失。

（2）有税收时的福利。现在考虑征税之后的福利。买者支付的价格从 P_1 上升到 P_B，因此，消费者剩余现在只等于面积 A（需求曲线以下和买者价格以上的面积）。卖者得到的价格从 P_1 下降到 P_S，因此，生产者剩余现在只等于面积 F（供给曲线以上和卖者价格以下的面积）。销售量从 Q_1 减少为 Q_2，而政府得到的税收收入等于面积 $B+D$。

为了计算有税收时的总剩余，我们把消费者剩余、生产者剩余和税收收入相加。因此，我们得到总剩余是面积 $A+B+D+F$。表 7－1 中的第三列概括了这些结论。

（3）福利的变动。现在我们可以通过比较征税前后的福利来说明税收的影响。表 7－1 中的第四列表明了这些变化。税收使消费者剩余减少了面积 $B+C$，使生产者剩余减少了面积 $D+E$。税收收入增加了面积 $B+D$。毫不奇怪，税收使买者和卖者的状况变差了，而使政府的状况变好了。

总福利的变动包括消费者剩余的变动（是负的）、生产者剩余的变动（也是负的）和税收收入的变动（是正的）。当我们把这三块相加后会发现，市场总剩余减少了面积 $C+E$。因此，买者和卖者因税收遭受的损失大于政府筹集到的收入。税收（或某种其他政策）扭曲市场结果所引起的总剩余减少称为无谓损失。无谓损失的大小用面积 $C+E$ 来衡量。

本章小结

1. 最高限价是政府强制规定某种物品或劳务的最高价格，它是一个物品或劳务法定的最高价格。

2. 一个有效的最高限价通常低于均衡价格，其经济影响是通常会导致物品或劳务出现短缺，即供不应求。

3. 最高限价的福利影响是导致市场总剩余的减少，出现无谓损失。

4. 最低限价是政府强制规定某种物品或劳务的最低价格，它是一个物品或劳务法定的最低价格。

5. 一个有效的最低价格通常高于均衡价格，其经济影响是通常会导致物品或劳务出现过剩，即供大于求。

6. 最低限价的福利影响是导致市场总剩余的减少，出现无谓损失。

7. 政府征税可以进行多种分类，一种分类是把税收分为向卖者征税和向买者征税。

8. 政府向卖者征税和向买者征税的结果是，抑制了市场活动，物品在新均衡状态下的销售量减少了；其次，买者和卖者共同分摊了税收负担。

9. 政府征税的福利影响是减少经济的总剩余，出现无谓损失。

思考题

1. 给出最高限价和最低限价在现实中的实例。

2. 给出最低限价的福利分析。

3. 利用图形说明当物品供给富有弹性，而需求缺乏弹性时，政府征税的税收负担更多地由消费者承担。

重点概念

1. 最高限价是政府强制规定某种物品或劳务的最高价格，它是该物品或劳务法定的最高价格。

2. 最低限价是政府强制规定某种物品或劳务的最低价格，它是该物品或劳务法定的最低价格。

3. 无谓损失是由于市场扭曲而引起的总剩余的减少。

08
Chapter

第8章
政府制约市场力量的经济政策

20世纪90年代早期，美国政府经过调查后宣布微软公司垄断了电脑操作系统的市场。在该时期，全世界80%的电脑都在运行微软的操作系统，如MS-DOS和Windows。美国政府对微软公司的做法颇为不满，主要是担心微软可能利用其操作系统的市场力量进入应用软件市场。美国政府为什么会关注一家私营企业的行为？可能对它采取什么措施呢？

前面考察了两类组织单位，即家庭和企业在经济社会中的行为。除了这两类组织单位外，还有一个重要的组织单位，这就是政府。在经济社会中，政府的行为会对家庭和企业产生重要影响，这大多是政府有意干预经济的结果。本章将主要论述政府对市场力量的干预。

第1节　市场与政府

一、自由与干预

现代社会经济制度的一个重要内容是经济决策权在政府部门和私人部门之间的配置。在现代经济社会中，这种配置关系不仅体现在个人经济生活中，也体现在企业的经营上。例如，什么事情可以由个人和企业自行决定？哪些事情必须由政府来决定？

例如，商业银行也是一类企业，它的许多行为都要严格受到国家有关法律和规章制度的约束，这些规章制度是由政府制定的，而不是由银行经理制定的，甚至商业银行的一些重要的业务活动也可能受到政府机构（中央银行）的指导和监督。银行的经营在相当程度上受到政府的干预和管制。而一个小杂货铺的经营者要比银行家自由得多，如果他想去旅游的话，完全可以停业几个星期。

政府干预经济的方法主要有两种。首先，政府通过法律进行干预。法律代表了政府的意志，告诉人们在经济活动中“应该”如何去做：哪些可以做，哪些不可以做。其次，政府也可以直接参与经济活动。例如，政府可以从事市政建设，管理国有企业，对一些兼并案进行裁定等。政府的这些参与经济的活动也要依法进行。政府对经济的干预大多表现为通过规章制度规范企业行为，这种干预也称为政府管制。

显然，政府的干预多一些，企业的自由就少一些；反之，政府的干预少一些，企业的自由就多一些。现代社会经济不可能是一个完全由政府极端管制的经济，也不可能是一个极端自由的无政府状态。平衡点应该选在哪里？自由还是干预？市场还是政府？这是经济学的一个永恒的课题。

从经济学的角度讲，需要政府干预是由于市场机制已不能充分有效地配置稀缺的经济资源。换句话讲，需要政府干预是由于在配置资源的过程中市场失灵。既然市场在配置资源的过程中会失灵，那么，政府是否能完全替代市场呢？似乎也不行。完全以政府的决策来替代市场配置资源，其结果有时也未必有效。政府在配置资源中也存在着一些缺点，也会在一些问题的处理上失灵。

二、市场失灵

经济学认为，市场机制在很多场合下并不能充分有效地配置经济资源，这种情况称为市场失灵。导致市场失灵的原因有以下几个方面。

（1）公共产品。经济社会生产的产品大致可以分为两类，一类是私人物品，一类是公共物品。简单地讲，私人物品是只能供个人享用的物品，例如食品、住宅、服装等。而公共物品则可供社会成员共同享用。严格意义上的公共物品具有非竞争性和非排他性。非竞争性是指一个人对物品的享用并不影响另一个人的享用；非排他性是指对物品的享用无须付费。例如国防设施就是公共物品。它给国家、公民带来安全，公民甲享用国家安全时不会影响公民乙对国家安全的享用，并且人们也无须花钱购买就能享用这种安全。

有些物品和服务是人们共用的，且无须付费，例如道路、广场等。不过，当这些物品的使用人数增加到一定程度后就具有竞争性了，如公路会发生交通拥堵现象。还有些物品和服务虽然可以共用，但必须付费，如有线电视等。

毫无疑问，这些公共物品的提供对于社会福利是十分重要的。许多公共物品需要政府提供而无法依靠市场，例如国防等。有些公共物品的供给虽然可以来自市场，但需要政府的管理和协调，如交通和通信设施等。

（2）垄断。对市场某种程度的和完全的垄断有可能使得资源的配置缺乏效率。对这种情况的纠正需要依靠政府的力量。政府主要通过对市场结构和产业结构的干预来提高企业的经济效率。这方面的干预属于政府的竞争政策。

（3）外部影响。市场经济活动以互惠的交易为基础，因此，市场中人们之间的相互关系实质上是同金钱有联系的利益关系。例如，甲为乙提供了物品或服务，甲就有权向乙索取补偿。当人们从事这种需要支付或获取金钱的经济活动时，还可能对其他人产生其他一些影响，这些影响对于他人可能是有益的，也可能是有害的。无论是有益还是有害，都不属于交易关系。这些处于交易关系之外的对他人的影响称为外部影响，也称为经济活动的外在性。例如，建在河边的工厂排出的废水污染了河流，对他人造成损害。工厂排废水是为了生产产品赚钱，工厂同购买其产品的顾客之间的关系是金钱交换关系，但工厂由此造成的对他人的损害却可能需向他人支付环保赔偿费。这种影响就是工厂生产的外部影响。当这种影响对他人有害时，就称为外部不经济；当这种影响对他人有益时，就称为外部经济。

由于外部影响不是金钱关系或交易关系，外部经济或外部不经济都无“市场价格”，这种利益关系的协调也就不能完全以市场的方式解决。现代经济中外部不经济的影响越来越广泛和严重，一个突出问题就是环境问题。当这些问题出现时，市场无法自行解决，因此需要政府出面寻求解决途径。

（4）非对称信息。由于经济活动的参与者拥有的信息是不同的，一些人可以利用信息优势进行欺诈，这会损害正常的交易。当人们对欺诈的担心严重影响交易活动时，市场的正常作用就会丧失，市场配置资源的功能也就失灵了。此时，市场一般不能完全自行解决问题。为了保证市场的正常运行，政府需要制定一些法规来制止和约束欺诈行为。

一般来说，为了矫正市场失灵，针对上述每一种导致市场失灵的原因，都赋予了政府对经济活动进行干预的理由。因篇幅所限，下面结合美国的情况，论述政府制约市场力量的干预活动。

第 2 节　垄断和不完全竞争的缺陷

垄断和其他不完全竞争行业常常是低效率的。这种低效率主要有四种来源：产出受到限制、管理松懈、研究与开发（简称研发）缩减和寻租（rent seeking）。虽然这些来源会出现在所有不完全竞争市场中，但在垄断的情况下，可以更清楚地看到这些问题，因此，我们以垄断市场为例来加以说明。

一、产出受到限制

像竞争厂商一样，垄断厂商也要通过生产消费者需要的各种商品和服务来获取利润。但是，垄断厂商可以用竞争厂商无法做到的方式来获利。一种方法就是通过限制产量来提高价格。通俗地讲，它们以垄断价格来获取超额利润。消费者选择购买垄断厂商的产品的行为表明，尽管较之该行业在竞争的条件下，消费者购买这些产品要花更多的钱，但他们还是选择了购买并拥有这些产品。

由于垄断厂商面临的需求曲线向右下方倾斜，使边际收益等于边际成本的垄断厂商的产量水平低于相应的价格等于边际成本的竞争行业的产量水平。在这里，竞争行业与垄断厂商具有相同的需求曲线和成本曲线，但是生产者不止一个，而是为数众多。图 8－1 表明，垄断产量 Q_m 远远小于竞争产量 Q_c。在竞争条件下，价格 P_c 等于边际成本；而在垄断条件下，垄断价格 P_m 远远高于 P_c。

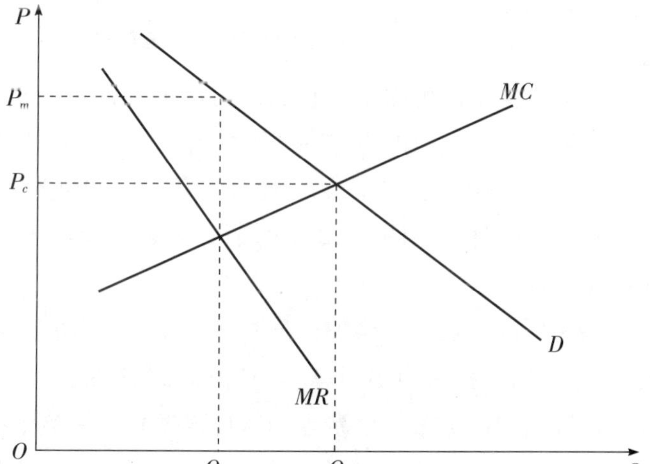

图 8－1　垄断行业缺乏效率

依据定义，商品的价格是度量个人愿意为额外一单位商品所支付的货币量。换言之，它度量商品带给买主的边际效益。在完全竞争条件下，价格等于边际成本，从而当处于均衡时，额外一单位商品为个人带来的边际利益恰好等于厂商生产这种商品的边际成本。在垄断厂商比较低的产量水平上，生产额外一单位产品的边际利益——个人愿意为额外一单位商品所支付的价格——超过边际成本。

将垄断厂商的生产决策与竞争市场中厂商集体的生产决策进行比较，可以估计存在垄断时社会所遭受的损失。为了简化分析，假定图 8－2 中的边际成本固定不变，边际成本曲线为竞争价格 P_c 处的一条水平线。在边际收益等于边际成本的点 B，垄断厂商的产量为 Q_m，并且可以索价 P_m，这是需求曲线上与产量 Q_m 对应的价格。

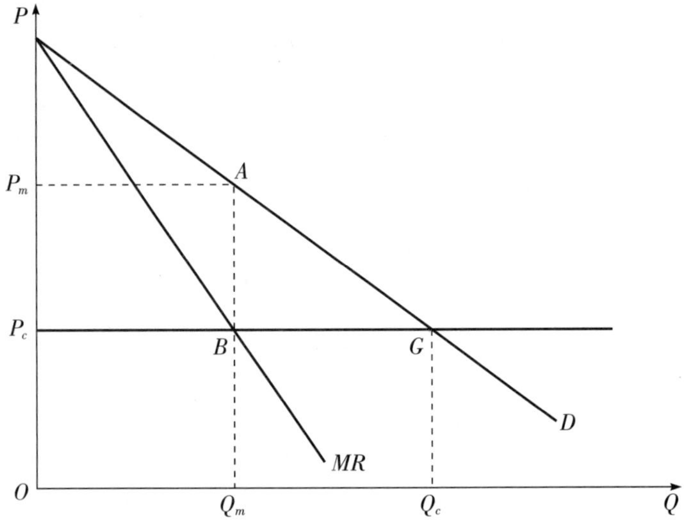

图 8－2　度量垄断的成本

这就产生了两种损失，它们都与本书前面所介绍的消费者剩余概念有关。我们知道，向下倾斜的需求曲线隐含着对大多数消费者的某种馈赠。在价格曲线与需求曲线交点左侧的点，人们愿意支付的价格要高于他们必须支付的价格。在竞争条件下，图 8－2 中的消费者剩余为需求曲线与价格曲线之间的整个三角形部分。

垄断厂商对这种剩余加以分割。首先，它索取比在完全竞争条件下更高的价格 P_m。这一损失由矩形 ABP_cP_m 的面积衡量，它等于多支付的价格乘以实际生产和消费的数量。消费者的这种损失并不是整个社会的损失，而只是一种收入转移，因为较高的价格使垄断厂商获得更多的收益。其次，它降低了产量，在完全竞争市场上产量为 Q_c，而在垄断条件下为较低的产量 Q_m。这第二种损失对社会来说是一种真实的损失，称为垄断的绝对损失（deadweight loss）。消费者损失了 Q_m 右边由三角形 ABG 的面积表示的剩余，但是消费者的这部分损失并没有使垄断厂商获益。

一些经济学家认为，垄断的这些成本相对较小，大约仅占垄断厂商产值的 3%。也有些经济学家认为，限制产量的损失很大。无论哪一种意见是正确的，产量受到限制只是垄断使经济低效率的原因之一。

二、管理松懈

任何企业无论选择何种产量水平，都想使生产成本最小化。但是在现实中，那些不通过激烈竞争就能赚很多钱的企业，往往缺乏使成本尽可能低的动力。这种由于企业缺乏竞争压力而导致的低效率称为管理松懈（managerial slack）。

在缺乏竞争的情况下，要评判管理者的效率是十分困难的。比如，美国电话电报公司接通从纽约到芝加哥的电话的成本应当是多少？在美国电话电报公司垄断长话业务期间，该公司可能宣称其成本已不能更低了，然而，即使是训练有素的工程师也不能断定事实是否果真如此。在城市间的电话业务出现竞争之后，美国电话电报公司的股东就可以将其成本与 Sprint 公司、MCI 公司和其他竞争对手的成本进行比较，因而竞争刺激每家公司尽可能有效地进行生产经营。

三、研发缩减

竞争推动企业开发新产品和研究成本更低的生产方法。与此相反，垄断企业可能更愿意坐享现有的利润，而不是积极推动技术进步。

当然，并不是所有垄断企业都故步自封。在美国电话电报公司实际上垄断了电话业务的时期里，其研究机构贝尔实验室仍是许多重要发明创新的发源地。激光和晶体管只是其中的两种。但是，美国电话电报公司也处于一种独特的地位。它索取的价格是由政府管制机构确定的，而这些价格的制定考虑到了鼓励在研发方面的投入。从这个角度讲，美国电话电报公司在研发方面的贡献在很大程度上应当归功于政府的管制政策。

与贝尔实验室相反，人们经常责备美国的汽车工业和钢铁工业由于技术上的停滞不前而落后于外国竞争对手。在第二次世界大战结束时，美国的这些行业已经在世界上占据主导地位。在持续多年享受高额利润之后，它们在 20 世纪七八十年代丧失了很大一部分市场份额。例如，80 年代，外国的汽车和钢铁企业能够以低于美国企业的价格销售产品，这不仅是因为它们支付的工资较低，而且也因为技术发展使生产工艺更有效率。

四、寻租

垄断条件下的低效率的最后一个原因是，垄断企业将资源花费在非生产性活动上。一个重要的例子就是垄断企业将资源用于遏制进口以获得或维持其垄断地位。由于垄断企业获得的利润称为垄断租金，通过寻求或维持在行业内的垄断地位来寻求或维持业已存在的租金的活动称为寻租。

有时，某家厂商的垄断地位至少在某种程度上是政府保护的结果。许多欠发达国家在全国范围内授予某家企业生产某种产品的垄断特权，而且不允许从国外进口这种产品。在这种情况下，企业会向说客和政治家捐款，以便维持这种限制竞争的规定，从而维持高额利润。从社会角度看，这些活动是一种浪费。实际资源（包括劳动时间）被用于获得有利的规则，而不是用于生产商品和服务。所以，人们有理由关注如下问题：政府限制竞争的意愿将会鼓励企业把资金用于寻租活动，而不是生产更好的产品。

为了获得和维持垄断地位，企业愿意花费多少钱呢？它所愿意支付的数额的上限等于所能获得的全部垄断利润。寻租活动所造成的浪费可能远远大于产量的减少所造成的损失。

第 3 节　政府对企业的管制

一、管制的含义和分类

美国的产业管制始于 19 世纪，1887 年成立了州际商业委员会（Interstate Commerce Commission，ICC)。ICC 的指导思想是既防止价格战，保证对小城镇的服务，又控制垄断。此后，美国政府于 1913 年对银行业颁布了联邦管制条例；1920 年颁布了对电力行业的联邦管制条例；20 世纪 30 年代又颁布了对通信业、保险业、劳工、货运和航空的联邦管制条例。

政府既可以用行政命令也可以用市场激励的办法来控制整个经济活动。历史上，管制的主要形式是直接干预，即政府发布命令和控制性指令。通过这样的管制，政府命令人们从事或放弃某些经济行为。例如，政府可能要求企业只能在商业区选址，不得将化学废料倒入河流和湖泊，等等。而今天，政府的命令几乎已经无所不包，不仅包括保护环境和土地规划，还包括信息披露、劳动工资和时间标准；在某些产业，诸如使用杀虫剂、制造新药、从事国际贸易等方面，也都有许多具体的管制措施。

管制可分为两类，即经济管制（economic regulation）和社会管制（social regulation)。所谓经济管制指的是对价格、生产、市场进入和退出条件、特殊行业的服务标准的管制，包括公用设施管制（电话、电力、天然气、供水）以及其他的产业管制（运输、金融、电台、电视台)。金融业从 1930 年起受到严格管制，有关法律规定了银行、经纪行、保险公司的业务范围。

所谓社会管制是近期出现的。它主要用来保护环境以及劳工和消费者的健康与安全。它的有关规定可用以矫正经济活动所引起的各种不良后果和外部性问题。明显的例子有：净化空气和水源、实现核安全、保证药物和交通安全等有关法规和规划。关于这方面内容，将在后面专门讨论。

二、政府管制产业的理由

管制是对企业无节制的市场权力的一种限制。政府为何要管制企业呢？管制具有三大公众利益（public interest justifications）：（1）管制企业可以防止垄断或寡头垄断滥用市场力量；（2）可以纠正诸如污染之类的负外部性问题；（3）可以矫正信息的不完全。例如，对于某些重要产品如药物或能源用具等的特性，消费者往往得不到确切和及时的信息。

传统经济学关于管制的观点是规范性的：管制措施应当用于纠正主要的市场失灵。更具体地说，政府应该对企业数目太少的产业实行管制，以激发强有力的竞争。政府特别应该对自然垄断这种极端情况实施管制，尤其是在需求价格弹性低的必需品产业中。

三、对自然垄断性公用事业的管制

赞成管制的一个正当的经济理由是防止自然垄断者的垄断定价。让我们看看管制者怎样抑制垄断者过分地提高价格。自然垄断是这样一个产业，在该产业组织生产的最有效的方式是只允许某个企业进行生产。如果两个相似的企业来生产整个产业的产量，平均成本就会比一个企业生产时高得多。

假设立法机关确定对某一产业实施公用事业管制，它会怎样进行呢？首先要设立一个公用事业委员会来监督价格和服务，以及进入与退出该产业的事项。最重要的决策是确定垄断企业的定价。

按传统办法，管制就是要对受管制厂商实施平均成本定价的办法。例如，电力事业应取其全部成本（不变成本与可变成本），并将这些成本分摊到所销售的每个产品（比如电和蒸汽）上；然后对各类消费者所接受的那份服务，按分摊平均成本的办法来收费。

图8-3中的M点（对应于产出Q_M）是垄断者在无管制条件下的利润最大化产出点。这里可以看到高价格、低产量和大量的利润。

按传统管制方法，垄断者被允许索取高到能弥补平均成本的价格。在这种情况下，企业的价格就应定在需求曲线与AC曲线相交之处。因此，均衡点在R，这时的产量为Q_R。

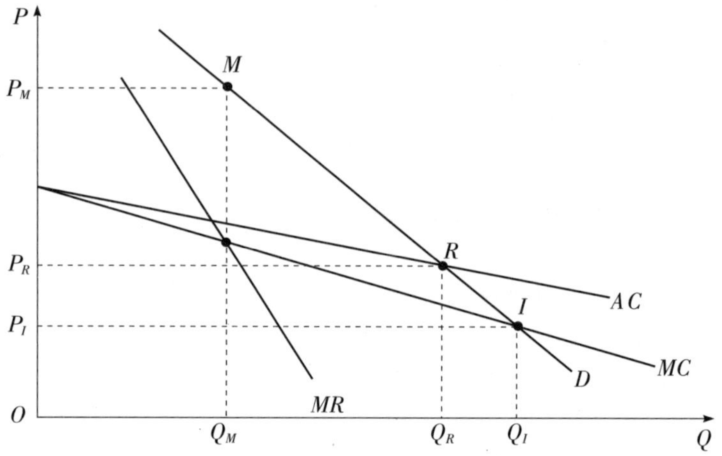

图 8-3　对自然垄断行业的管制

这种解决办法的好处有多大呢？从经济上说，相对于无管制垄断，它可能代表了某种改善。首先，垄断者并非理所当然地应该比消费者多得一些好处，所以也没有理由允许它们从消费者那里榨取垄断利润。

其次，管制者在使垄断者将价格从 P_M 降到 P_R 时，也减少了价格与边际成本之间的差异。这种变化提高了经济效率，因为所增加的产量带给消费者的边际效益要大于其在社会中所消耗的边际成本。只有在所有部门中价格都等于边际成本时，社会才最有效地利用了它的资源。

如果 $P=MC$ 如此之好，那么为什么管制者不强制垄断者降低价格一直到需求曲线 D 和 MC 曲线的交点处（I 点），从而使价格和边际成本相等呢？

实际上，$P=MC$ 或边际成本定价法是实现经济效率的理想目标。但是，这里存在一个严重的现实障碍：如果一个企业有着下降的平均成本，它忠实地使其价格等于边际成本，那么，它将会出现长期亏损。理由是：如果 AC 处在下降中，因为 $MC<AC$，所以，按 $P=MC$ 定价，意味着 $P<AC$。当价格（或平均收益）低于平均成本时，企业就会亏损。我们不妨直观地看这个问题。图 8-3 中 I 点是理想的管制方案。在该点，价格等于边际成本，但 MC 低于平均成本。当平均成本高于价格时，企业就亏损。由于企业不会长期在亏损条件下经营，加之政府不愿意对成本递减的生产者进行补贴，所以理想的管制法很少使用。

另一种方法是双方折中的定价法。企业收取一定数量的固定费用并用可变费用（一个电话、一单位电或其他商品）来支付边际成本。这种方法比传统的平均成本定价法更能接近理想的边际成本定价。

四、管制的成本

（1）管制的利益集团理论。我们已对政府管制有利于公众利益的一面作了分析。同时，我们还应当看到，管制对收入进行再分配，从而产生了从管制中获益的利益集团。有时，由于政治力量和受管制产业经济利益的相互作用，管制限制了其他企业进入受管制产业，提高了现有企业的价格和利润。所以，一个被管制的产业会为了防止竞争者进入和保持高利润而游说政府，以求管制继续保持下去。

强调管制具有反竞争性的经济学家认为，所谓管制是为了消费者和工人利益的说法是不可信的。管制的最终目的是通过在受管制产业中限制进入来阻止竞争，以增加某些制造商的收益，消费者或工人的任何收益都不过是偶然的。

管制的历史记载也支持这一理论。例如，多年来管制导致价格居高不下，公路货运和航空业在降低价格和进入新市场前都必须获得批准。其他类型的管制也限制竞争。例如，新药品的高标准意味着获得批准的过程漫长而昂贵。许多小企业由于无法负担新药所要求的多年测试而被排斥在竞争之外。

管制损害纳税人利益而有利于受管制产业的最新事例，是储蓄和贷款方面的丑闻。美国联邦政府存款保险计划是在20世纪30年代建立的，用以恢复信心和防止银行恐慌。然而到20世纪80年代早期，这一计划显得越来越糟糕。它对银行存款提供了政府保证，但却不能保证银行拿着这些保了险的存款谨慎使用。结果，许多银行用高利率来吸引存款，然后用这些钱去冒险贷款和投资，还付给它们的管理人高工资。当银行开始走向破产，政府就不得不收拾这个烂摊子，其损失最后高达数千亿美元。因为有频繁的游说和慷慨的竞选资助，政府一直没有采取适当的行动来制止这种浪费，直到1989年国会才采取行动制止这种最恶劣的行为。谁是腐败的银行管制制度的主要受益者？是银行家、银行和银行的股票持有者。谁是它的受害者？是纳税人。

（2）管制的成本。经济学家已经研究了管制的影响，以权衡管制的成本与效益。大多数研究表明，经济管制的主要后果是效率的损失和大量的收入再分配。社会管制的记录是混合的，有些案例有明显收益，而其他一些却有巨额损失，只伴随着很小的收益。

（3）经济管制的弱化趋势。最近20年来，许多经济学家提出，管制过程实际上是增强而不是遏制了垄断权力。这一观念部分地是基于前面分析的管制与利益集团的关系。此外，研究者还注意到，经济管制在地方上已远远超出了自然垄断产业的范围。到20世纪70年代中期，许多产业，包括铁路和卡车运输、航空和公共汽车、广播和电视、石油和天然气、干果和牛奶以及所有金融市场，都有管制者在发号施令。在这些产业中，许多更接近于完全竞争而不是自然垄断。

自1975年以来，美国联邦政府开始取消对许多产业的管制，包括航空、公路货运、铁路、证券经纪、长途电话和天然气等。这些产业都具有更适于竞争的结构特征，因为它们的市场相对于单个企业的有效规模来说是很大的。

航空业提供了一个取消管制的戏剧性例证。从 20 世纪 30 年代民航管理局（CAB）建立开始，该机构就以限制竞争为己任。1938—1978 年，未允许一家新的大航空公司进入州际市场。当有人提出一些创新的、低成本的、没有任何附加运费的建议时，CAB 总是将这些建议压制下去。CAB 的作用是抬高而不是降低运费。

1977 年，卡特总统任命艾尔弗雷德·卡恩（Alfred Kahn）为民航管理局局长。卡恩是有名的经济学家，也是管制的批评者。他决定在进入航空业的运费灵活化方面允许有更多的竞争，不久国会通过法律允许航空公司自由进入和退出所有国内航线，并可以自由地决定能承担的运价。

许多人担心，没有管制会引起大量的解雇和服务质量下降。但经过近 20 年的实践之后，航空业多雇用了 65%的职员，而且国内客运里程数增加了 70%。研究结果表明，取消管制后平均运费逐年大幅下降（扣除了通货膨胀因素）；飞机利用率提高；各航空公司的价格策略变得极富新意。强有力的竞争局面已经形成，它使航空业保持了非常低的利润率。破产已成为普遍现象，像西南航空公司这样的公司已取代破产老公司的地位。航空业自解除管制以来，已变得富有效率。

航空业成功地解除了管制，这使得全世界的经济学家和非经济领域的专家相信：一个没有管制的市场，甚至在那些拥有巨大潜在市场力量的产业，也能完成资源配置的任务。

第 4 节　反垄断政策

一般来说，经济管制主要是被政府用来控制自然垄断条件下垄断的作用。在现实经济生活中，由自然垄断引起的市场失灵只是竞争的不完全性的一种情形。其他的不完全竞争所引起的市场失灵，则是通过遏制进入和促进串谋来发展市场势力的激烈的商业行为的产物。在这种情况下，政府运用反垄断政策来限制企业的市场力量，并对它们之间的竞争加以控制。在美国，反垄断政策又称为反托拉斯政策。这一政策框架是由几部主要的法律以及一个多世纪以来的判决案例构建的。

一、法律的框架

美国指导反托拉斯政策的三部主要法律是1890年《谢尔曼法》和1914年《克莱顿法》以及《联邦贸易委员会法》。多年来，美国对这三部法律作了增补、删除和修正。

反托拉斯法是在美国产业发生巨大变动的时期通过的。在通过《谢尔曼法》的1890年前后，现代美国公司的诞生以及通过兼并和规模经济所产生的大厂商使规模庞大的公司变得越来越普遍。为了调整经济规模，19世纪90年代至20世纪初兼并达到了历史上的高潮。

作为第一部联邦反托拉斯的法律，《谢尔曼法》在某种程度上是适应美国经济的变化而通过的。《谢尔曼法》第1条这样规定："任何以约束州际或国际贸易或商业为目的的契约、托拉斯或其他形式的联合或密谋都被宣布为非法。"也就是说，该法第1条明确禁止卡特尔组织。

该法第2条这样规定："任何个人，如果有垄断的意图或企图和其他个人或团体联合或密谋以垄断任何一部分的州际或国际贸易或商业，都将被认为犯有重罪。"

尽管从字面上讲，第2条是禁止垄断，但法院却对其有不同的解释。根据法院的解释，只要没有犯下"不良行为"，垄断并不构成犯罪。

法院对《谢尔曼法》的解释在该法律是否禁止某些商业行为的问题上留有疑问。因此，议员们于1914年通过了两部反托拉斯法，它们是《克莱顿法》和《联邦贸易委员会法》。《克莱顿法》主要针对四种特定的行为。该法第2条（1936年《罗宾逊-帕特曼法案》对之加以修正）禁止削弱竞争的价格歧视；第3条禁止的是削弱竞争的搭配销售和独家经营；第7条（1950年《塞勒-基弗维尔法案》对之加以修正）禁止削弱竞争的兼并；第8条涉及的则是竞争厂商之间的连锁董事会的产生（也就是说，通过相互联系的董事会来控制相互竞争的厂商）。《克莱顿法》还允许受害当事人一方通过法律程序获得3倍赔偿金（3倍于实际的赔偿金）以及律师费用。

《联邦贸易委员会法》则创建了一个新的政府机构——联邦贸易委员会（FTC）。它负责执行反托拉斯法，依据该法来判决裁定争议以及其他一些行为。《联邦贸易委员会法》主要的反托拉斯条款是第5条，它禁止不公平竞争的方法。联邦贸易委员会的其他责任还包括保护消费者以及阻止欺骗性广告等。

反托拉斯诉讼中同时列举了对几部反托拉斯法的违反是十分普遍的。这样，对搭配销售的反托拉斯起诉，可以列举出对方既触犯了《克莱顿法》，也违反了《谢尔曼法》。

二、反托拉斯政策的控制

（1）限制对市场的控制。在美国南北战争后的几十年中，若干行业的企业家试图形成托拉斯（trusts），它们是控制某一市场的组织。某个人在一家企业拥有控股权，而这家企业又对本行业的其他企业拥有控股权，被控制的企业又控制着其他企业等，加入了更多的层次，这样一来，相对较小的股权就可以具有巨大的经济势力。

当一家公司的股票非常分散时，形成对这家公司的控股权并不需要持有大部分股票，个人或团体只要拥有 10%或 20%的股份常常就能够实现控股，因为其他股票持有者要么投票分散，要么对结果漠不关心。石油工业托拉斯是 19 世纪最著名的托拉斯，洛克菲勒（John Davison Rockefeller）与其合伙人在 1870—1899 年间最终控制了美国 90%的石油销售量。20 世纪早期，安德鲁·卡内基（Andrew Carnegie）和 J. P. 摩根（J. P. Morgan）兼并了许多小型钢铁公司，形成了美国钢铁公司（U. S. Steel）。在其全盛时期，该公司的销售量占全美国钢铁销售量的 65%。

对这些靠掠夺而暴富的贵族的关注，导致了 1890 年的《谢尔曼法》的通过。两项基于《谢尔曼法》的重要决定是 1911 年分割标准石油公司和美国烟草公司，这两家公司都曾主导各自行业。

政府并不关心企业的绝对规模。20 世纪 60 年代，出现了被称为混合公司的巨型厂商，它们把像钢铁公司、石油公司和制片公司等毫不相关的产业合为一体。例如，联合航空公司购买了赫兹出租车公司和威斯汀酒店。但是这些混合公司尽管庞大，一般可能在任何一个市场中都不占有支配地位，因而反托拉斯法对它们并无妨碍。早期反托拉斯法特别关注横向兼并（horizontal mergers），即一个市场内的竞争。纵向兼并（vertical mergers）与此不同，厂商兼并其供应商和经销商，把生产过程中的不同环节都整合到一个企业之内。例如，福特公司生产自己的钢材，通用汽车公司购买了费希尔车身公司（通用汽车公司的车身制造商）以及许多生产诸如电池、火花塞和其他零配件的专业企业。

依据当前的法院的解释，市场势力本身也不是主要关注的对象。要证明违犯反托拉斯法的行为，必须证明厂商通过反竞争的活动来获得其市场地位，或利用其市场势力从事反竞争的活动。

（2）抑制限制性做法。除了通过限定某个行业的集中度来促进竞争之外，政府还对限制性做法加以约束。这种办法始于 1914 年《联邦贸易委员会法》，该法案的前 17 个字为“特此宣布，不公平商业竞争手段是非法的”，威尔逊总统把这一新委员会的使命归结为“为沉默的消费者作辩护”。此后，国会通过了大量的法律来使这些一般的表述更为具体。

政府关注的许多限制性做法涉及厂商与其经销商和供应商之间的关系。这些做法包括搭售、排他交易和价格歧视。搭售要求买方在购买某种商品的同时，必须购买一些其他商品。若生产商对销售其产品的厂商说，“如果你想销售我的产品，你就不能卖我竞争对手的产品”，这就是排他交易。价格歧视是指对不同的顾客索取不同的价格，而这些不同的价格与为这些顾客提供商品的成本无关。1936 年颁布的《罗宾逊-帕特曼法案》强化了价格歧视违法的条款，以便更容易证明厂商是否采取了这种做法。

随着时间的流逝，法院对反托拉斯法的解释在发生变化，对非法的限制性做法的精确定义也在发生变化。某些做法本身就是违法的，例如某些厂商串通制定固定价格。1961 年，通用电气公司（General Electric）、西屋电气公司（Westing House）和其他电气设备生产商由于这种做法而被定罪，并处以数百万美元的罚金，一些经理还进了监狱。然而在今天，判断大多数这些做法的流行规则是“合理原则”。按照合理原则，如果可以表明某种做法旨在提高经济效率的话，那么就是可以接受的合理的商业行为。效率上的收益与削弱竞争的较高价格相互平衡。

百威啤酒公司（Budweiser）通过经销商来销售其产品，在任何一个地区都只有一个经销商，而且经销商之间不能相互竞争。纽约的司法长官认为，这种体系通过限制竞争来提高价格。但是安海斯-布希公司（Anheuser Busch）辩解说，这种独占地区的方式提高了啤酒运送效率，这对于保证消费者享用鲜啤酒来说是必要的，它坚持认为其销售体系是符合合理原则的。迄今为止，法庭支持该公司的观点。

三、反托拉斯政策的执行

今天，美国在联邦和各州都有反托拉斯法，并且由刑事和民事法庭来贯彻执行。政府不仅采取分割现有的垄断行业的行动，而且阻止厂商获得过度的市场势力。

联邦贸易委员会和美国司法部对反托拉斯法的执行负有责任。司法部提起的诉讼由联邦法院判决，联邦贸易委员会提起的诉讼则由联邦贸易委员会的某位行政法官来听审，然后再由联邦贸易委员会委员复审。在联邦贸易委员会结束其诉讼程序后，被告可以就对其不利的判决向联邦法院提出上诉。

联邦贸易委员会提起的诉讼可导致结束与停止命令，该命令禁止特定行为的再次发生。而司法部发起的诉讼可以导致类似的决议——禁令。司法部还可提出刑事诉讼，它会导致刑事罚款或牢狱监禁。除了执行其责任以外，司法部还可以在美国政府成为违犯反托拉斯法行为的牺牲者的时候，通过诉讼取得诉讼费用以及相应的赔偿金。私人和私人公司也可以提出诉讼，并在胜诉的情况下获得 3 倍赔偿金以及包括律师费用在内的诉讼费用。

四、关于反托拉斯政策的争论

反垄断政策经常引起争论。消费者集团与受到侵害的企业倾向于支持这些政策。它们认为，如果没有这些政策，厂商就会把精力集中于减少竞争的策略，而不是有效地生产消费者需要的产品。然而，许多企业宣称，这种政策影响了经济效率。例如，虽然某家厂商销售其产品的最有效的方式是通过向经销商授予独占地区权，但是它可能担心按照反托拉斯法，与经销商的这种合同可能是非法的。

在美国，反托拉斯法到底应该何时以及怎样贯彻执行，是经济政策中最有争议的问题之一。近年来，争论主要集中于两个问题。

首先，允许竞争的企业间的兼并标准如何把握？虽然美国政府在 1982 年和 1992 年颁布了有关兼并的指导原则，但这些原则引起了不少争议。那些倾向于更宽松的原则的人士认为，在当今的国际市场上，竞争几乎总是非常激烈的，足以保证低价和经济效率。任何试图通过索取过高的价格来行使垄断势力或疏于降低成本的企业都将面临竞争的猛烈冲击，这类企业至多只能在短期内具有垄断地位。例如，理光、佳能以及其他许多公司使施乐失去了在复印机市场上的垄断地位。此外，那些鼓吹宽松原则的人士认为，对规模的限制惩罚了比较成功的企业，抑制了它们利用规模经济和范围经济的能力。由于其他国家政府对它们自己的企业并没有采取类似的限制，美国企业发现自己处于劣势。从为大型研究项目筹资的角度来说，规模是特别重要的，而且如果美国要想保持其竞争优势，规模也是必需的。

上述观点的批评者坚持认为，不能依赖国际竞争——虽然有国际竞争的市场确实比没有国际竞争的市场更具竞争性。而且，他们还怀疑规模经济和范围经济的重要性。美国的许多重要的出口商都相对较小，如康柏计算机公司。同时，鼓励美国企业之间的竞争不仅使消费者因低价而获益，而且磨炼了企业，造就既能在国内竞争又能在国际上竞争的更为成功的企业。

争论的第二个主要问题涉及针对限制性做法，政府应当采取何种政策，特别是对于厂商与其供应商及客户之间的合同安排，比如排他交易、搭售和独占地区等。相信竞争基本上有效的人士，如理查德·波斯纳（Richard Posner）认为应当作出这种行为合法的推断。而另一些人，如乔治敦法学院的斯蒂文·萨洛普（Steven Salop）认为，尽管存在竞争，但竞争往往是有限的。考察断言这些限制性做法的“效率”收益论点，研究者发现，企业的典型动机是进一步限制竞争。他们认为，如果有必要改变现行的合理原则，那么应当假定这些做法是限制性的。因此，证明效率收益大于削弱竞争损失的责任，就落到了那些采取限制性做法的企业身上。

本章小结

1. 经济学家认为垄断和不完全竞争导致了四个主要问题：产出受到限制、管理松懈、研发缩减和寻租。

2. 由于自然垄断行业的平均成本在市场需求的范围内递减，大企业可以用降价手段与其竞争对手竞争。而且，由于自然垄断的边际成本低于平均成本，如果管制者要求使价格等于边际成本，那么将迫使企业蒙受亏损。

3. 管制由政府命令企业改变其经营行为的各种规定组成。经济管制涉及价格、生产、市场进入和退出条件、特殊行业服务标准的控制；社会管制由旨在修正外部性问题特别是有损健康和安全以及环境等外部性问题的规定组成。

4. 反垄断政策禁止不利于竞争的行为并且防止垄断结构，它是公共政策限制大企业滥用其市场势力的主要方式。在美国，这些政策是在《谢尔曼法》（1890 年）、《克莱顿法》（1914 年）和《联邦贸易委员会法》（1914 年）等法案的基础上发展起来的。

思考题

1. 说明垄断和不完全竞争所导致的四个主要问题。

2. 试解释为什么自然垄断行业的边际成本曲线低于其平均成本曲线。

3. 试评价反垄断政策的利与弊。

重点概念

1. 市场失灵：指由于某些原因，市场不能充分有效地配置经济资源的情况。

2. 自然垄断：一个厂商或一个行业的产品的平均成本，在其规模扩大的整个过程中都下降。在这种场合，该行业由一个企业来经营会比由多个企业经营更有效率地提供产品。

3. 管制：政府用来控制企业行为的法律和规定。包括经济管制和社会管制，前者涉及价格、生产、市场进入和退出条件等，后者旨在修正一些行业的外部性问题，如空气或水源污染等。

4. 反垄断政策：政府旨在促进竞争，使企业难以主导市场，同时限制企业从事干扰市场竞争活动的干预活动的统称，它通常通过法律的形式来加以实施。

09

Chapter

第9章

宏观经济主要变量及其衡量

当你从学校毕业要寻找一份工作时，将在很大程度上受当时经济状况的影响。在一些年份，企业都在扩大生产，就业在增加，找到一份工作很容易；而在另一些年份，企业削减生产，就业减少，找一份好工作要花很长时间。毫无疑问，任何一个大学毕业生都愿意在经济扩张的年份进入劳动力队伍，而不愿意在经济收缩的年份进入。

由于整体经济的状况深深地影响着我们每一个人，所以，新闻媒体广泛报道经济状况的变动。实际上，很难找到一份看不到新发布的经济统计数据的报纸。从这些统计数据中，可以看到国民经济总收入、平均物价上升的比率（通货膨胀）、劳动力失业的百分比、商业的总销售额（零售额）以及对外贸易的情况。所有这些统计数据都是关于宏观经济的。这些统计数据不是告诉我们关于某个家庭或企业的具体情况，而是告诉我们关于整体经济的宏观情况的。

从本章开始，我们进入经济学的宏观部分，即宏观经济学。宏观经济学研究整个经济，包括通货膨胀、失业和经济增长等。宏观经济学家提出了各种各样的问题：为什么一些国家平均收入高而另一些国家平均收入低？为什么某个时期物价迅速上升而另一个时期物价较为稳定？为什么一些年份生产和就业扩大而另一些年份收缩？这些不同问题都与宏观经济有关，因为这些问题涉及整体经济的运行。

在本章中，我们将讨论一些经济学家和决策者用来监测整体经济的数据。这些数据反映了宏观经济学家想要解释的经济波动。

第 1 节 GDP 及其衡量

一、GDP 的概念

国内生产总值（GDP）是在某一既定时期一国国内生产的所有最终产品与劳务的市场价值。

这个定义看起来相当简单，但实际上在计算一个国家或地区的 GDP 时，产生了许多微妙的问题。我们来看以下几点。

（1）GDP 是一个市场价值的概念。各种最终产品的价值都是用货币加以衡量的。产品市场价值就是用这些最终产品的单位价格乘以产量获得的。假如某国一年生产 10 万件上衣，每件上衣售价 50 美元，则该国一年生产的上衣的市场价值为 500 万美元。

（2）GDP 测度的是最终产品的价值，中间产品价值不计入 GDP，否则会造成重复计算。出于真实性和准确性的考虑，GDP 应该只包括最终产品的价值，因为中间物品的价值已经包括在最终产品的价格中。

（3）GDP 是一定时期（一般为一年）内所生产而不是所卖掉的最终产品的价值。若某企业年生产 100 万美元产品，只卖掉 80 万美元产品，所剩下的 20 万美元产品可看做企业自己买下来的存货投资，同样应计入 GDP。相反，某企业虽然生产 100 万美元产品，然而却卖掉了 120 万美元产品，则计入 GDP 的仍是 100 万美元，只是库存减少了 20 万美元产品而已。

（4）GDP 是计算期内（如 2017 年）生产的最终产品的价值，因而是流量而不是存量。流量是一定时期内发生的变量，存量是一定时点上存在的变量。若某人花 20 万美元买一幢旧房，这 20 万美元不能计入 GDP，因为它在生产年份已经计算过了。

（5）GDP 一般仅指市场活动导致的价值，家务劳动、自给自足的生产等非市场活动不计入 GDP 中。

二、GDP 的衡量

核算 GDP 可用生产法、收入法和支出法。下面着重说明核算 GDP 的支出法。用支出法核算 GDP，就是通过核算在一定时期内整个社会购买最终产品的总支出即最终产品的总卖价来计量 GDP。谁是最终产品的购买者呢？只要看谁是物品和劳务的最后使用者。在现实生活中，物品和劳务的最后使用，除了居民消费，还有企业投资、政府购买及出口。因此，用支出法核算 GDP，就是核算经济社会（指一个国家或一个地区）在一定时期内消费、投资、政府购买以及出口这几方面支出的总和。

消费（指居民个人消费）支出（用 C 表示）包括购买耐用消费品（如汽车、电视机、洗衣机等）、非耐用消费品（如食物、衣服等）和劳务（如医疗、旅游、理发等）的支出。

投资指增加或更换资本资产（包括厂房、住宅、机器设备及存货）的支出（用 I 表示）。为什么用于投资的物品也是最终产品？资本设备难道不是像中间物品一样用来生产别的产品吗？为什么不属于中间产品呢？要知道，资本物品（如厂房设备等）和中间物品是有重大区别的。中间物品在生产别的产品时全部被消耗掉，但资本物品在生产别的产品过程中只是部分地被消耗。一个钢铁厂若用 40 年，则每年只耗费 1/40 的价值。资本物品由于损耗造成的价值减少称为折旧。折旧不仅包括生产资本物品的物质磨损，即有形损耗，还包括资本老化带来的无形损耗。例如，一台设备使用年限虽然未到，但过时了，其价值要贬损。

投资包括固定资产投资和存货投资两大类。固定资产投资指新厂房、新设备、新商业用房以及新住宅的增加。为什么住宅建筑也属于投资而不属于消费？这是因为住宅像别的固定资产投资一样是长期使用，逐渐地被消耗的。

存货投资是企业掌握的存货价值的增加（或减少）。如果年初全国企业存货为 1 000 亿美元而年末为 1 200 亿美元，则存货投资为 200 亿美元。存货投资可能是正值，也可能是负值，因为年末存货价值可能大于也可能小于年初存货。

投资是一定时期内增加到资本存量中的资本流量，而资本存量则是经济社会在某一时点上的资本总量。假定某国家在 2020 年投资 900 亿美元，该国 2020 年末资本存量可能是5 000亿美元。由于机器、厂房等会不断磨损，假定每年要消耗即折旧 400 亿美元，则上述 900 亿美元投资中就有 400 亿美元要用来补偿旧资本消耗，净增加的投资只有 500 亿美元，这 400 亿美元因是用于重置资本设备的，故称重置投资。净投资加重置投资称总投资。用支出法计算 GDP 时的投资，指的是总投资。

政府对物品和劳务的购买（G）是指各级政府购买物品和劳务的支出，如政府花钱设立法院、提供国防设施、修建道路、开办学校等方面的支出。政府购买只是政府支出的一部分，政府支出的其他部分如转移支付、公债利息等都不计入 GDP，理由是政府购买时通过雇请公务人员、教师，建立公共设施，建造舰队等为社会提供了服务，而转移支付只是简单地把收入从一些人或一些组织转移到另一些人或另一些组织，没有相应的物品或劳务的交换发生。如政府向残疾人发放救济金，不是因为这些人提供了服务，创造了价值，而是因为他们丧失了劳动能力，要靠救济生活。

净出口指进出口的差额。用 X 表示出口，M 表示进口，则（$X-M$）就是净出口。进口应从本国总购买中减去，因为进口表示收入流到国外，同时，也不是用于购买本国产品的支出；出口则应加进本国总购买量之中，因为出口表示收入从外国流入，是用于购买本国产品的支出，因此，净出口应计入总支出，它可能是正值，也可能是负值。

把上述四个项目相加，用支出法计算 GDP 的公式可写为：

$$\text{GDP}=C+I+G+(X-M)$$

表 9－1 显示了 2016 年美国的 GDP 及其组成。

表 9－1　2016 年美国 GDP 及其组成

项目	总量（10 亿美元）	百分比（%）
消费	12 821	68.8
投资	3 057	16.4
政府购买	3 268	17.5
净出口	－521	－2.8
国内生产总值	18 625	100

资料来源：曼昆．宏观经济学：第十版．北京：中国人民大学出版社，2020：24.

该表显示出，美国家庭部门的消费支出占据了 GDP 的绝大部分，占到了 GPD 的近 69%。政府购买居第二位，占到 GDP 的近 18%。投资占近 17%，居第三位。

三、GDP 指标的缺陷

虽然 GDP 的概念被普遍运用，但是它在衡量各国经济活动时，并不是一个完美无缺的指标。作为衡量一个国家经济水平的指标，GDP 有以下几个不足：

（1）GDP 不能完全反映一个国家的真实产出。因为 GDP 的统计数据基本上是根据市场交易获得的，那些没有经过市场交易却对实际产出具有影响的经济活动不能通过 GDP 反映出来。首先，非市场交易活动得不到反映。例如，许多不经过市场交易的活动，如家务劳动、自给自足生产等，难以在 GDP 统计中反映出来。家务劳动由自己干改为雇人干，GDP 就会上升，但国民经济实际产出并未增加。其次，不少地下交易只是为了逃避税收，在这里，经济活动发生了，在 GDP 统计中却未得到反映。

（2）GDP 不能完全反映一个国家的真实生活水平。GDP 所衡量的实质上是一个国家的产出，而不一定真实地反映一国的实际生活水平。首先，产出并不等于消费。产出只是在某种程度上促使人们去消费更多的东西，但是，由于投资增加而导致的GDP的增长，却未必能反映人们当前生活水平的提高，它只是刺激了将来的消费。其次，闲暇和良好的工作条件是人们生活水平的一个重要组成部分，GDP却不能反映这方面的状况。如果产出的增加是以人们劳动强度增加和劳动时间延长为前提的，那么人们的福利水平并没有得到提高。最后，GDP忽略了外部影响。现代工业社会的快速增长带来了许多环境污染问题，而这些都没有在GDP中反映出来。

（3）GDP无法说明收入如何分配。两个生产了同样多的GDP的国家，一国贫富严重不均，另一国收入分配比较平均，显然，两国的人们并不同样幸福。总之，每一种衡量国民收入的方法都存在许多问题。

第2节 通货膨胀及其衡量

一、名义GDP和实际GDP

上一节讨论的GDP这一宏观经济总量是按照当前的市场价格来衡量的。在宏观经济学中，用当前市场价格来衡量的变量称为名义变量。从一定意义上说，名义GDP只解决了将不同种类的物品和劳务加总的问题。但是，当比较两个不同时期的同一宏观经济变量的变化情况时，名义变量就不宜使用了。例如，要比较某国今年的GDP和10年前的GDP。由于一国GDP的变动由两个因素造成：一是所生产的物品和劳务的数量的变动，二是所生产的物品和劳务价格的变动，当然，二者通常会同时变动，即使知道GDP的值，也无法确定这两个不同的GDP中，多少是由于物品和劳务数量的增加所带来的，多少是由价格的变化所引起的。

为了剔除宏观经济变量中的价格变动因素，只研究物品和劳务的数量变化，一种常用的方法是用不变价格来衡量经济变量，即用以前某一年（称为基年）的价格为基准，衡量经济变量的数值。在宏观经济学中，用不变价格衡量的GDP称为实际GDP。例如，如果把2017年作为基年，那么2020年的实际GDP是指2020年生产出来的全部最终产品用2017年的价格计算出来的价值。

二、价格指数

从上面的讨论知道，实际经济变量的引入是为了剔除价格变化的因素。现在从相反的角度，如何考虑经济中的价格变动？一国经济所涉及的物品和劳务非常多，其价格变化的方向和幅度也是千变万化的。显然，用微观经济学中的个量分析很难考察整个经济中价格变动情况，为此，宏观经济学引出了价格指数的概念。

宏观经济学中常用的价格指数有两个，一个是 GDP 折算数，另一个是消费价格指数，现分别进行说明。

（1）GDP 折算数。假定某一年的名义 GDP 增加了，但该年的实际 GDP 没有变动。直观上容易理解，这时名义 GDP 的增加一定是由于经济中价格上升导致的。这一考虑就引出了 GDP 折算数的定义。GDP 在第 t 年的折算数被定义为第 t 年名义 GDP 与同一年实际 GDP 的比率，即

$$\text{GDP 折算数}=\frac{\text{名义 GDP}}{\text{实际 GDP}}$$

例如，若以 2017 年作为基年，某国 2020 年的名义 GDP 为 300 亿美元，2020 年的实际 GDP 为 260 亿美元，则 2020 年的 GDP 折算数为 300/260＝115.4％。这表明，2017—2020 年该国价格水平上涨了 15.4％。

从上述公式可知，如果知道了名义 GDP 数据，同时又知道 GDP 折算数，则可求得实际 GDP，即

$$\text{实际 GDP}=\frac{\text{名义 GDP}}{\text{GDP 折算数}}$$

由于价格变动，名义 GDP 并不反映实际产出的变动。因此，如不特别说明，以后所说的产出均指实际产出。出于同样考虑，以后所说的消费、投资和政府购买等，也均指实际量。

（2）消费价格指数（CPI）。构造消费价格指数的基本思想是，通过有选择地选取一组固定的物品和劳务，然后比较它们按当时价格购买的支出和按基年价格购买的支出，反映消费品的平均价格水平或生活的费用情况。其具体公式为：

$$\text{CPI}=\frac{\sum p_t^i q_0^i}{\sum p_0^i q_0^i}\times 100\%$$

式中，p_0^i 和 p_t^i 分别为商品 i 在基期和 t 期的价格；q_0^i 为商品 i 在基期的数量。

三、通货膨胀及其衡量

通货膨胀是指经济中价格水平的持续上升。通货膨胀的程度是通过通货膨胀率来反映的。通货膨胀率被定义为从一个时期到另一个时期一般价格水平变动的百分比。如果以 P_t 表示 t 期的价格水平，P_{t-1} 表示 $t-1$ 期的价格水平，π_t 表示 t 期的通货膨胀率，则有

$$\pi_t=\frac{P_t-P_{t-1}}{P_{t-1}}=\frac{\Delta P_t}{P_{t-1}} \tag{8.1}$$

根据上面的论述，式（8.1）中的价格水平 P 既可以用 GDP 折算数表示，又可以用消费价格指数表示。

第3节　失业及其衡量

一、失业率和劳动力参工率

经济表现的一个方面是经济利用其资源的程度。由于劳动力是一个经济的主要资源，所以，让工人有工作是经济政策制定者关注的重要问题。失业率是衡量想要工作的人中没有工作的人所占比例的统计指标，该指标主要由一国相关统计部门来完成。下面以美国为例来介绍。

在美国，衡量失业是劳工统计局（BLS）的工作，该局是劳工部的一个部门。劳工统计局每个月提供有关失业和劳动市场其他方面的数据，包括失业类型、平均工作周的长度以及失业的持续时间。这些数据来自对大约 6 万个家庭的定期调查，这种调查称为当前人口调查。

根据对调查问题的回答，劳工统计局把每个受调查家庭中的每个成年人（16 岁以上）分别划入三个类别：

（1）就业者：这类人包括作为得到报酬的员工而工作的人，在自己的企业里工作且得到报酬的人，以及在家庭企业里工作但拿不到报酬的人。无论全职工作还是部分时间工作的工人都计算在内。这类人还包括现在不工作，但有工作岗位，只是由于度假、生病或天气恶劣等原因暂时不在工作岗位上的人。

（2）失业者：这类人包括能够工作且在之前四周内努力找工作但没有找到工作的人，还包括被解雇正在等待重新被招回工作岗位的人。

（3）非劳动力：这类人包括不属于前两个类别的人，如全日制学生、家务劳动者和退休人员。

一旦劳工统计局把所有受调查者归入各个类别，它就可以计算出概括劳动市场状况的各种统计数据。劳工统计局把劳动力（labor force）定义为就业者与失业者之和：

劳动力＝就业者人数＋失业者人数

劳工统计局把失业率（unemployment rate）定义为失业者占劳动力的百分比，即

$$失业率=\frac{失业者人数}{劳动力}\times 100\%$$

劳工统计局用同一个调查来提供有关劳动力参工率的数据。劳动力参工率衡量的是美国总成年人口中劳动力所占的百分比，即

$$劳动力参工率=\frac{劳动力}{成年人口}\times 100\%$$

这个统计数据告诉人们劳动力人数占成年人总数的比例。图 9－1 显示了美国 2017 年 6 月上述三个类别的数据。

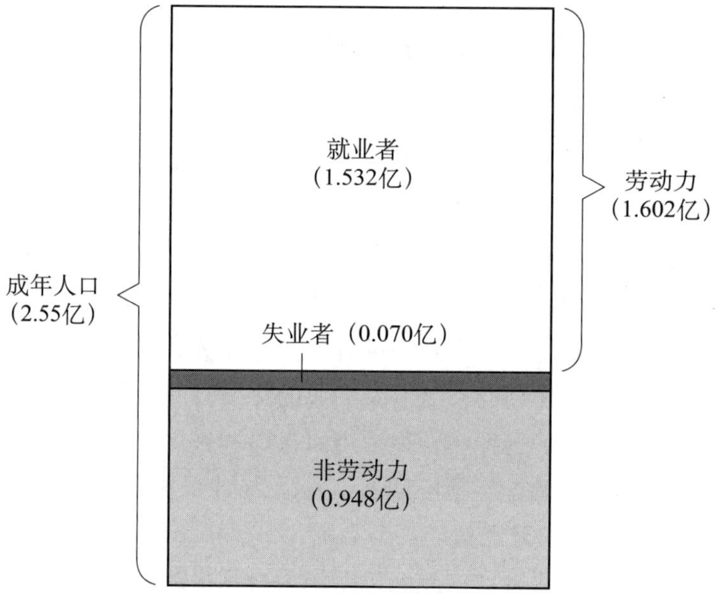

图 9－1　美国 2017 年 6 月成年人的分类

资料来源：曼昆．宏观经济学：第十版．北京：中国人民大学出版社，2020：30.

为了说明如何计算这些数据，我们来看一下 2017 年 6 月的数字。在当时 1.532 亿人就业，而 0.070 亿人失业。劳动力是：

$$劳动力=1.532+0.070=1.602\ （亿人）$$

失业率是：

$$失业率=\frac{0.070}{1.602}\times 100\%=4.4\%$$

由于成年人口是 2.55 亿，劳动力参工率是：

$$劳动力参工率=\frac{1.602}{2.550}\times 100\%=62.8\%$$

因此，2017 年 6 月几乎有 2/3 的美国成年人参与了劳动市场，这些劳动市场参与者中有 4.4%的人没有工作。

二、自然失业率与潜在就业量

自然失业率是指经济社会在正常情况下的失业率。宏观经济学认为，由于经济社会中某些难以避免的原因，总存在着一定比例的失业人口，失业人口的存在在经济的动态变化过程中是不可避免的。诸如由于正常的劳动力流动而引起的失业；人们不满意现有的工作辞职去寻找更理想的工作所造成的失业；由于技术进步所引起的失业；由于产业结构变化，人们的技能与工作机会不相适应所引起的失业；等等，都是这方面的例子。

与自然失业率相联系的一个重要概念是潜在就业量。潜在就业量是指在现有的激励条件下所有愿意工作的人都参加生产时所达到的就业量。当就业量等于潜在就业量时，失业率并不为零，而是等于自然失业率。因此，潜在就业量又可以说成是与自然失业率相对应的就业量。与潜在就业量相对应的状态又称为充分就业状态。在宏观经济分析中，潜在就业量是由经济系统运行条件决定的一个量，即它不取决于产量、消费、投资和价格水平等宏观经济变量。但另一方面，潜在就业量又不是固定不变的，它随着人口的增长而稳定增长。

本章小结

1. 国内生产总值（GDP）是在某一既定时期一国国内生产的所有最终产品与劳务的市场价值。

2. GDP 可以用支出法核算。整个经济的支出可分为四个部分，即居民的消费、企业的投资、政府购买和对外贸易的净出口。

3. GDP 是衡量一国经济活动水平和经济福利的良好指标，但并不是一个完美的指标。

4. 名义 GDP 用现期价格来评价经济中物品与劳务的生产。实际 GDP 用不变的基期价格来评价经济中物品与劳务的生产。

5. GDP 折算数用名义 GDP 与实际 GDP 的比率计算，它反映和衡量了经济中的价格水平。

6. 通货膨胀是指经济中的价格水平持续而普遍地上涨。其程度可由通货膨胀率来表示。

7. 失业率是失业人数在劳动力总数中的比例。

思考题

1. 列出 GDP 的四个组成部分，各举一个例子。

2. GDP 组成部分中的“政府购买”并不包括用于社会保障这类转移支付的支出。试解释为什么用支出法核算 GDP 时，转移支付不包括在内。

3. 试说明 GDP 折算数和消费价格指数的联系与区别。

重点概念

1. 国内生产总值：在某一既定时期一国国内生产的所有最终产品与劳务的市场价值。
2. 名义 GDP：用生产产品和劳务的当年价格计算的全部最终产品和劳务的市场价值。
3. 实际 GDP：用以前某一年作为基期的价格计算的全部最终产品和劳务的市场价值。
4. GDP 折算数：名义 GDP 和实际 GDP 的比率。
5. 通货膨胀：一国价格水平持续而普遍的上涨。
6. 失业率：失业者在劳动力中所占的百分比。

10

Chapter

第10章

短期宏观经济波动的解释

经济活动每年都有波动。在大多数年份，产品与劳务都增加了。由于劳动力增多、资本存量增加以及技术进步，企业能生产的东西越来越多。这种增长使每一个人都享有更高的生活水平。

但是，在有些年份，并没有出现这种正常增长。企业发现无法把它们提供的所有物品与劳务都卖出去，因此，它们削减生产。工人被解雇，失业增加，而且工厂闲置。由于经济生产的产品与劳务减少，实际 GDP 和收入的其他衡量指标下降了。如果这种收入减少和失业增加较为缓和，这种时期就称为衰退；如果较为严重，就称为萧条。

什么因素引起了经济活动的短期波动？如果能够用公共政策来防止这种收入减少和失业增加的话，应该是什么政策？当衰退和萧条发生时，决策是如何缩短其时间与减轻其严重程度的？这些正是本章与下一章要论述的问题。

虽然在经济学家中对于如何分析短期波动仍然存在一些争论，但大多数经济学家都使用总需求与总供给模型。学会用这个模型来分析各种事件和政策的短期效应是首要任务。本章介绍这个模型两个关键的部分——总需求曲线与总供给曲线。

第1节　关于经济波动的几个事实

各国都有经济活动的短期波动。作为了解这些逐年波动的出发点，我们先来讨论这种波动的一些最重要的特征。图 10－1 显示了 1972 年以来美国的实际 GDP、投资支出以及失业率。

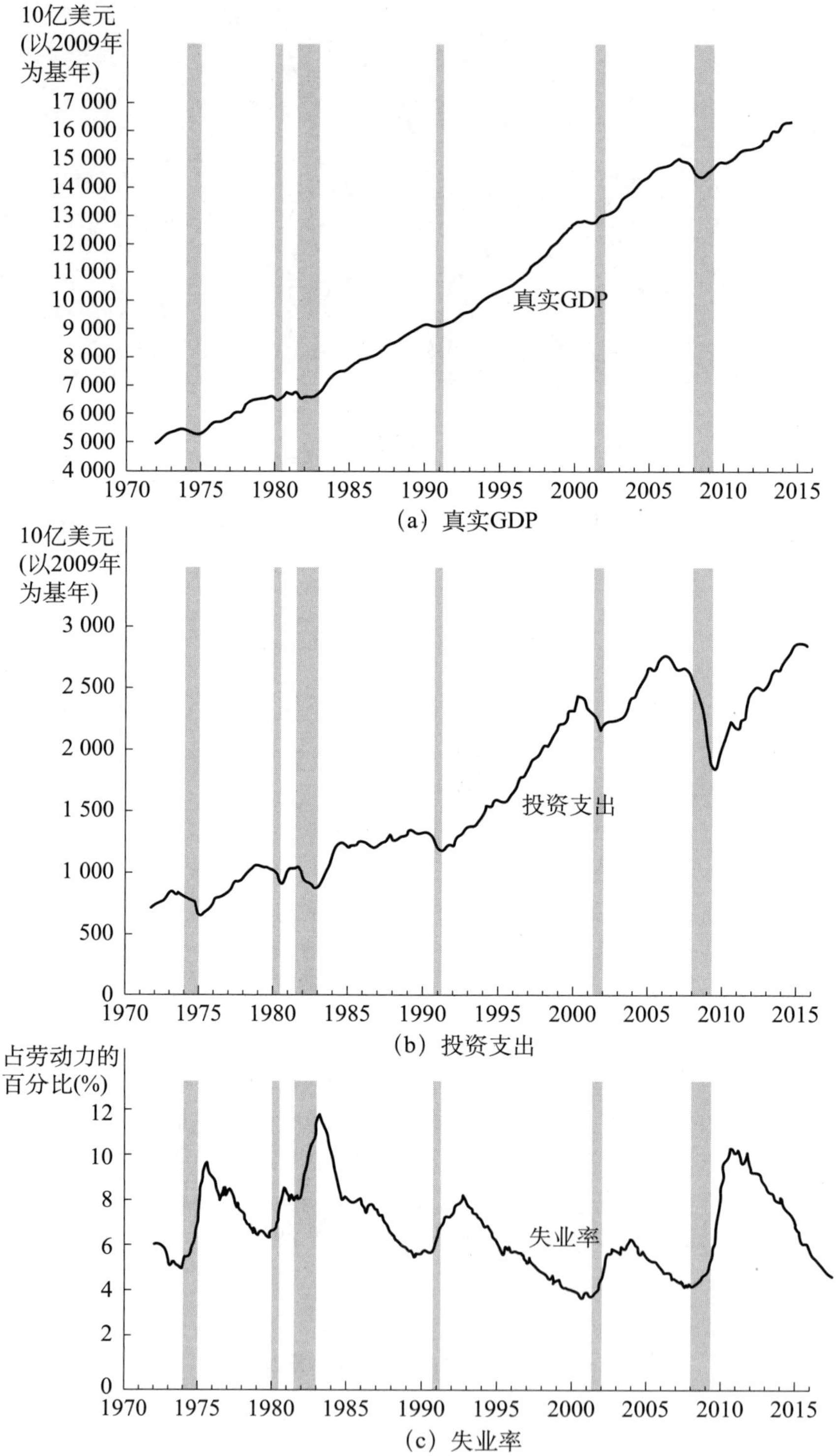

图 10-1　观察短期经济波动

说明：图（a）、图（b）和图（c）分别显示了 1972 年以来用季度数据表示的美国经济的真实 GDP、投资支出以及失业率。阴影面积表示衰退。要注意的是，在衰退时期，真实 GDP 和投资支出是下降的，而失业率是上升的。

资料来源：U. S. Department of Commerce；U. S. Department of Labor.

一、经济波动是无规律和无法预测的

经济中的波动通常称为经济周期。正如这个词所表明的，经济波动与经济状况的变动相对应。当实际 GDP 迅速增长时，经济状况良好。企业发现，顾客很多，而且利润在增长。另一方面，当实际 GDP 减少时，经济有麻烦。在衰退时，大多数企业经历了销售和利润的减少。到现在为止，人们发现经济波动根本没有规律，而且几乎不能较为准确地预测。图 10－1（a）显示了自 1972 年以来美国的实际 GDP。阴影部分代表衰退的时期。正如该图所表明的，衰退并不是按有规律的间隔发生的。有时衰退几乎是同时的，例如 1980 年和 1982 年的衰退。有时许多年经济都没有出现衰退。

二、大多数宏观经济变量同时波动

实际 GDP 是最常用的监测经济短期变动的一个变量，因为它最全面地衡量了经济活动。实际 GDP 衡量某一时期内生产的所有最终产品与劳务的价值。它还衡量了经济中所有人的总收入。

但是，为了监测短期波动，用哪一种衡量指标来观察经济活动实际上无关紧要。大多数衡量某种收入、支出或生产波动的宏观变量是几乎同时变动的。当衰退中实际 GDP 减少时，个人收入、企业利润、消费者支出、投资支出、工业生产、零售额、国内销售额、汽车销售量等也都减少。由于衰退是经济总体现象，所以会反映在许多宏观经济数据的变化中。

虽然许多宏观经济变量同时变动，但它们波动的大小并不同。特别是，正如图 10－1（b）所示，在经济周期中投资支出变动最大。尽管平均而言投资只占 GDP 的 1/7，但衰退期间投资减少引起了 2/3 的 GDP 减少。

三、随着产量减少，失业增加

经济中物品与劳务的总产量的变动与劳动力利用的变动是密切相关的。换句话说，当实际 GDP 减少时，失业率上升。这个事实其实是容易理解的，当企业选择生产较少量物品和劳务时，便会解雇工人，扩大失业大军。

图 10－1（c）显示了美国经济 1972 年以来的失业率。图中仍然是用阴影面积代表衰退。该图清楚地表明了衰退对失业率的影响。在每一次衰退时，失业率都大幅上升，当衰退结束，而且实际 GDP 开始扩大时，失业率逐渐减少。失业率从未达到零，而是围绕 5％～6％的水平波动。

当经济的实际 GDP 波动时，失业率的变动有多大呢？经济学家用奥肯定律回答这个问题。奥肯定律是以经济学家阿瑟·奥肯（Arthur Okun）的名字命名的，奥肯研究了美国经济实际 GDP 波动与失业波动之间的联系。奥肯并没有宣称他的规律是经济理论的基本真理。这个规律只是对美国实际 GDP 与失业数据的一种简单描述。经济学家观察其他国家的数据时，发现奥肯定律中的数据略有不同，但是，在所有国家中，GDP 变动和失业变动之间都存在密切的相关性。

第 2 节　经济波动的基本模型

一、模型的基本思想

短期经济波动模型集中在两个变量上。第一个变量是用实际 GDP 衡量的经济的物品与劳务数量。第二个变量是用 CPI 或 GDP 折算数衡量的价格水平。

二、总需求曲线

总需求曲线告诉我们在任何一种既定物价水平下经济中需求的所有物品与劳务量。正如图 10－2 所表明的，总需求曲线向右下方倾斜，意味着在其他条件相同的情况下，经济的物价总水平下降（比如从 P_1 下降为 P_2），会增加物品与劳务的需求量（从 Y_1 增加为 Y_2）。

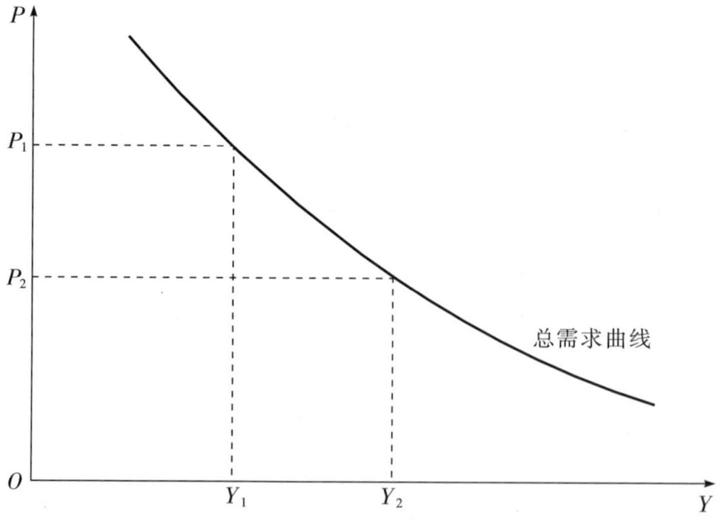

图 10－2　总需求曲线

物价水平与物品和劳务需求量之间这种负相关关系的原因是什么？为了回答这个问题，我们回忆一下 GDP（Y）是消费（C）、投资（I）、政府购买（G）

和净出口（NX）之和：

$$Y=C+I+G+NX$$

这四个组成部分的每一部分都对物品与劳务的总需求作出了贡献。假设政府支出是一个固定的政策变量，但其他三个支出的组成部分——消费、投资和净出口——取决于经济状况，特别是取决于物价水平。因此，为了解总需求曲线为什么向右下方倾斜，我们必须考察物价水平如何影响消费、投资和净出口的物品与劳务需求量。为简单起见，下面只考察物价水平对消费和投资的影响。

（1）庇古的财富效应。考虑你在钱包中和银行账户上所持有的货币，这些货币的名义值是固定的，但它的实际值并不固定。当物价下降时，这些货币更值钱了，因为这时可以用这些钱买到更多的东西。因此，物价水平下降使消费者感到更富裕。这会鼓励他们更多地支出。消费支出增加意味着物品与劳务的需求量更大。经济学家阿瑟·庇古强调了这种财富效应，因此，人们也将这种效应称为庇古效应。

（2）凯恩斯利率效应。宏观经济学认为，物价水平是货币需求量的一个决定因素。物价水平越低，人们为了购买他们想要的物品与劳务所需要持有的货币量就越少。因此，当物价水平下降时，人们通过把一些钱借出去而努力减少货币持有量。例如，人们会用超额货币去购买有利息的债券，或者把超额货币存入有利息的储蓄账户，而银行将用这些资金进行更多的贷款。在这两种情况下，由于人们努力把自己的一些货币换为有利息的资产，根据宏观经济学中的货币理论，这就使得市场的利率下降。反过来，较低的利率又鼓励想为新工厂、设备投资的企业和想为新住房投资的家庭借款。因此，较低的物价水平降低了利率，鼓励更多的投资支出，从而增加了物品与劳务的需求量。经济学家约翰·梅纳德·凯恩斯强调了这种利率效应，因此，人们也把它称为凯恩斯利率效应。

总之，有两个不同而相关的原因说明了为什么物价水平下降增加了物品与劳务需求量：（1）消费者感到更富了，必然刺激对消费品的需求；（2）利率下降，这刺激了投资的需求。由于这两个原因，总需求曲线向右下方倾斜。

重要的是要记住，总需求曲线（和所有需求曲线一样）是在假设“其他条件相同”的情况下画出来的。特别是，我们对向右下方倾斜的总需求曲线的两个解释都假设货币供给是固定的。这就是说，我们在假设货币量不变的情况下，考虑物价水平的变动如何影响对物品与劳务的需求。正如我们将要说明的，货币量的变动使总需求曲线移动。现在只要记住对一个既定的货币量所画出的总需求曲线就行了。

三、移动总需求曲线的因素

总需求曲线向右下方倾斜表明，物价水平下降增加了物品与劳务的总需求量。但是，物价水平之外的许多其他因素也影响物品与劳务的需求量。当这些其他因素中的一个变动时，总需求曲线移动。

一般，影响总需求曲线移动的因素起码有六个，即货币供给量、政府购买、净出口、税收、消费者的情绪和企业的情绪。理解这些因素对总需求曲线位置的影响的关键是关系式 $Y=C+I+G+NX$，根据这一关系式，在其他因素不变的情况下，消费 C、投资 I、政府购买 G 和净出口 NX 中任何一项发生变化，都会引起总需求 Y 的变化。消费者的情绪和企业的情绪是通过影响家庭的支出意愿（作用于消费 C）和企业的支出意愿（作用于投资 I）发生作用的。税收对总需求产生影响，其主要原因在于家庭消费 C 主要取决于家庭的可支配收入，可支配收入可表示为家庭收入减去税收。因此，税收变动会引起家庭可支配收入变动，进而引起家庭消费 C 的变动，而 C 又是总需求的一个重要组成部分。

表 10－1 概括了上述六个因素对总需求曲线的影响。

表 10－1　影响总需求曲线移动的因素

因素的变化	总需求曲线的变化
货币供给增加	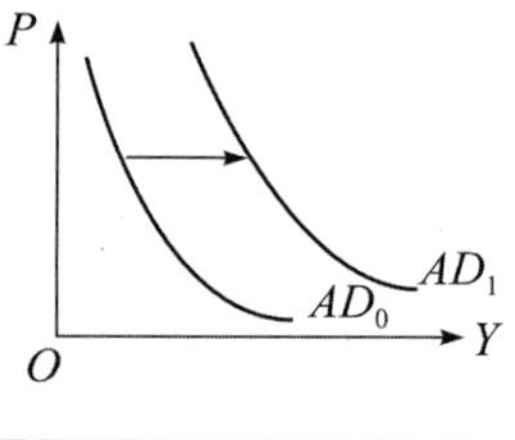
政府购买增加	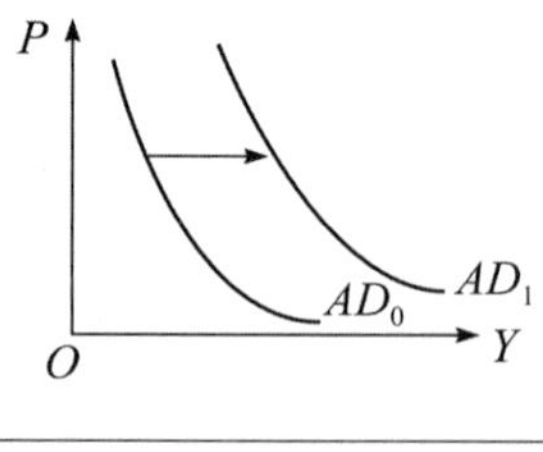
税收增加	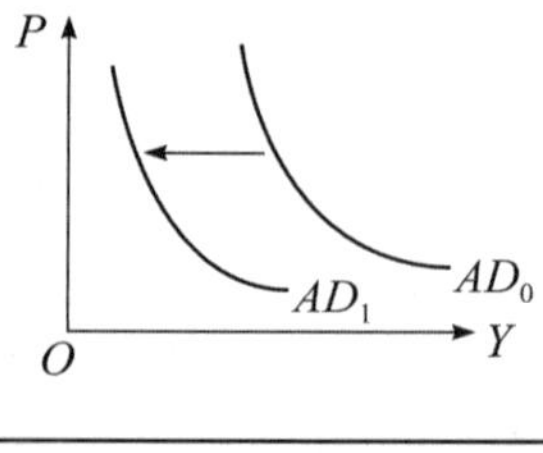

续表

因素的变化	总需求曲线的变化
净出口增加	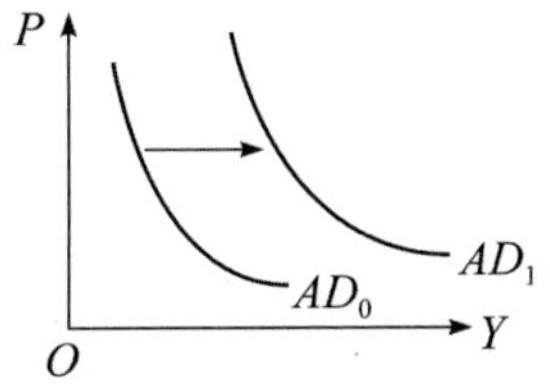
消费者乐观情绪增加	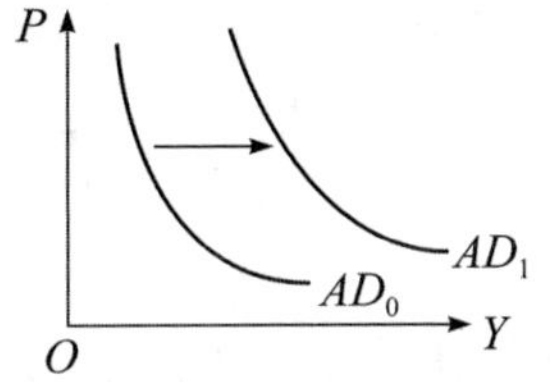
企业乐观情绪增加	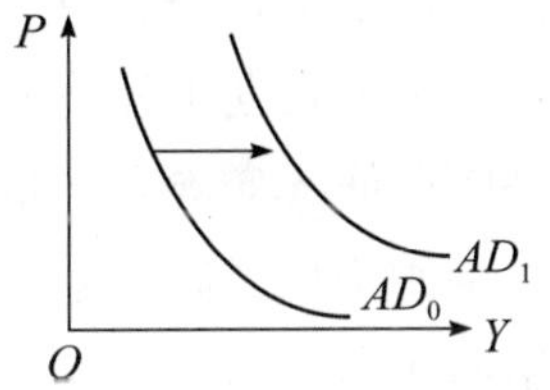

四、总供给曲线

总供给曲线告诉我们在任何一个既定物价水平下企业生产并销售的物品与劳务量。物价水平与供给量之间的关系取决于时间长短。在长期中，总供给曲线是垂线；而在短期中，总供给曲线向右上方倾斜。为了解短期经济波动，以及经济短期行为如何与其长期行为不一致，我们需要既考察长期总供给曲线，又考察短期总供给曲线。

什么因素决定长期中物品与劳务的供给量呢？在长期中，物品与劳务供给取决于该期经济资本与劳动的供给，以及用来把资本与劳动变为物品与劳务的生产技术。由于物价水平不影响这些实际 GDP 的长期决定因素，所以，长期总供给曲线如图 10－3 所示，是一条垂线。换句话说，经济的资本、劳动和技术决定了物品与劳务供给量，而且，无论物价水平如何变动，供给量都是相同的。

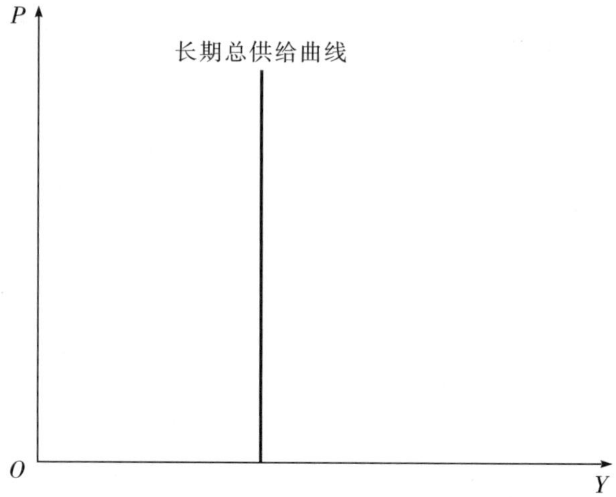

图 10－3　长期总供给曲线

长期总供给曲线的位置所对应的产量水平，有时称为潜在产量或充分就业产量。但是，这些词有时会引起误解，因为在短期中产量可以高于或低于这个水平。潜在产量是指当失业为其自然率或正常率时，经济社会所生产出的总产量。潜在产量是长期中经济所趋向的生产水平。

经济中任何改变潜在产量的变动都会使长期总供给曲线移动。例如，经济中资本存量的增加提高了生产率，从而增加了物品与劳务的供给量。结果，长期总供给曲线向右移动。相反，经济中资本存量减少降低了生产率，并减少了物品与劳务的供给量，这就使长期总供给曲线向左移动。

长期总供给曲线的位置还取决于自然失业率。这就是说，如果自然失业率改变了，经济的潜在产量也会改变，而且，长期总供给曲线也会移动。例如，如果政府提高了最低工资，自然失业率就会上升，而且在任何一种物价水平下，将生产的物品与劳务量减少，结果，长期总供给曲线将向左移动。相反，如果一项失业保险制度的改革鼓励失业工人更努力地寻找新工作，自然失业率就会下降，而且，长期总供给曲线将向右移动。

虽然总需求与总供给模型可以用来描述经济长期变化趋势，但这个模型的设计是为了分析短期与长期趋势的差别。短期与长期的差别关键是总供给的状况。在短期中，总供给曲线向右上方倾斜，如图 10－4 所示。这就是说，在一两年的经济时期中，物价总水平的上升增加了物品与劳务的供给量，而物价水平下降倾向于减少物品与劳务供给量。

什么因素引起短期中物价水平与产量之间的正相关关系呢？宏观经济学家提出了不同的理论说明短期总供给曲线向右上方倾斜。下面着重说明凯恩斯主义所提出的黏性工资理论。

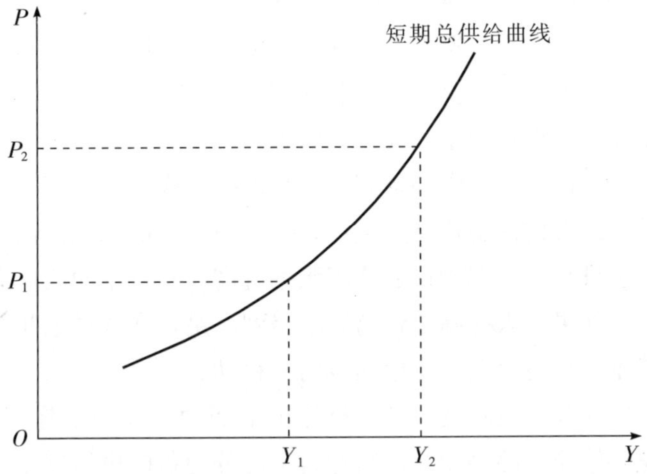

图10-4 短期总供给曲线

对短期总供给曲线向右上方倾斜的一种解释是根据约翰·梅纳德·凯恩斯的理论。根据凯恩斯和他的许多追随者的看法，短期总供给曲线向右上方倾斜是因为名义工资调整缓慢，或者说在短期中是“黏性的”。在某种程度上，名义工资调整缓慢是由于工人和企业之间具有固定名义工资的长期合约，有时时间长达三年。此外，这种名义工资调整缓慢，也可能是由于影响工资确定并使工资在某一时期中变动缓慢的社会规范和公正的概念。

为了说明黏性名义工资对总供给意味着什么，设想企业根据所预期的物价水平事先同意向其工人支付某种名义工资。如果物价水平 P 降到低于预期的水平而名义工资仍然在 W，那么，实际工资 W/P 就上升到企业计划支付的水平之上。由于工资是企业生产成本的主要部分，较高的工资意味着企业的实际成本增加了。企业对这些较高成本的反应是减少雇佣劳动，并生产较少物品与劳务量。换句话说，由于工资不能根据物价水平迅速调整，较低的物价水平就对就业与生产不利，这就引起企业减少物品与劳务的供给量。

五、移动总供给曲线的因素

短期总供给曲线告诉我们，在任何一种物价水平下短期内物品与劳务的供给量。许多使长期总供给曲线移动的因素，也会使短期总供给曲线移动。

从理论的角度看，使总供给曲线移动的因素是通过影响经济中的成本发生作用的。这些因素主要是：劳动力市场的宽松或紧张程度、通货膨胀预期、工资和与工资无关的生产成本。

当劳动力市场紧张时，工资以及生产成本就会上升；而当劳动力市场宽松时，工资及生产成本就会下降。在前一种情况下，总供给曲线向左移动；在后一种情况下，总供给曲线向右移动。

工人和企业通常关心的是真实工资，即按所能买到的物品和劳务计算的工资。当物价水平上升时，名义工资不变，则工人只能买到较少的物品和劳务。因此，预期物价水平要上升的工人就会要求提高名义工资，以避免其真实工资下降。而名义工资的提高又会增加生产成本，使既定价格水平下产品的利润降低，这会促使企业减少生产，进而使经济的总供给曲线向左移动。预期价格水平上升越大，即预期通货膨胀率越高，总供给曲线向左移动的幅度也就越大。

如果工人提高工资的要求得到满足，在效果上相当于增加了经济中的生产成本，这也会使总供给曲线向左移动。

此外，技术变动和原材料供给变动（经济学称之为供给冲击），也会造成总供给曲线的移动。供给冲击又可分为负向供给冲击和正向供给冲击，前者的例子为石油价格的上涨，后者的例子有技术进步或良好的天气带来的农业大丰收等。一般，提高生产成本的负向供给冲击会使总供给曲线向左移动，而降低生产成本的正向供给冲击则会使总供给曲线向右移动。表 10－2 概括了上述因素对总供给曲线的影响。

表 10－2　影响总供给曲线移动的因素

因素的变化	总供给曲线的变化
劳动力市场紧张	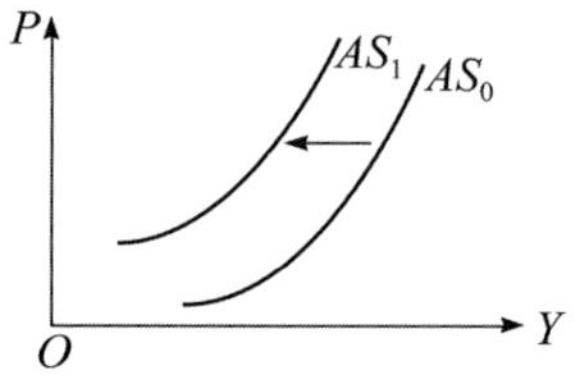
劳动力市场宽松	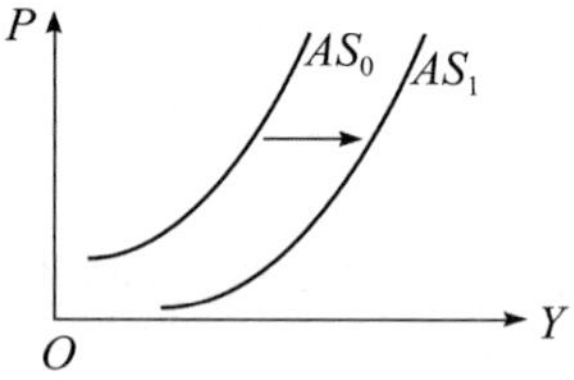
预期价格水平上升	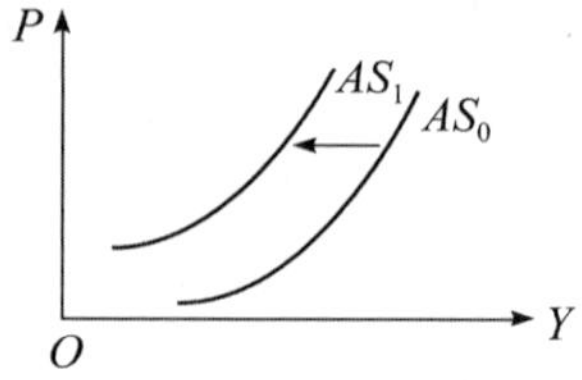

续表

因素的变化	总供给曲线的变化
工资增加	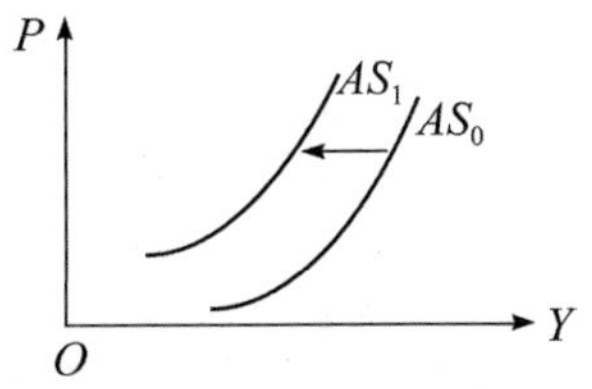
正向供给冲击	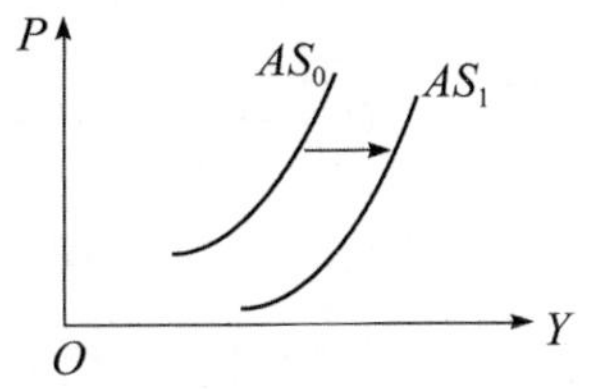
负向供给冲击	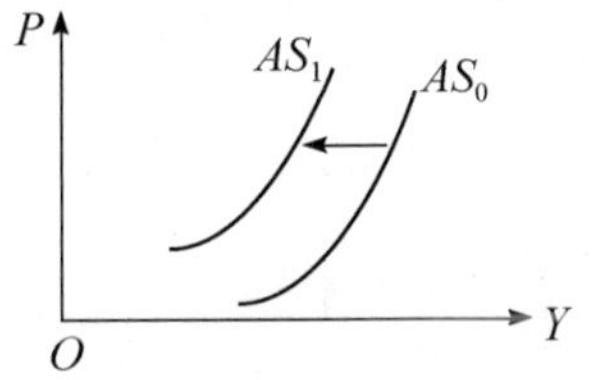

第 3 节 经济波动的解释

一、经济衰退的两个原因

图 10－5 表示处于长期均衡状态的经济。均衡产量和物价水平是由总需求曲线和长期总供给曲线的相交决定的，如图中 A 点所示。在这一点时，产量为其潜在产量。短期总供给曲线也通过这一点，这表示预期、工资和价格都完全调整到了这种长期均衡。这就是说，当经济处于长期均衡时，预期、工资和价格的调整必定使总需求与短期总供给的相交和总需求与长期总供给的相交相同。

假设由于某种原因，可能是政府丑闻、股票市场崩盘或者国外爆发了战争，悲观的情绪影响了经济。由于这些事件，许多人对未来失去信心并改变了他们的计划。人们削减消费开支，并延迟了一些物品和劳务的购买，而企业也放弃了对一些新项目的投资。

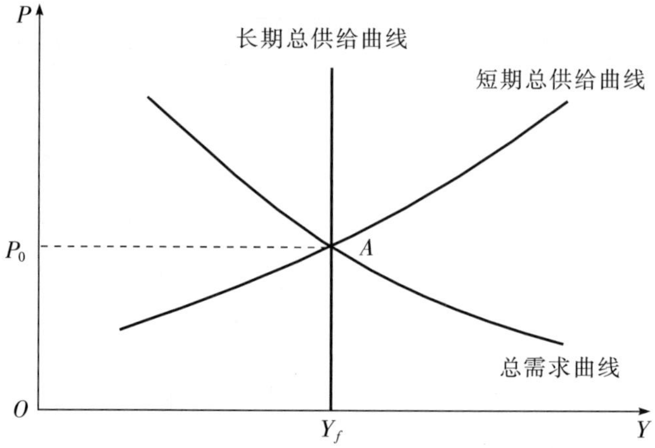

图 10－5　长期均衡状态的经济

这种悲观情绪对经济会有什么影响呢？这种事件减少了物品与劳务的总需求。这就是说，在任何一种既定物价水平下，家庭和企业现在想购买的物品与劳务少了。如图 10－6 所示，总需求曲线从 AD_1 向左移动到 AD_2。

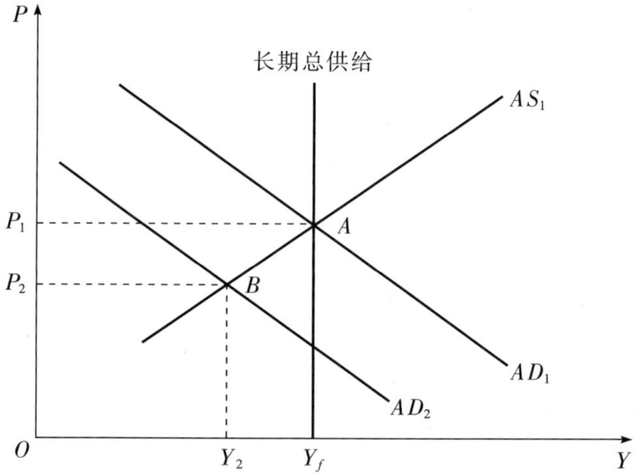

图 10－6　总需求冲击的短期效应

我们可以用图 10－6 考察总需求减少的影响。在短期中，经济沿着原来的短期总供给曲线 AS_1，从 A 点变动到 B 点。随着经济从 A 点移动到 B 点，产量从 Y_f 下降到 Y_2，而物价水平从 P_1 下降到 P_2。产量水平下降表明经济处于衰退中。虽然该图中没有反映出来，但企业对低销售和生产的反应是减少就业，必然引起收入下降和失业增加。

下面考察总供给冲击的影响。

设想一个经济处于长期均衡状态。现在假设突然一些企业经历了生产成本增加，例如，农业地区的恶劣天气会摧毁一些农作物，使生产粮食产品的成本上升；或者中东的一场战争会中断原油运输，使生产石油产品的成本上升。

这种生产成本的增加有什么宏观经济影响呢？在任何一种既定物价水平下，企业想供给的物品与劳务量少了。因此，正如图 10－7 所示，短期总供给曲线从 AS_1 向左移动到 AS_2（由于这一情况，长期总供给曲线也会移动。但是，为了使说明简单，我们假定长期总供给曲线不变）。

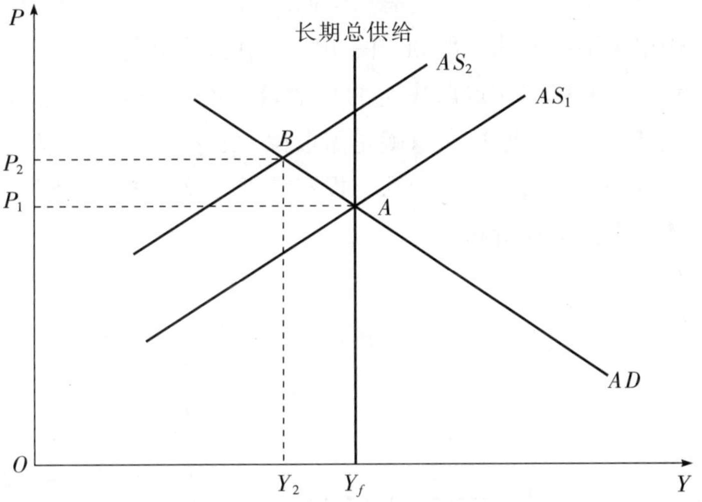

图 10－7　总供给冲击的效应

我们可以用图 10－7 追踪总供给曲线移动的影响。在短期中，经济沿着现在的总需求曲线移动，从 A 点移动到 B 点，经济的产量从 Y_f 减少为 Y_2，而物价水平从 P_1 上升为 P_2。由于经济既经历了停滞（产量下降），又经历了通货膨胀（物价上升），所以这种情况有时称为滞胀。

二、通货膨胀的两个原因

（1）需求拉动通货膨胀。需求拉动通货膨胀又称超额需求通货膨胀，是指总需求超过总供给所引起的一般价格水平的持续、显著的上涨。有时，人们把这种通货膨胀解释为“过多的货币追求过少的商品”。图 10－8 常被用来说明需求拉动通货膨胀。

在图 10－8 中，横轴 Y 表示总产量（国民收入），纵轴 P 表示一般价格水平。AD 为总需求曲线，AS 为总供给曲线。图中总供给曲线 AS 起初呈水平状。这表示，当总产量较低时，总需求的增加不会引起价格水平的上涨。当产量从零增加到 Y_1 时，价格水平始终稳定。总需求曲线 AD_1 与总供给曲线 AS 的交点 E_1 决定的价格水平为 P_1，总产量水平为 Y_1。当总产量达到 Y_1 以后，继续增加总供给，就会遇到生产过程中所谓瓶颈现象，即由于劳动、原料、生产设备等的不足而使成本提高，从而引起价格水平的上涨。图中总需求曲线

AD 继续提高时，总供给曲线 AS 便开始逐渐向右上方倾斜，价格水平逐渐上涨。总需求曲线 AD_2 与总供给曲线 AS 的交点 E_2 决定的价格水平为 P_2，总产量水平为 Y_2。图中总需求曲线 AD_3 同总供给曲线 AS 的交点 E_3 决定的价格水平为 P_3，总产量水平为 Y_f。价格水平从 P_1 上涨到 P_2 和 P_3 的现象被叫做瓶颈式的通货膨胀。在达到充分就业的产量 Y_f 以后，如果总需求继续增加，总供给就不再增加，因而总供给曲线 AS 呈垂直状。这时总需求的增加只会引起价格水平的上涨。例如，图 10－8 中总需求曲线从 AD_3 提高到 AD_4 时，它同总供给曲线的交点所决定的总产量并没有增加，仍然为 Y_f，但是价格水平已经从 P_3 上涨到 P_4，这就是需求拉动通货膨胀。经济学家认为，不论总需求的过度增加是来自消费需求、投资需求，还是来自政府需求、国外需求，都会导致需求拉动通货膨胀。

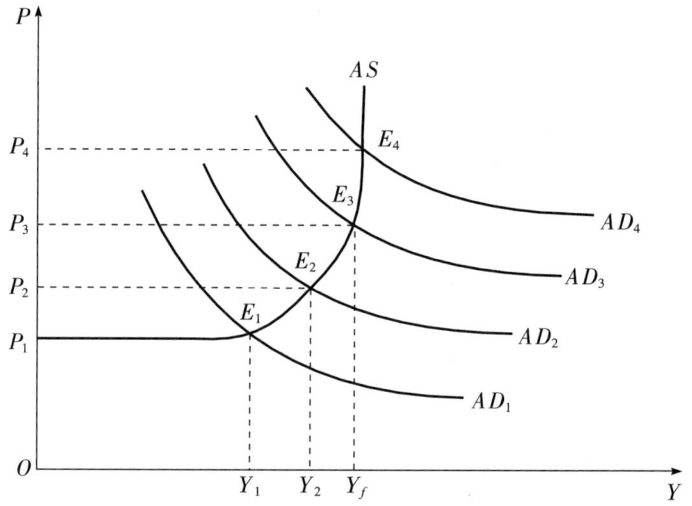

图 10－8　需求拉动通货膨胀

需求拉动通货膨胀的一个实际例子发生在美国。1965 年，美国当时的经济在接近其生产能力的情况下运行。约翰逊总统想在越南作战，但不想让美国人知道战争的费用会有多高。结果，他决定不增加税收，至少增加的税收不足以支付战争的支出。此外，他不想削减其他政府支出，在最初的均衡沿着总供给曲线的垂直部分时，政府支出增加使总需求曲线向右移动，这就引起了通货膨胀压力。20 世纪 60 年代初，美国通货膨胀率一直在每年 1%～2%之间，到 1970 年竟上升到近 6%。

（2）成本推动通货膨胀。成本推动通货膨胀又称成本通货膨胀或供给通货膨胀，是指在没有超额需求的情况下由于供给方面成本的提高所引起的一般价格水平持续、显著的上涨。图 10－9 说明在总需求曲线不变的情况下，成本推动通货膨胀。

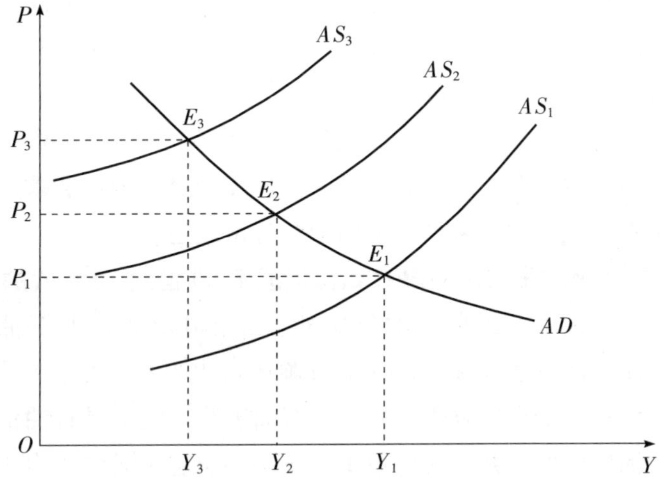

图 10－9 成本推动通货膨胀

在图 10－9 中，总需求是既定的，不发生变动，变动只出现在供给方面。当总供给曲线为 AS_1 时，这一总供给曲线和总需求曲线 AD 的交点 E_1 决定的总产量为 Y_1，价格水平为 P_1。当总供给曲线由于成本提高而移动到 AS_2 时，总供给曲线与总需求曲线的交点 E_2 决定的总产量为 Y_2，价格水平为 P_2。这时，总产量比以前下降，而价格水平比以前上涨。当总供给曲线由于成本进一步提高而移动到 AS_3 时，总供给曲线和总需求曲线的交点 E_3 决定的总产量为 Y_3，价格水平为 P_3。这时的总产量进一步下降，而价格水平进一步上涨。

三、实例分析

下面给出与本节内容相关的两个实例分析。

实例分析一：2001 年美国的经济衰退

2001 年美国经济经历了经济活动的减缓。美国经济的失业率从 2000 年 9 月的 3.9%上升到 2001 年 8 月的 4.9%，在 2003 年 6 月达到 6.3%。

从经济分析的视角看，有三个值得注意的冲击有助于解释这一事件。第一个冲击是股票市场的下跌。20 世纪 90 年代，由于投资者对新信息技术前景的乐观，美国股市经历了创历史纪录的繁荣。当这种乐观消失时，从 2000 年 8 月至 2001 年 8 月，美国平均股票价格下跌了约 25%。进一步地，股票市场的下跌减少了美国家庭财富，进而减少了美国的消费支出。第二个冲击是 2001 年的“9·11”事件，即 2001 年 9 月 11 日对美国纽约和华盛顿进行的恐怖袭击。在袭击后的那个星期，美国股市又下跌了 12%。恐怖袭击增加了关于未来将出现什么情况的不确定性。不确定性的增加又会减少经济的支出，因为家庭和企业在不确定性解除之前通常会推迟其支出计划。第三个冲击是包括美国安然公司（Enron）和世通公司（WorldCom）在内的一系列会计丑闻。这些丑闻的后果是一些欺骗性地把自己装扮成比实际更盈利的公司的破产、对欺骗负责的公司主管的刑事处罚和以对公司会计标准进行更严格的管制为目标的新法律。这些举措进一步压低股价并阻碍了工商业的投资。

上述三个冲击的总体效果是使美国经济的总需求曲线向左移动，其结果便是本节说明的总需求下降引起的经济衰退。

实例分析二：OPEC 如何促成了 20 世纪 70 年代的滞胀

近代史上较典型的供给冲击是由 OPEC，即石油输出国组织所引起的。OPEC 是一个卡特尔，一个协调产量水平和价格的供给者的组织。20 世纪 70 年代初，OPEC 协调一致减少石油供给，使世界石油价格几乎翻了一番，这次石油价格的上升在大多数工业国家中引起了滞胀。表 10－3 中的统计数据表明了在美国发生的情况。

表 10－3　美国的统计数据

年份	石油价格变动	通货膨胀率（CPI）	失业率
1973	11.0%	6.2%	4.9%
1974	68.0%	11.0%	5.6%
1975	16.0%	9.1%	8.5%
1976	3.3%	5.8%	7.7%
1977	8.1%	6.5%	7.1%

20 世纪 70 年代，石油支出约占美国 GDP 的 10%，随着石油价格的上涨，较高的能源价格在整个经济中扩散开来，导致各种商品生产和运输成本上涨。其结果导致美国经济的总供给曲线向左移动。根据本节前面的说明，这既引起了较高的通货膨胀率，又引起了较高的失业率。

本章小结

1. 所有社会都经历过围绕长期趋势的短期经济波动。这些波动是无规律的，而且大体上是无法预测的。当衰退发生时，实际 GDP 和收入、支出及生产的其他指标都下降，而失业增加。

2. 经济学用总需求-总供给模型分析短期经济波动。根据这个模型，物品与劳务的产量和物价总水平调整使总需求与总供给均衡。

3. 总需求曲线是向右下方倾斜的，表示经济中的总需求量与物价水平成反向关系。

4. 在长期中，物品与劳务的供给量取决于经济的劳动、资本和技术，不取决于物价水平，从而长期总供给曲线是一条位于潜在产量水平上的垂直线。

5. 短期总供给曲线向右上方倾斜。有各种解释短期总供给的理论。根据凯恩斯主义黏性工资理论，未预期到的价格水平下降暂时增加了实际工资，这使企业减少了就业和生产。

6. 衰退的一个可能的原因是总需求减少，第二个可能原因是总供给的不利变动。

7. 通货膨胀的一个可能的原因是总需求增加，第二个可能的原因是总供给的变动。

思考题

1. 什么因素会引起总需求曲线向左移动？试用总需求和总供给模型来讨论这种移动的影响。

2. 什么因素会引起总供给曲线向右移动？试用总需求和总供给模型来讨论这种移动的影响。

3. 解释下面每一事件是使长期总供给增加、减少，还是没有影响：

（1）一国经历了移民潮。

（2）一国工会在新的合同中赢得了未预期到的工资增加。

（3）严重的暴风雨危及一国的工厂。

重点概念

1. 衰退：实际收入下降和失业增加的时期。

2. 总需求曲线：一条表示在既定的价格水平下，对经济中的物品与劳务的总需求的曲线。

3. 总供给曲线：一条表示在既定的价格水平下，经济社会所生产的物品与劳务总量的曲线。

4. 滞胀：产量减少而物价水平上升的现象。

11

Chapter

第 11 章

失业与通货膨胀

一个经济的家庭部门和企业部门一般都会受到宏观经济运行状况的影响。例如，当经济受到高失业率困扰时，会使社会上的家庭关系恶化、家庭收入减少、家庭暴力频发。企业也由于整个经济的购买力低下，不仅可能挣不到钱，而且可能面临倒闭的风险。一般，在宏观经济运行过程中，通常会出现两种病态：严重的失业和通货膨胀。

从上一章中可以看到，总需求和总供给曲线未必相交于充分就业之点，即使二者偶然相交于充分就业之点，二者的向左或向右移动也可以造成失业或（和）物价的持续上涨，即通货膨胀。从现实情况看，总需求和总供给经常由于受到外界的干扰而处于变动中。换言之，市场经济经常遭受失业和通货膨胀的痛苦和损害。

为了避免这种痛苦和损害，经济学家对失业和通货膨胀进行了比较系统的研究。本章对这方面研究的成果加以概略的说明。

第 1 节　失业的描述

一、失业的数据

西方国家重视失业问题，经常通过民间和官方组织来收集和公布失业的数据。例如，美国的盖洛普公司（Gallup）经常进行民意调查，向人们询问什么是美国面临的最主要问题，答案可能包括毒品、犯罪、污染和核战争等。1983年，由于美国的失业率达到了 9.5%，大多数接受调查的美国人都认为失业是当时美国面临的最主要的问题。而在 1996 年，美国的失业率为 5.6%，美国的民意调查表明，失业已不被认为是主要的问题。也就是说，当失业率高时，失业就被视为美国的全国性问题；而当失业率低时，失业就不被列入重要问题的清单中。

图 11－1 展示了 1970—2015 年美国失业率的变化情况。

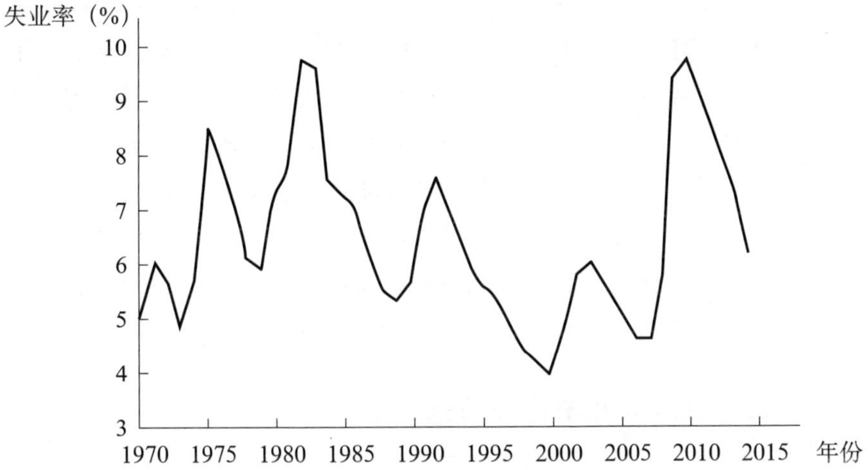

图 11－1　美国的失业率

资料来源：曼昆．宏观经济学：第十版．北京：中国人民大学出版社，2020：138.

从图 11－1 中可以看出，经济衰退时期，失业率会上升，例如 2007—2009 年的经济衰退，美国的失业率达到了 10%。

二、失业的分类

宏观经济学通常将失业分为三种类型，即摩擦性失业、结构性失业以及周期性失业。

摩擦性失业是指在生产过程中由于难以避免的摩擦而造成的短期的局部性失业。这种失业在性质上是过渡性或短期性的。它通常源于劳动力的供给方。人们换工作或找新的工作便是这种失业的例子，在这里，工作机会和寻找工作的人的匹配在经济中并不总是顺利地发生，结果一些人便得不到工作。摩擦性失业被认为在任何时候都存在，但对任何个人或家庭来说，它是过渡性的。因此，摩擦性失业不被认为是严重的经济问题。

结构性失业是指劳动力的供给和需求不匹配所造成的失业，其特点是既有失业，又有职位空缺，失业者或者没有合适的技能，或者居住地点不当，因此无法填补现有的职位空缺。结构性失业在性质上是长期性的，而且通常源于劳动力的需求方。结构性失业是由经济变化导致的，这些经济变化引起特定市场和区域中特定类型劳动力的需求相对低于其供给。在特定市场中，劳动力的需求相对较低可能是由于以下原因：一是技术变化。尽管技术变化被认为能减少成本，提高整个经济的生产能力，但它也可能会对某些特定市场（或产业）带来破坏性极大的影响。二是消费者偏好的变化。消费者产品偏好的改变在某些地区扩大了生产，增加了就业，但在其他地区减少了生产和就业。三是劳动力的不流动性。这种不流动性延长了由于技术变化或消费者偏好改变而造成的失业时间。工作机会的减少本应引起失业者流动，但不流动性却使这种情况未能发生。

周期性失业是指经济周期中的衰退或萧条时，因需求下降而造成的失业，这种失业是由整个经济的支出和产出下降造成的。当经济中的总需求的减少降低了总产出时，会引起整个经济体系的较普遍的失业。

除了上述三种失业类型外，在宏观经济学中还有一种关于失业的分类，即所谓的自愿失业和非自愿失业。前者指工人不愿接受现行工资水平而形成的失业；后者指愿意接受现行工资但仍找不到工作的失业。

三、自然失业率和自然就业率

由于摩擦性失业的普遍性和不可避免性，宏观经济学认为，经济社会在任何时期总存在一定比例的失业人口。为此，定义自然失业率为经济社会在正常情况下的失业率，它是劳动市场处于供求稳定状态时的失业率，这里的稳定状态被认为是既不会造成通货膨胀也不会导致通货紧缩的状态。为了更好地理解自然失业率，下面给出一种自然失业率的表示方式。

设 N 代表劳动力，E 代表就业者人数，U 代表失业者人数，则有 $N=E+U$，相应地，失业率为 U/N。假定劳动力总数 N 不变，并重点考察劳动力中的人数在就业与失业之间的转换。

记：l 代表离职率，即每个月失去自己工作的就业者比例；f 代表就职率，即每个月找到工作的失业者的比例。

容易理解，如果失业率既没有上升也没有下降，换句话说，如果劳动市场处于稳定状态，那么，找到工作的人数必定等于失去工作的人数。而找到工作的人数是 fU，失去工作的人数是 lE，因此，劳动市场达到稳定状态的条件就是

$$fU=lE$$

又因为 $E=N-U$，上式变为：

$$fU=l(N-U)$$

解得

$$U/N=\frac{l}{l+f}$$

上式给出的失业率就是自然失业率，因为在正常时期失业率是稳定的。上式表明，自然失业率取决于离职率 l 和就职率 f。离职率越高，自然失业率越高；就职率越高，自然失业率越低。上述公式的另一个意义在于，它给出了一种估计自然失业率的方法。

与自然失业率相联系的一个概念是自然就业率，其含义是与自然失业率相对应的就业率，即充分就业量除以劳动力总量所得到的比率。按照这一界定，显然，一个经济的自然失业率与自然就业率之和为 100%。这意味着知道两者中的一个，就可以推知另一个。从这个意义上说，自然失业率和自然就业率两者是一回事。在一些西方文献中，在不会产生混淆的情况下，就将它们统称为自然率。

自然失业率不仅在理解充分就业和潜在产量（或充分就业产量）方面发挥作用，也在理解宏观经济学和宏观经济政策方面发挥着重要作用。

第 2 节　失业的经济学解释

失业现象从表面上看就是过多的劳动力去追逐过少的工作岗位。为了更好地理解失业问题，西方学者使用微观经济学的供给—需求分析框架对不同类型的失业加以解释（见图 11－2）。

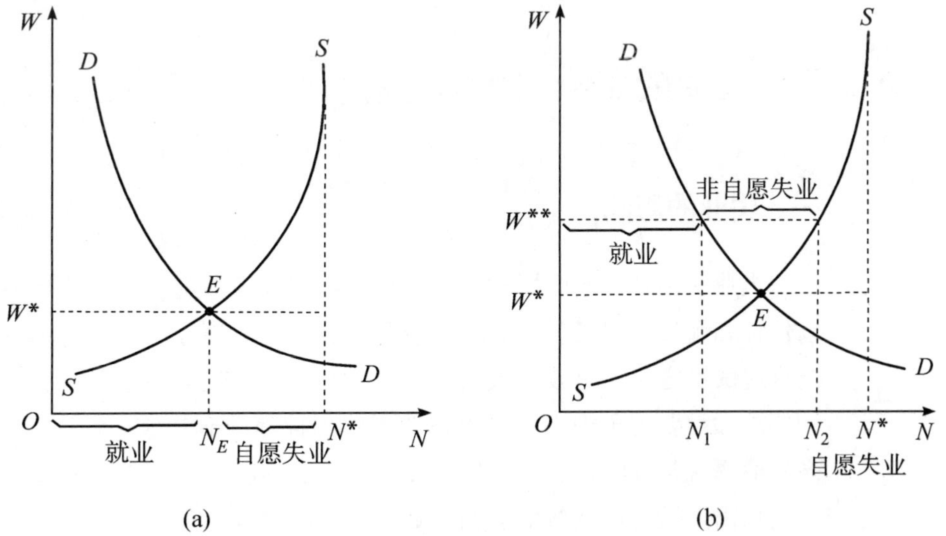

图 11－2　失业的解释

图 11－2 中，横轴为劳动力数量，纵轴为劳动力价格，即工资率。曲线 DD 为劳动需求曲线，曲线 SS 为劳动供给曲线。图 11－2（a）描述的是竞争性的劳动供给和需求的一般情况。市场均衡点在 E 点，工资水平为 W^*。在竞争性的、市场出清的均衡状态之下，厂商愿意雇用接受市场工资水平为 W^* 的合格工人，雇用的数量为 N_E。在 W^* 的工资水平上，另有数量为（N^*-N_E）的工人，他们虽愿意工作，但却要求较高的工资。由于这部分工人不愿意在现行的市场工资率下工作，所以他们被认为是自愿失业的。在现行工资率下，自愿失业者可能更偏好闲暇或其他活动，而不是工作。他们可能属于摩擦性失业，也可能正在寻找第一份工作；他们可能是生产率较低的劳动力，相对于较低收入的工作，他们更愿意享受福利和失业保险。图 11－2（b）显示的是非出清的劳动市场情况，它用来说明没有伸缩性的工资怎样导致非自愿失业。一次经济波动使劳动市场工资过高，劳动的价格是 W^{**} 而不是均衡工资或市场出清的工资 W^*。

在过高的工资率下，寻找工作的合格工人的数量大于提供的工作职位数。愿意在工资 W^{**} 下工作的工人数量是 N_2，而企业愿意雇用的数量则为 N_1。由于工资高于市场出清水平，于是出现劳动供给过剩，（N_2-N_1）表示的是这部分非自愿失业的失业者的数量。在劳动供给过剩的情况下，企业雇用劳动力时将会提出更严格的技能要求，雇用最有资格、最有经验的劳动者。

图 11－2（b）所说明的非自愿失业理论假定工资是刚性的，由此引出进一步的问题：为什么工资不上下浮动以便实现市场出清？为什么劳动市场不像谷物、玉米和普通股票市场那样？这些问题属于现代宏观经济学中最有争议的论题，西方经济学家还没有形成共识。

第 3 节　失业的影响与奥肯定律

一、失业的影响

失业有两种主要的影响，即社会影响和经济影响。失业的社会影响虽然难以估计和衡量，但最易为人们所感受到。失业威胁着作为社会单位和经济单位的家庭的稳定。没有收入或收入遭受损失，户主就不能起到应有的作用。家庭的要求和需要得不到满足，家庭关系将因此而受到损害。西方学者已经发现，高失业率常常与吸毒、高离婚率以及高犯罪率联系在一起。西方有关的心理学研究指出，被解雇造成的创伤不亚于亲友的去世或学业上的失败。此外，家庭之外的人际关系也受到失业的严重影响。一个失业者在就业的人员当中失去了自尊和影响力，面临着被同事拒绝的可能性，并且可能要失去自尊和自信。最终，失业者在情感上受到严重打击。

失业的经济影响可以用机会成本的概念来理解。当失业率上升时，经济中本可由失业工人生产出来的物品和劳务就损失了。衰退期间的损失就好像是将众多的汽车、房屋、衣物和其他物品都销毁掉了。从产出核算的角度看，失业者的收入总损失等于生产的损失，因此，丧失的产量是计量周期性失业损失的主要尺度，因为它表明经济处于非充分就业状态。表 11-1 给出了 20 世纪高失业期间，美国实际产出相对潜在 GDP 的减少量。

表 11-1　高失业时期的经济损失额

时期	产出损失		
	平均失业率（%）	GDP 损失（10 亿美元，2003 年价格）	占该时期 GDP 百分比（%）
大萧条时期（1930—1939 年）	18.2	2 560	27.6
石油危机和通货膨胀时期（1975—1984 年）	7.7	1 570	3.0
新经济跌落后的时期（2001—2003 年）	5.5	220	0.2

资料来源：Samuelson and Nordhaus. Macroeconomics. Eighteenth Edition. McGraw-Hill/Irwin, 2005：313.

从表 11-1 中可知，美国最大的经济损失发生在大萧条时期。而 20 世纪七八十年代的石油危机与通货膨胀也使产出损失高达 1 万多亿美元。相比之下，2001—2003年这一时期，经济周期的损失非常小。

二、奥肯定律

20 世纪 60 年代，美国经济学家阿瑟·奥肯根据美国的数据，提出了经济周期中失业变动与产出变动的经验关系，即奥肯定律。

奥肯定律的内容是，失业率每高于自然失业率 1 个百分点，实际 GDP 将低于潜在 GDP 2 个百分点。换一种方式说，相对于潜在 GDP，实际 GDP 每下降 2 个百分点，实际失业率就会比自然失业率上升 1 个百分点。

西方学者认为，奥肯定律揭示了产品市场和劳动市场之间极为重要的联系。它描述了实际 GDP 的短期变动与失业率变动的联系。根据奥肯定律，可以通过失业率的变动推测或估计 GDP 的变动，也可以通过 GDP 的变动预测失业率的变动。例如，如果实际失业率为 8%，高于 6%的自然失业率 2 个百分点，则实际 GDP 就将比潜在 GDP 低 4%左右。在宏观经济学中，GDP 偏离其潜在值的百分比称为 GDP 缺口。

奥肯定律可以用下面的公式来表示：

$$\frac{y-y_f}{y_f}=-\alpha(u-u^*) \tag{11.1}$$

式中，y 为实际产出；y_f 为潜在产出；u 为实际失业率；u^* 为自然失业率；α 为大于零的参数。

奥肯定律的一个重要结论是，实际 GDP 必须保持与潜在 GDP 同样快的增长，以防止失业率的上升。如果政府想使失业率下降，那么，该经济社会的实际 GDP 的增长必须快于潜在 GDP 的增长。

第 4 节　通货膨胀的描述

一、通货膨胀的数据

描述通货膨胀的主要工具是通货膨胀率的变化。例如，1981 年，美国的通货膨胀率近 10%，在盖洛普公司进行的民意调查中，接受调查的大多数美国人都认为当时的通货膨胀是美国面临的最主要问题。此后，自 1983 年以来，美国的通货膨胀率都维持在 6%以下，相关的民意调查显示，通货膨胀在很长一段时间都不被认为是主要问题。[①]

和失业一样，通货膨胀是经济运行状况的主要指示器。图 11－3 反映了 20 世纪后半叶至 21 世纪初美国用 GDP 平减指数计量的通货膨胀率。

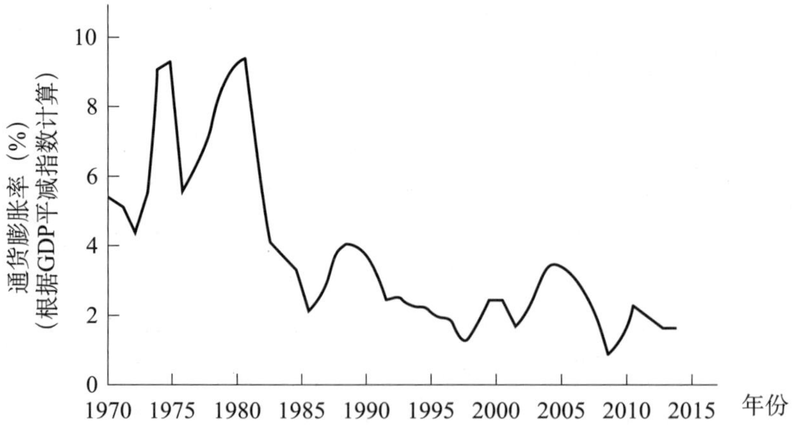

图 11－3　美国的通货膨胀率

资料来源：曼昆．宏观经济学：第十版．北京：中国人民大学出版社，2020：28.

① 多恩布什，等．宏观经济学：第七版．北京：中国人民大学出版社，2000：119－120.

从图 11－3 可以看出，在 1970—2015 年间，美国的通货膨胀率很不稳定，20 世纪 80 年代初的通货膨胀率曾达到令人难以接受的高水平，而在 20 世纪 90 年代，由于美国联邦储备委员会（简称美联储）的有效控制和较小的供给冲击，通货膨胀率一直稳定在较低的水平。

二、通货膨胀的衡量

当一个经济中的大多数物品和劳务的价格连续在一段时间内普遍上涨时，宏观经济学就称这个经济经历着通货膨胀。按照这一说明，如果仅有一种商品的价格上升，这不是通货膨胀。只有大多数物品和劳务的价格持续上升才是通货膨胀。

那么，如何理解大多数物品和劳务的价格上升呢？考虑到现实经济当中成千上万种不同商品价格加总的实际情况，以及经济当中一些商品价格上涨的同时，另一些商品的价格却可能在下降，而且各种商品价格涨跌幅度也不尽相同这种复杂情况，宏观经济学运用价格指数这一概念来进行说明。

先看一下人们较熟悉的股票市场的情况。在股票市场上，在开市期间的每时每刻都有许多股票在进行交易。在同一时间里，所交易的股票的价格各异，而且它们都在不断变化。有些股票价格上涨，有些股票价格下跌，并且各种股票的涨跌幅度也不相同，有些大，有些小。在这种市场中，单用某一只股票价格的变化来描述整个股票市场的价格变动情况显然是不合适的。那么，究竟怎样描述整个股票市场的价格变动情况呢？为此，人们提出了股票价格指数的概念。股票价格指数是股票市场上各种股票价格的一种平均数，利用股票价格指数及其变化，人们就可以衡量和描述整个股票市场的价格的变化情况。

与股票的情形相类似，宏观经济学用价格指数来描述整个经济中的各种物品和劳务价格的总体平均数，也就是经济中的价格水平。宏观经济学中常涉及的价格指数主要有 GDP 折算数、消费价格指数（CPI）和生产者价格指数（PPI）。关于 GDP 折算数，前面已有叙述。下面简要说明一下消费价格指数和生产者价格指数。

消费价格指数告诉人们的是，对普通家庭的支出来说，购买具有代表性的一组商品，在今天要比在过去某一时间多花费多少。这一指数的基本意思是，人们有选择地选取一组（相对固定的）物品和劳务，然后比较它们按当期价格购买的花费和按基期价格购买的花费。用公式表示，就是

$$\mathrm{CPI}=\frac{\text{一组固定商品按当期价格计算的价值}}{\text{一组固定商品按基期价格计算的价值}}\times 100$$

例如，设 2013 年为基年，如果 2013 年某国普通家庭每个月购买一组商品的费用为 857 美元，2017 年购买同样一组商品的费用是1 174美元，那么该国 2017 年消费价格指数就为：

$$\text{CPI}_{2017}=\frac{1\,174}{857}\times 100\approx 137$$

类似地，如果在 2000 年相同的一组商品的费用为 412 美元，那么 2000 年的消费价格指数（仍以 2013 年为基年）是这一数值与 2013 年购买相同一组商品的费用比较的结果，即

$$\text{CPI}_{2000}=\frac{412}{857}\times 100\approx 48$$

作为衡量生产原材料和中间投入品等价格平均水平的价格指数，生产者价格指数是对给定的一组商品的成本的度量。它与 CPI 的一个不同之处在于，它包括原材料和中间产品，这使得 PPI 成为表示一般价格水平变化的一个信号，被当做经济周期的指示性指标之一，受到政策制定者的密切关注。

有了价格水平（价格指数）这一概念，就可以将通货膨胀更为精确地描述为经济社会在一定时期价格水平持续、显著地上涨。通货膨胀的程度通常用通货膨胀率来衡量。通货膨胀率被定义为从一个时期到另一个时期价格水平变动的百分比。用公式表示就是①：

$$\pi_t=\frac{P_t-P_{t-1}}{P_{t-1}}$$

式中，π_t 为 t 时期的通货膨胀率；P_t 和 P_{t-1} 分别为 t 时期和（$t-1$）时期的价格水平。如果用上面介绍的消费价格指数来衡量价格水平，则通货膨胀率就是不同时期的消费价格指数变动的百分比。假定一个经济的消费价格指数从去年的 100 增加到今年的 127，那么这一时期的通货膨胀率就为$\frac{127-100}{100}=27\%$。

三、通货膨胀的分类

对于通货膨胀，西方学者从不同角度进行了分类。

（1）按照价格上升的速度进行分类。按照价格上升的速度，西方学者认为存在三种类型的通货膨胀：第一，温和的通货膨胀，指每年物价上升的比例在 10%以内。目前，许多国家都存在这种温和类型的通货膨胀。一些西方经济学家并不十分害怕温和的通货膨胀，甚至有些人认为这种缓慢而逐步上升的价格对经济和收入的增长有积极的刺激作用。第二，奔腾的通货膨胀，指年通货膨胀率在 10%以上和 100%以内。这时，货币流通速度提高而货币购买力下降，并且均具有较快的速度。西方学者认为，当奔腾的通货膨胀发生以后，由于价格上涨幅度大，公众预期价格还会进一步上涨，因而采取各种措施来保护自

① 当价格水平 P 随时间连续变动时，则通货膨胀率可以表示为 $\pi=\frac{\dot{P}}{P}$，式中，$\dot{P}=\frac{\mathrm{d}P}{\mathrm{d}t}$。

己，以免受通货膨胀之害，这使通货膨胀更为加剧。第三，超级通货膨胀，指通货膨胀率在 100%以上。发生这种通货膨胀时，价格持续猛涨，人们都尽快地使货币脱手，从而大大加快货币流通速度。其结果是，货币完全失去信任，货币购买力猛降，各种正常的经济联系遭到破坏，致使货币体系和价格体系最后完全崩溃。在严重的情况下，还会出现社会动乱。

（2）按照对价格影响的差别分类。按照对不同商品的价格影响的大小加以区分，存在两种类型的通货膨胀：第一种为平衡的通货膨胀，即每种商品的价格都按相同比例上升。这里所指的商品价格包括生产要素以及各种劳动的价格，如工资率、租金、利率等。第二种为非平衡的通货膨胀，即各种商品价格上升的比例并不完全相同。例如，甲商品价格的上涨幅度大于乙商品的；或者，利率上升的比例大于工资率上升的比例，等等。

（3）按照人们的预期程度加以区分。按照这种区分有两种通货膨胀类型：一种为未预期到的通货膨胀，即价格上升的速度超出人们的预料，或者人们根本没有想到价格会上涨。例如，国际市场原料价格的突然上涨所引起的国内价格的上升，或者在长时期中价格不变的情况下突然出现的价格上涨。另一种为预期到的通货膨胀。例如，当某一国家的物价水平年复一年地按 5%的速度上升时，人们便会预计到，物价水平将以同一比例继续上升。既然物价按 5%的比例增长成为意料之中的事，则该国居民在日常生活中进行经济核算时会把物价上升的比例考虑在内。例如，银行贷款的利率肯定会高于 5%，因为 5%的利率仅能起到补偿通货膨胀的作用。由于每个人都把 5%的物价上涨考虑在内，所以每个人索要的价格在每一时期中都要上升 5%。每种商品的价格上涨 5%，劳动者所要求的工资率、厂商所要求的利率都会以相同的速度上涨。因此，预料之中的通货膨胀具有自我维持的特点，有点像物理学上的运动中物体的惯性。因此，预期到的通货膨胀有时又称为惯性的通货膨胀。

第 5 节 通货膨胀的原因

关于通货膨胀的原因，西方经济学家提出了种种解释，可分为三个方面：第一个方面为货币数量论的解释，这种解释强调货币在通货膨胀过程中的重要性；第二个方面是用总需求与总供给来解释，包括从需求的角度和供给的角度的解释；第三个方面是从经济结构因素变动的角度来说明通货膨胀的原因。由于本书第 10 章第 3 节已从总需求和总供给的角度对通货膨胀的原因做了说明，为避免不必要的重复，下面只对第一个方面和第三个方面进行说明。

一、作为货币现象的通货膨胀

货币数量论在解释通货膨胀方面的基本思想是，每一次通货膨胀背后都有货币供给的迅速增长。这一理论的出发点是如下所示的交易方程：

$$MV=Py \tag{11.2}$$

式中，M 为货币供给量；V 为货币流通速度，它被定义为名义收入与货币量之比，即一定时期（如一年）平均一元钱用于购买最终产品与劳务的次数；P 为价格水平；y 为实际收入水平。

式（11.2）的左边的 MV 反映的是经济中的总支出，而右边的 Py 为名义收入水平。由于经济中对物品与劳务支出的货币额即为物品和劳务的总销售价值，因而方程的两边相等。由式（11.2），可以得到如下关系式①：

$$\pi=\hat{m}-\hat{y}+\hat{v} \tag{11.3}$$

式中，π 为通货膨胀率；$\hat{m}$ 为货币增长率；$\hat{v}$ 为货币流通速度变化率；$\hat{y}$ 为产量增长率。

根据式（11.3），通货膨胀来源于三个方面，即货币流通速度的变化、货币增长和产量增长。如果货币流通速度不变且收入处于其潜在的水平，则显然可以得出，通货膨胀的产生主要是货币供给增加的结果。换句话说，货币供给的增加是通货膨胀的基本原因。

二、结构性通货膨胀

西方经济学家认为，在没有需求拉动和成本推动的情况下，只是由于经济结构因素的变动，也会出现一般价格水平的持续上涨。他们把这种价格水平的上涨叫做结构性通货膨胀。

结构性通货膨胀理论把通货膨胀的起因归结为经济结构本身所具有的特点。据西方学者解释，从生产率提高的速度看，社会经济结构的特点是，一些部门生产率提高的速度快，另一些部门生产率提高的速度慢；从经济发展的过程看，社会经济结构的特点是，一些部门正在迅速发展，另一些部门渐趋衰

---

① 这个关系式的推导如下：将式（11.2）中的变量动态化，并取自然对数，有

$$\ln P+\ln y=\ln M+\ln V$$

对上式关于时间 t 求微分，并整理得

$$\frac{\dot{P}}{P}=\frac{\dot{M}}{M}+\frac{\dot{V}}{V}-\frac{\dot{y}}{y}$$

若记 $\pi=\frac{\dot{P}}{P}$，$\hat{m}=\frac{\dot{M}}{M}$，$\hat{v}=\frac{\dot{V}}{V}$，$\hat{y}=\frac{\dot{y}}{y}$，则有

$$\pi=\hat{m}-\hat{y}+\hat{v}$$

落；从同世界市场的关系看，社会经济结构的特点是，一些部门（开放部门）同世界市场的联系十分密切，另一些部门（非开放部门）同世界市场没有密切联系。现代社会经济结构不容易使生产要素从生产率低的部门转移到生产率高的部门，从渐趋衰落的部门转移到正在迅速发展的部门，从非开放部门转移到开放部门。但是，生产率提高慢的部门、正在趋向衰落的部门以及非开放部门在工资和价格问题上都要求"公平"，要求向生产率提高快的部门、正在迅速发展的部门以及开放部门"看齐"，要求"赶上去"，结果导致一般价格水平的上涨。

西方学者通常用生产率提高快慢不同的两个部门说明结构性通货膨胀。由于生产率提高的快慢不同，两个部门的工资增长的快慢也应当有区别。但是，生产率提高慢的部门要求工资增长向生产率提高快的部门看齐，结果使全社会工资增长速度超过生产率增长速度，因而引起通货膨胀。

假定 A，B 分别为生产率提高快慢不同的两个部门，二者的产量相等。部门 A 的生产增长率$\left(\frac{\Delta y}{y}\right)_A$为 3.5%，工资增长率$\left(\frac{\Delta W}{W}\right)_A$也为 3.5%。这时全社会的一般价格水平不会因部门 A 工资的提高而上涨。但是，当部门 B 的生产增长率$\left(\frac{\Delta y}{y}\right)_B$是 0.5%，而工资增长率$\left(\frac{\Delta W}{W}\right)_B$因向部门 A 看齐也达到 3.5%时，这就使全社会的工资增长率超过生产增长率。

全社会的工资增长率为：

$$\frac{\Delta W}{W}=\left[\left(\frac{\Delta W}{W}\right)_A+\left(\frac{\Delta W}{W}\right)_B\right]\div 2=3.5\%$$

全社会的生产增长率为：

$$\frac{\Delta y}{y}=\left[\left(\frac{\Delta y}{y}\right)_A+\left(\frac{\Delta y}{y}\right)_B\right]\div 2=(3.5\%+0.5\%)\div 2=2\%$$

这样全社会工资增长率超过生产增长率 1.5%，工资增长率超过生产增长率的百分比就是价格上涨率或通货膨胀率。[①] 西方学者认为，上述说明同样适

---

① 西方学者认为，在劳动生产率、工资率和通货膨胀率之间具有如下数量关系：

通货膨胀率＝货币工资增长率－劳动生产增长率

这一关系可以用下列方式推导出来：由微观经济学的货币工资等于劳动边际产品价值的公式 $W=P\cdot MP$（这里，W 可以理解为整个社会的（平均）货币工资，P 为社会的（平均）价格水平，MP 为整个社会的劳动的边际产品，并用 MP 大体衡量社会的劳动生产率），并将上述三个量动态化，即将 W，P 和 MP 都看成时间 t 的函数，则通过对 $W=P\cdot MP$ 关于时间 t 微分，可以得到

$$\dot{W}=\dot{P}\cdot MP+\dot{MP}\cdot P \tag{1}$$

式中，带点的字母表示该字母所代表的变量关于时间 t 的导数。例如，$\dot{W}=\mathrm{d}W/\mathrm{d}t$，等等。用式（1）除以 $W=P\cdot MP$，经变形有

$$\frac{\dot{P}}{P}=\frac{\dot{W}}{W}-\frac{\dot{MP}}{MP} \tag{2}$$

从各变量的含义及增长率的表达式知，式（2）即为所推导的关系。

用于在工资问题上渐趋衰落的部门向正在迅速发展的部门看齐、非开放部门向开放部门看齐的情况。

第 6 节　通货膨胀的经济效应

考察通货膨胀的经济效应，也就是要弄清楚通货膨胀的影响。通货膨胀是一个到处扩散其影响的经济过程，每一个公民和经济中的其他经济单位都在某种程度上受到它的影响。这里主要从两方面来考察其效应。

一、通货膨胀的再分配效应

在现实经济中，产出和价格水平是一起变动的，通货膨胀常常伴随扩大的实际产出，只在较少的一些场合中，通货膨胀的发生伴随着实际产出的收缩。为了独立地考察价格变动对收入分配的影响，假定实际收入是固定的，然后去研究通货膨胀如何影响分得收入的所有者实际得到收入的多少。在分析之前，还要区分货币收入和实际收入。货币收入就是一个人所获得的货币数量；而实际收入则是一个消费者用他的货币收入所能买到的物品和劳务的数量。

那么，通货膨胀的再分配效应是怎样的呢？

首先，通货膨胀不利于靠固定的货币收入维持生活的人。对于固定收入阶层来说，其收入是固定的货币数额，落后于上升的物价水平。其实际收入因通货膨胀而减少，他们的每一元收入的购买力将随价格水平的上升而下降。而且，由于他们的货币收入没有变化，因而他们的生活水平必然相应地下降。

哪些人属于固定收入阶层呢？最为明显的就是领取救济金和退休金的人、工薪阶层、公务员以及靠福利和其他转移支付维持生活的人，他们在相当长时间内所获得的收入是不变的。特别是那些只获得少量救济金的老人，遇到这种经济灾难，更是苦不堪言，他们是通货膨胀的牺牲品。

相反，那些靠变动收入维持生活的人，则会从通货膨胀中得益，这些人的货币收入会走在价格水平和生活费用上涨之前。例如，在扩张中的行业工作并有强大的工会支持的工人就是这样。他们的工资合同中有工资随生活费用的上涨而提高的条款，或是有强有力的工会代表他们进行谈判，在每个新合同中都能得到大幅的工资增长。那些从利润中得到收入的企业主也能从通货膨胀中获利，如果产品价格比资源价格上升得更快的话，则企业的收益将比它的成本增长得更快。

其次，通货膨胀对储蓄者不利。随着价格上涨，存款的实际价值或购买力就会降低，那些口袋中有闲置货币和在银行有存款的人受到严重的打击。同样，保险金、养老金以及其他固定价值的证券财产等，本来是作为防患未然和蓄资养老的，在通货膨胀中，其实际价值也会下降。

再次，通货膨胀还可以在债务人和债权人之间发生收入再分配的作用。具体地说，通货膨胀靠牺牲债权人的利益而使债务人获利。假如甲向乙借款1万美元，一年后归还，而这段时间内价格水平上升一倍，那么一年后甲归还给乙的1万美元相当于借款时的一半。这里假定借贷双方没有预期到通货膨胀的影响。但是，一旦预期到通货膨胀，则上述再分配就会改变。

如果借贷的名义利率为10%，而通货膨胀率为20%，则实际利率为−10%。实际利率为名义利率和通货膨胀率的差额，若名义利率为10%，通货膨胀率为5%，则实际利率为5%。只要通货膨胀率大于名义利率，实际利率就是负值。

实际研究表明，第二次世界大战以来，西方国家的通货膨胀从居民户手中把大量再分配的财富带到公共经济部门。原因有两点：第一，政府已经负债累累，而大量的债券是掌握在居民户手中的，也就是说政府是债务人，而居民户是债权人。于是，战后的通货膨胀就经常将财富从居民户转移到政府方。第二，一般政府所得税是累进的，所以，在通货膨胀期间，人们要多纳税。这不但因为他们的货币收入提高了，而且还由于他们进入较高的纳税级别。因此，要支付他们收入的较大百分比给政府，必然出现这样的收入再分配结果。所以，有些西方经济学家认为，很难希望政府会努力去制止通货膨胀。

最后，还必须补充两点：一是由于居民户往往同时是收入获得者、金融证券的持有者和实际财产（不动产）的所有者，因而通货膨胀对他们的影响可以互相抵消。例如，某家庭既有固定价值的货币资产，如储蓄、债券、保险等，会因通货膨胀而削减其实际价值，但同时这一通货膨胀又会增加他的财富，如增加房产、土地的价值。总之，许多居民同时因通货膨胀得益，又因通货膨胀受损。二是通货膨胀的再分配效应是自发的，它本身并未存心从谁手中取得收入分配给其他人。

二、通货膨胀的产出效应

上面假定国民经济的实际产出固定。而实际上，国民经济的产出水平是随着价格水平的变化而变化的。下面考虑可能出现的三种情况。

第一种情况：随着通货膨胀出现，产出增加，收入增加。这就是需求拉动的通货膨胀的刺激，促进了产出水平的提高。许多经济学家长期以来坚持这样的看法，即认为温和的或爬行的需求拉动通货膨胀对产出和就业将有扩大的效应。假设总需求增加，经济复苏，造成一定程度的需求拉动的通货膨胀，在这种情况下，产品的价格会跑到工资和其他资源价格的前面，由此增加了企业的利润。利润的增加就会刺激企业扩大生产，从而产生减少失业、增加国民产出的效果。这种情况意味着通货膨胀的再分配后果会由更多的就业、增加产出所获得的收益抵消。例如，对于一个失业工人来说，如果他唯有在通货膨胀条件之下才能得到就业机会，显然，他受益于通货膨胀。

第二种情况：成本推动通货膨胀会使收入或产量减少，从而引致失业。这里讲的是由通货膨胀引起的产出和就业的下降。假定在原总需求水平下，经济实现了充分就业和物价稳定。如果发生成本推动通货膨胀，则原来总需求所能购买的实际产品的数量将会减少。也就是说，当成本推动的压力抬高物价水平时，既定的总需求只能在市场上支持一个较小的实际产出。所以，实际产出会下降，失业会上升。美国 20 世纪 70 年代的情况就证实了这一点。1973 年末，石油输出国组织把石油价格翻了两番，成本推动通货膨胀的后果使 1973—1975 年的物价水平迅速上升，与此同时，美国失业率从 1973 年的不到 5%上升到 1975 年的 8.5%。

第三种情况：超级通货膨胀（hyperinflation）导致经济崩溃。首先，随着价格持续上升，居民户和企业会产生通货膨胀预期，即估计物价会再度升高。这样，人们就不会让自己的储蓄和现行的收入贬值，而宁愿在价格上升前把它花掉，从而产生过度的消费购买。这样，储蓄和投资都会减少，使经济增长率下降。其次，随着通货膨胀而来的生活费用的上升，劳动者会要求提高工资，不但要求增加工资以抵消过去价格水平的上升，而且要求补偿下次工资谈判前可以预料到的通货膨胀带来的损失。于是企业增加生产和扩大就业的积极性就会逐渐丧失。再次，企业在通货膨胀率上升时会力求增加存货，以便在稍后按高价出售以增加利润，这种通货膨胀预期除了会鼓励企业增加存货外，还可能鼓励企业增加新设备。然而，企业这些行为到无法筹措到必需的资金（增加存货和购买设备都需要资金）时就会停止，银行会在适当时机拒绝继续为企业扩大信贷，银行利率也会上升，企业得到贷款会越来越难。企业被迫减少存货，生产就会收缩。最后，当出现恶性通货膨胀时，情况会变得更糟。当人们完全丧失对货币的信心时，货币就再不能执行它作为交换手段和贮藏手段的职能。这时，任何一个有理智的人将不愿再花精力去从事财富的生产和正当的经营，而会把更多的精力用于如何尽快把钱花出去，或进行种种投机活动。等价交换的正常买卖、经济合同的签订和履行、经营单位的经济核算，以及银行的结算和信贷活动等，都无法再实现，市场经济机制也无法再正常运行，别说经济增长，大规模的经济混乱也不可避免了。

第 7 节　失业与通货膨胀的关系——菲利普斯曲线

如前所述，失业与通货膨胀是短期宏观经济运行中的两个主要问题。如果经济决策者的目标是低通货膨胀和低失业，则他们会发现低通货膨胀和低失业目标往往是冲突的。利用总需求—总供给模型来理解，假设决策者想用货币或财政政策扩大总需求，在理论上，这种政策将使经济沿着短期总供给曲线变动到更高产出和更高物价水平的一点上。较高的产出意味着较低的失业，因为当企业生产更多时，它们需要更多的劳动力，而较高的物价水平则意味着较高的通货膨胀。因此，当决策者使经济沿着短期总供给曲线向上移动时，他们降低了失业率而提高了通货膨胀率。相反，当决策者紧缩总需求并使经济沿短期总供给曲线向下移动时，失业增加而通货膨胀下降。因此，有必要从理论上探讨失业和通货膨胀之间的关系。在宏观经济学中，失业和通货膨胀的关系主要是由菲利普斯曲线来说明的。

一、菲利普斯曲线的提出

1958 年，在英国任教的新西兰经济学家菲利普斯在研究了 1861—1957 年的英国失业率和货币工资增长率的统计资料后，提出了一条用以表示失业率和货币工资增长率之间替换关系的曲线。在以横轴表示失业率，纵轴表示货币工资增长率的坐标系中，画出一条向右下方倾斜的曲线，这就是最初的菲利普斯曲线。该曲线表明：当失业率较低时，货币工资增长率较高；反之，当失业率较高时，货币工资增长率较低，甚至为负数。

以萨缪尔森为代表的新古典综合派随后便把菲利普斯曲线改造为失业和通货膨胀之间的关系，并把它作为新古典综合理论的一个组成部分，用以解释通货膨胀。

新古典综合派对最初的菲利普斯曲线加以改造的出发点在于如下所示的货币工资增长率、劳动生产率和通货膨胀率之间的关系[①]：

通货膨胀率＝货币工资增长率－劳动生产增长率

根据这一关系，若劳动生产增长率为零，则通货膨胀率就与货币工资增长率一致。因此，经改造的菲利普斯曲线就表示了失业率与通货膨胀率之间的替

① 这一关系在上一节论述结构性通货膨胀时已指出。

换关系，即失业率高，则通货膨胀率低；失业率低，则通货膨胀率高。菲利普斯曲线如图 11－4 所示。

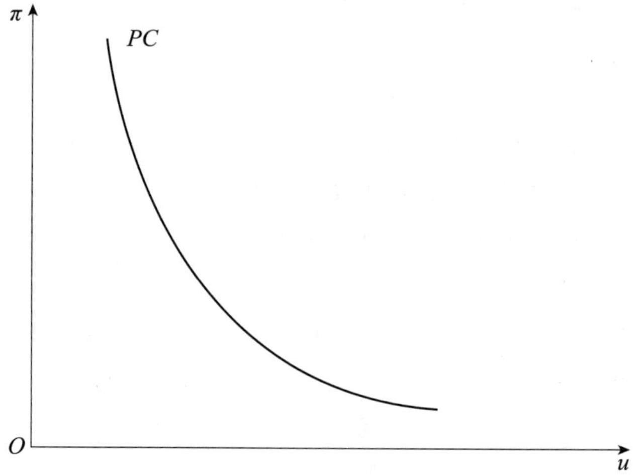

图 11－4　菲利普斯曲线

图中，横轴代表失业率 u，纵轴代表通货膨胀率 π，向右下方倾斜的曲线 PC 即为菲利普斯曲线。菲利普斯曲线所揭示的失业与通货膨胀的替换关系与美国 20 世纪 60 年代通货膨胀和失业的数据吻合得很好，如图 11－5 所示。

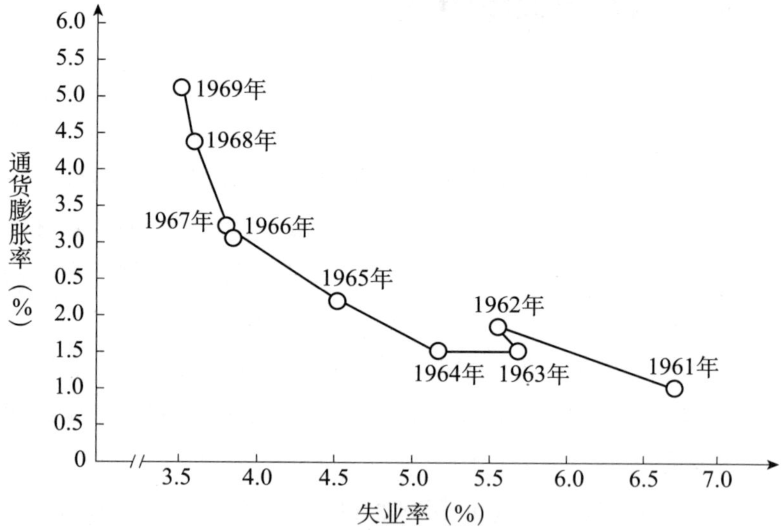

图 11－5　1961—1969 年美国的通货膨胀与失业

资料来源：多恩布什，等．宏观经济学：第七版．北京：中国人民大学出版社，2000：98.

若设 u^* 代表自然失业率，则可以将简单形式的菲利普斯曲线表示为：

$$\pi=-\varepsilon(u-u^*) \tag{11.4}$$

式（11.4）中，参数 ε 衡量价格对于失业率的反应程度。举例来说，如果 ε 是 2，上述方程表示，实际失业率相对于自然失业率每增加 1 个百分点，则通货膨胀率下降 2 个百分点。总之，式（11.4）描述的是，当失业率超过自然失业率，即$u>u^*$时，价格水平就下降；当失业率低于自然失业率时，价格水平就上升。

二、菲利普斯曲线的政策含义

菲利普斯曲线被修正后，迅速成为西方宏观经济政策分析的基石。它表明，政策制定者可以选择不同的失业率与通货膨胀率的组合。例如，只要他们能够容忍高通货膨胀率，他们就可以拥有低失业率，或者他们可以通过高失业率来维持低通货膨胀率。换言之，在失业和通货膨胀之间存在着一种“替换关系”（trade-off），即用一定的通货膨胀率的上升来换取一定的失业率的下降，或者用后者的上升来降低前者。

具体而言，一个经济社会先确定一个社会临界点，由此确定一个失业与通货膨胀的安全区域。如果实际的失业率和通货膨胀率组合在安全区域内，则社会的决策者不用采取调节行动；如在区域之外，则可根据菲利普斯曲线所表示的关系进行调节。现用图 11－6 来说明。

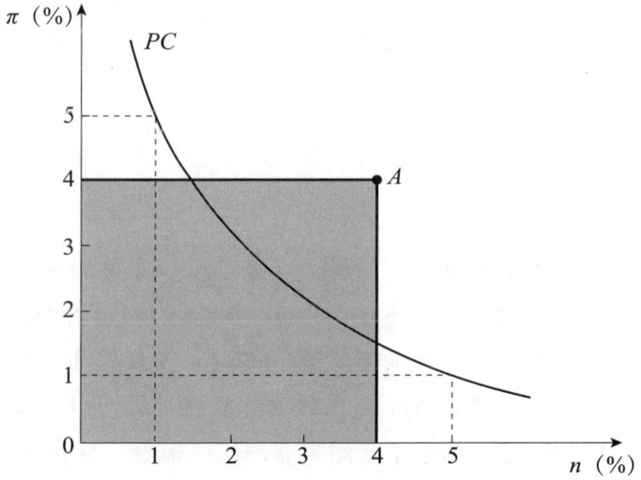

图 11－6　菲利普斯曲线与政策运用

在图 11－6 中，假定当失业率和通货膨胀率在 4%以内时，经济社会被认为是安全的或可容忍的，这时在图中就得到了一个临界点，即 A 点，由此形成一个四边形的区域，称为安全区域，如图中的阴影部分所示。如果该经济的实际失业率与通货膨胀率组合落在安全区域内，则决策者无须采取任何措施（即政策）调节。

如果实际通货膨胀率高于 4%，例如达到了 5%，这时根据菲利普斯曲线，经济决策者可以采取紧缩性政策，以提高失业率为代价降低通货膨胀率。从图中可以看到，当通货膨胀率降到 4%以下时，经济的失业率仍然在可忍受的范围内。

如果经济社会的失业率高于 4%，例如为 5%，这时根据菲利普斯曲线，决策者可以采取扩张性政策，以提高通货膨胀率为代价降低失业率。从图中看到，当失业率降到 4%以下时，经济的通货膨胀率仍然在可忍受的范围内。

三、附加预期的菲利普斯曲线

1968 年，货币主义的代表人物、美国经济学家弗里德曼指出了菲利普斯曲线分析的一个严重缺陷，即它忽略了影响工资变动的一个重要因素：工人对通货膨胀的预期。[①] 弗里德曼指出，企业和工人关注的不是名义工资，而是实际工资。当劳资双方谈判新工资协议时，他们都会对新协议期的通货膨胀进行预期，并根据预期的通货膨胀相应地调整名义工资水平。根据这种说法，人们预期通货膨胀率越高，名义工资增加越快。由此，弗里德曼等人提出了短期菲利普斯曲线的概念。这里所说的“短期”，是指从预期到需要根据通货膨胀作出调整的时间间隔。短期菲利普斯曲线就是预期通货膨胀率保持不变时，表示通货膨胀率与失业率之间关系的曲线。

根据以上说明，为了显示预期通货膨胀的重要性，将菲利普斯曲线式（11.4）改写为：

$$(\pi-\pi^e)=-\varepsilon(u-u^*)$$

即

$$\pi=\pi^e-\varepsilon(u-u^*) \tag{11.5}$$

式中，π^e 表示预期通货膨胀率。式（11.5）称为现代菲利普斯曲线，或附加预期的菲利普斯曲线。注意，附加预期的菲利普斯曲线有一个重要性质，即当实际通货膨胀率等于预期通货膨胀率时，失业处于自然失业率水平。这意味着，附加预期的菲利普斯曲线在预期通货膨胀水平上与自然失业率相交。11.1 节已经以不同方式描述了自然失业率这一概念。这里想说明的是，利用式（11.5）所示的附加预期的菲利普斯曲线，可以将自然失业率定义为非加速通货膨胀的失业率（nonaccelerating inflation rate of unemployment，NAIRU）。在式（11.5）中，当 $\pi^e=\pi$ 时，$u=u^*$，这意味着，经济的通货膨胀既不加速也不减速时的失业率即为自然失业率。一般，这一自然失业率的定义是西方学者使用最普遍的一个定义。附加预期的菲利普斯曲线如图 11－7 所示。

---

① M. Friedman. The Role of Monetary Policy. American Economic Review，1968（58）：1－17.

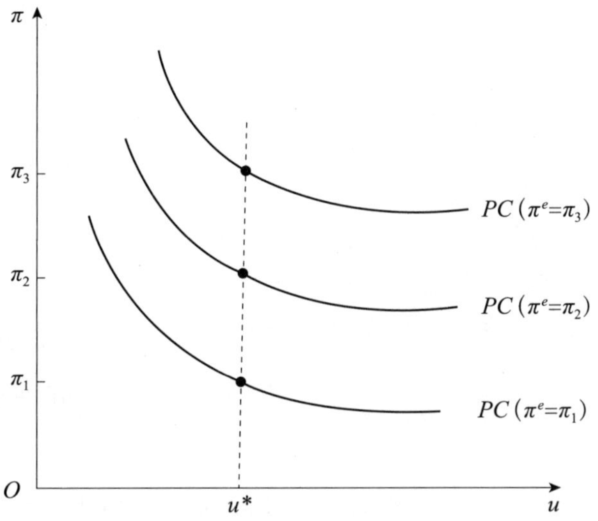

图 11－7　附加预期的菲利普斯曲线

本节前面部分曾指出，菲利普斯曲线所揭示的失业与通货膨胀的替换关系与美国 20 世纪 60 年代通货膨胀和失业的数据吻合得很好。然而，20 世纪 70 年代以来，简单的菲利普斯曲线与美国的实际情况相距甚远。图 11－8 给出了美国 1960—2016 年通货膨胀与失业的实际数据。

从图 11－8 中可以看出，20 世纪七八十年代，美国通货膨胀与失业的数据与简单的菲利普斯曲线不相吻合。针对这一情况，一些西方学者认为，这主要是由于忽略预期通货膨胀这一重要因素造成的。基于这一认识，一些西方学者试图用附加预期的菲利普斯曲线来拟合实际数据。图 11－9 给出了美国 20 世纪 60 年代初期和 80 年代初期的（附加预期的）菲利普斯曲线。

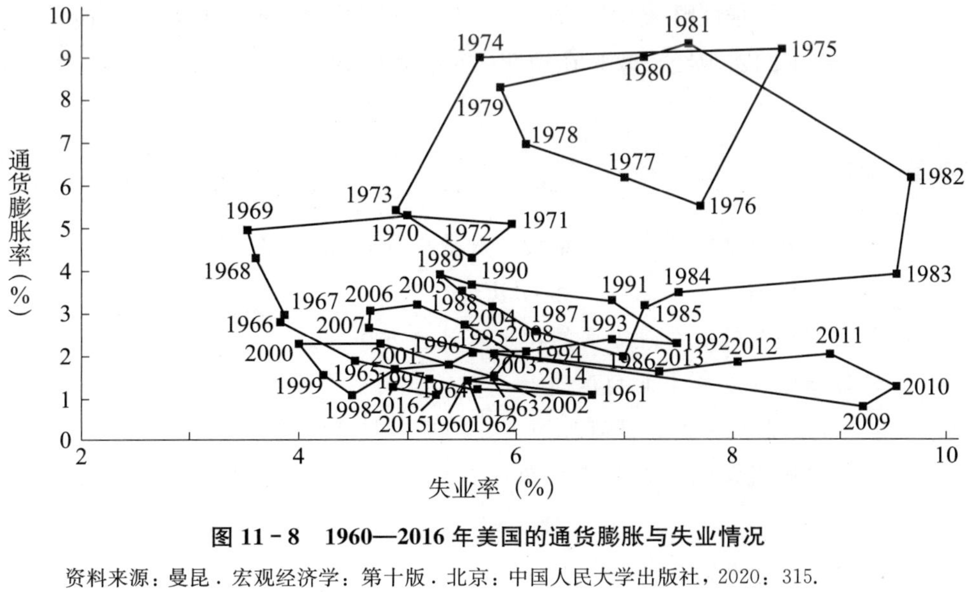

图 11－8　1960—2016 年美国的通货膨胀与失业情况

资料来源：曼昆．宏观经济学：第十版．北京：中国人民大学出版社，2020：315.

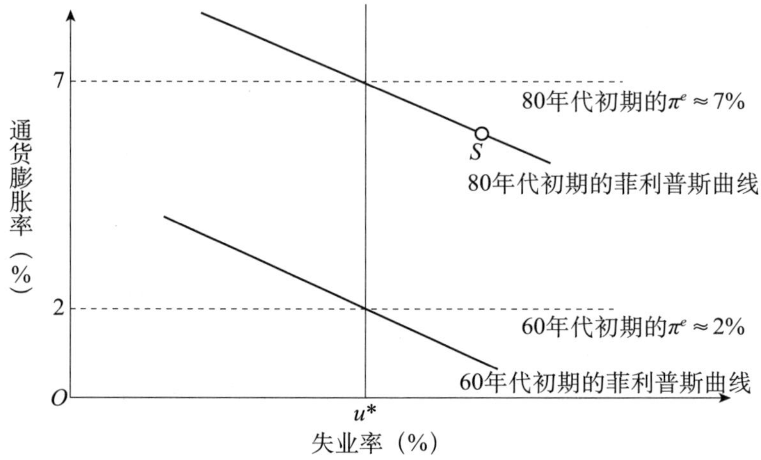

图 11－9　通货膨胀预期与短期菲利普斯曲线

图 11－9 中的两条短期菲利普斯曲线分别反映了 20 世纪 60 年代初期较低的预期通货膨胀水平与 20 世纪 80 年代初期较高的预期通货膨胀水平。有两点需要注意，一是它们所反映的失业与通货膨胀的短期替换关系相同，即它们的斜率相等；二是 20 世纪 60 年代初期的充分就业水平（或相应的自然失业率水平）与大约 2％的年通货膨胀率相对应，而 20 世纪 80 年代初期的充分就业水平与大约 7％的年通货膨胀率相对应。总之，在西方学者看来，附加预期的菲利普斯曲线在解释失业与通货膨胀的关系方面还算是成功的。

应该指出，附加预期的短期菲利普斯曲线表明，在预期通货膨胀率低于实际通货膨胀率的短期中，失业率与通货膨胀率之间仍存在替换关系。由此，向右下方倾斜的短期菲利普斯曲线的政策含义就是，在短期中引起通货膨胀率上升的扩张性财政与货币政策是可以起到减少失业的作用的。换句话说，调节总需求的宏观经济政策在短期内是有效的。①

本章小结

1. 失业可分为摩擦性失业、结构性失业和周期性失业。

2. 奥肯定律描述了失业与实际 GDP 的关系。

3. 失业的影响既有经济方面的，也有社会方面的。

4. 通货膨胀可以从不同角度进行分类，既可按照价格上升的速度进行分类，又可按照对价格影响的差别分类，还可按照人们的预期程度加以分类。

5. 通货膨胀现象既可以从货币角度解释，又可以从总供给或总需求角度解释，还可

① 这是货币主义的观点。

以从经济结构角度来解释。

6. 通货膨胀的经济效应包括再分配效应和产出效应。

7. 菲利普斯曲线最初反映的是失业率与工资增长率之间的关系。现代的菲利普斯曲线主要反映失业率与通货膨胀率之间的关系。

思考题

1. 摩擦性失业与结构性失业相比，哪一种失业问题更为严重？
2. 什么是自然失业率？哪些因素影响自然失业率的高低？
3. 说明菲利普斯曲线的政策运用。
4. 通货膨胀的经济效应有哪些？

重点概念

1. 周期性失业：指经济周期中的衰退或萧条时，因需求下降造成的失业，这种失业是由整个经济的支出和产出下降造成的。

2. 自然失业率：经济社会在正常情况下的失业率，它是劳动市场处于供求稳定状态时的失业率。这里的稳定状态被认为是既不会造成通货膨胀也不会导致通货紧缩的状态。

3. 奥肯定律：失业率每高于自然失业率 1 个百分点，实际 GDP 将低于潜在 GDP 2 个百分点。

4. 菲利普斯曲线：一条表示失业率与通货膨胀率之间替换关系的曲线，即失业率高，则通货膨胀率低；失业率低，则通货膨胀率高。

5. 结构性通货膨胀：在没有需求拉动和成本推动的情况下，只是由于经济结构因素的变动所出现的一般价格水平的持续上涨。

12

Chapter

第12章

财政政策和货币政策

20世纪90年代初期，美国、德国和日本等发达资本主义国家都陷入经济低谷之中，就业增长停滞，收入减少。尽管大多数国家实现了价格水平的稳定，但人们不会忘记主要的西方国家在70年代和80年代初的物价飞涨。这些都意味着，寻求各种政策以实现增长与通货膨胀之间的适度平衡是至关重要的。

我们已经看到，产出与价格变动的轨迹取决于总供给与总需求的相互作用。但稳定经济周期的政策主要是通过影响总需求来发挥作用的。在本章，我们考虑政府为克服衰退或抑制通货膨胀所采取的宏观经济政策，即财政政策和货币政策。

第1节　宏观经济政策的基本原理

为了更好地理解财政政策和货币政策作用于经济的原理，更好地认识宏观经济理论与政策的联系，这里利用第10章论述过的总需求—总供给模型来对宏观经济政策加以说明。

一、针对衰退的财政政策和货币政策

从第10章中我们知道，衰退既可以从总需求方面解释，也可以从总供给

方面来解释。衰退的特征表现为收入减少和失业增加。在理论上，衰退意味着实际 GDP 低于经济的潜在 GDP，如图 12-1 所示。

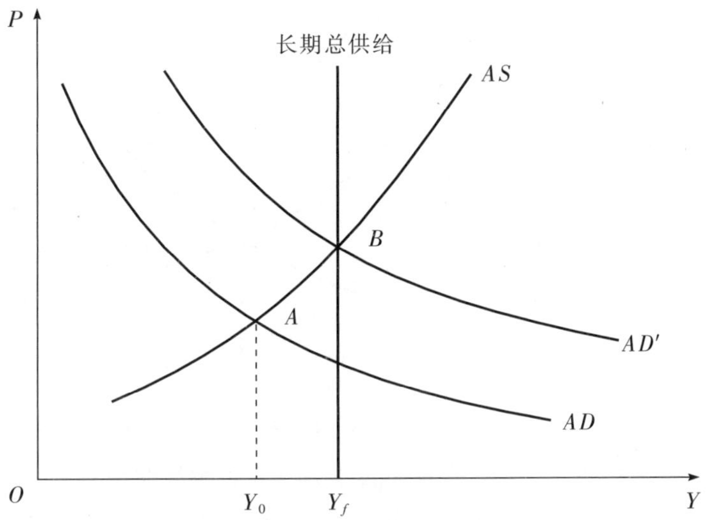

图 12-1　衰退与宏观经济政策

图 12-1 中，AD 和 AS 分别为总需求曲线和总供给曲线。两条曲线的交点 A 决定了经济的均衡状态，此时实际 GDP 为 Y_0，它低于经济的潜在 GDP 水平 Y_f，意味着经济正在经历衰退。为了扭转这种不理想的衰退状态，可以影响总需求的决策者会努力使总需求曲线从 AD 向右移动到 AD'。从图中可以看出，政府的这种使总需求曲线向右移动的方法可以抵消由于总需求方面的原因或者总供给方面的原因引起的产量减少的影响。

根据第 10 章表 10-1，我们知道，政府将总需求曲线向右移动，一方面可以通过增加政府对物品和劳务的购买来实现，另一方面可以通过扩大货币供给来实现。前者称为扩张性的财政政策，后者称为扩张性的货币政策。总之，扩张性的财政政策和货币政策可以作为政府消除或减缓衰退的政策工具。

二、针对通货膨胀的财政政策和货币政策

我们已经知道，通货膨胀是经济中的价格水平持续、显著的上涨。虽然通货膨胀的原因不止一个，但为了说明问题，这里以总需求的增长速度超出经济潜在生产能力而导致的通货膨胀，即所谓需求拉动通货膨胀为例加以说明，如图 12-2 所示。

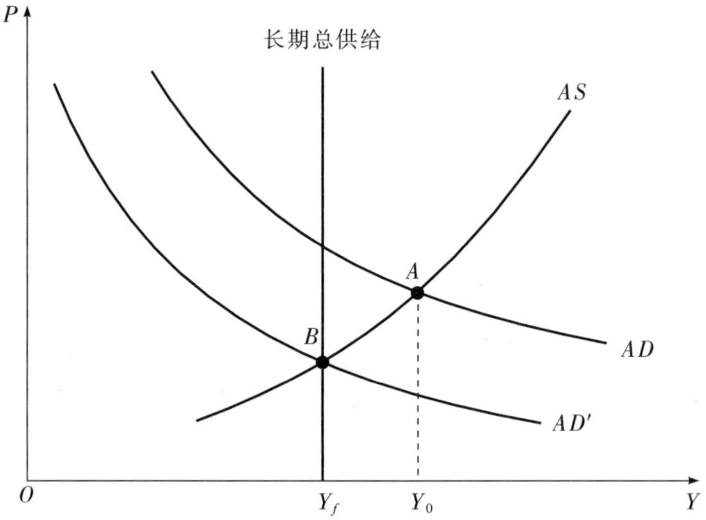

图 12-2　通货膨胀与宏观经济政策

图 12-2 中，总需求曲线 AD 和总供给曲线 AS 的交点 A 决定了经济的均衡状态，此时经济的 GDP 为 Y_0，它高于经济的潜在 GDP 水平 Y_f，从实际来看，伴随着总支出的提高，由于需求方的货币竞相追逐有限的商品供给，从而将价格拉升。与此同时，由于失业率下降，劳动力变得稀缺，工资水平也被抬高。当一国依赖多发行货币来维持支出时，就出现了需求拉动通货膨胀。经济学家已经认识到，通货膨胀由于重新分配收入和财富，并且损害经济效率而对经济产生极大的负面影响。因此，反通货膨胀、维持经济中价格水平的稳定，便是政府对宏观经济进行管理的一个目标。

由图 12-2 可知，为了同通货膨胀进行斗争，使过热的经济恢复到正常状态，政府可以运用移动总需求曲线的方法来达到政策目标。具体来说，政府可以通过将图 12-2 中的总需求曲线从 AD 向左移动到 AD' 的位置来治理通货膨胀。

根据第 10 章表 10-1 可知，政府将总需求曲线向左移动，一方面可以通过减少政府对物品和劳务的购买来实现，另一方面可以通过减少经济中的货币供给来实现。前者称为紧缩性的财政政策，后者称为紧缩性的货币政策。因此，紧缩性的财政政策和货币政策可以作为政府反通货膨胀的政策工具。

从以上论述可见，无论是控制衰退还是治理通货膨胀，政府所采取的财政政策和货币政策，在理论上都是使经济中的总需求曲线发生移动。因此，财政政策和货币政策又称为需求管理政策。

三、*AD*-*AS* 模型和需求管理的效果

利用第 10 章所说明的总需求曲线与总供给曲线组成的 AD-AS 模型，还可以考察需求管理政策的效果。

由于需求管理在理论上表现为总需求曲线的移动，而且需求管理政策的效果在很大程度上表现在对总产出的影响上，因此，从一般意义上说，总需求曲线的移动对价格水平和总产出的影响取决于均衡点的初始位置。经济的初始均衡点位于总供给曲线比较平缓的部分，如图 12－3 所示。

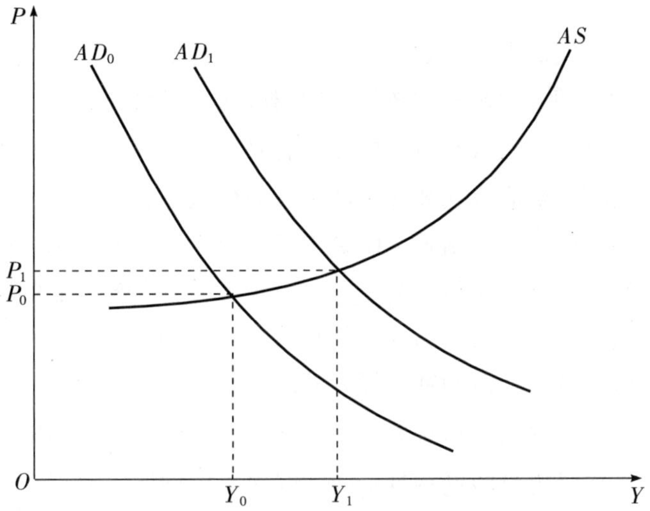

图 12－3 需求管理政策较为有效

在这种情况下，使总需求曲线从 AD_0 向右移动到 AD_1 的需求管理政策将使总产量较显著地增加，而价格上升较少。这意味着需求管理政策较为有效。

反之，如果经济的初始均衡点位于接近或超过潜在产量的近乎垂直的部分，如图 12－4 所示，在这种情况下，使总需求曲线从 AD_0 向右移动到 AD_1 的位置，则需求管理政策将使价格较显著地上升，而产量却相对变化较小。这意味着需求管理政策不大有效。

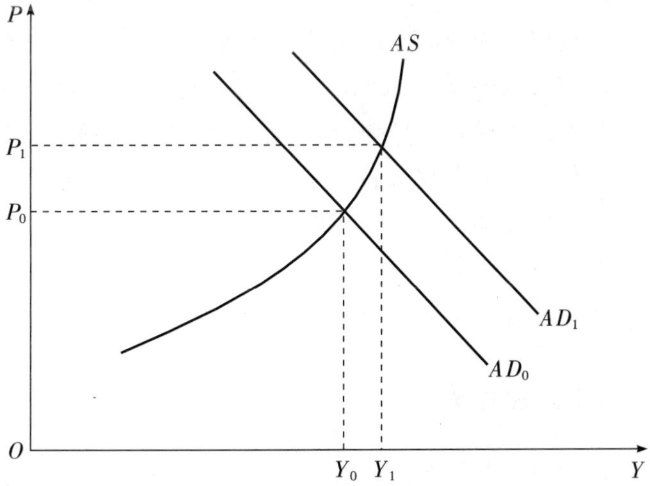

图 12－4 需求管理政策不大有效

第 2 节 财政政策

在完成了对宏观经济政策的理论说明之后，本节和下一节将重点论述实践当中的两种宏观经济政策，即财政政策和货币政策。

要了解财政政策的内容，有必要了解西方国家财政的基本构成。西方国家的财政由政府收入和支出两个方面构成。

政府支出是指整个国家中各级政府支出的总和。政府支出主要分为政府购买和政府转移支付两类。政府对军需品、办公用品的购买，政府雇员报酬以及公共项目所需的支出等都是政府购买的例子。政府转移支付是政府在社会福利保险、贫困救济和补助等方面的支出。

政府收入包括税收和公债两个部分。税收是政府财政收入中的最主要部分。税收按不同方式有不同的分类。根据课税对象，税收可分为财产税、所得税和流转税。财产税是对不动产或房地产即土地和土地上建筑物等所征收的税。所得税是对个人和公司的所得征税。在西方政府税收中，所得税占有很大比重，因此所得税税率的变动对经济活动有重大影响。流转税则是对流通中物品和劳务买卖的总额征税。增值税是流转税的主要税种之一。根据收入中被扣除的比例，税收可以分为累退税、累进税和比例税。累退税是税率随征税客体总量增加而递减的一种税。累进税是税率随征税客体总量增加而递增的一种税。西方国家的所得税多属于累进税。比例税是税率不随征税客体总量变动而变动的一种税，即按固定比率从收入中征收，多适用于流转税和财产税。这三种税通过税率的高低及其变动来反映赋税负担轻重和税收总量的关系。公债是政府财政收入的又一组成部分。它是政府对公众的债务，或公众对政府的债权。它不同于税收，是政府运用信用形式筹集财政资金的特殊形式，包括中央政府的债务和地方政府的债务。中央政府的债务称为国债。政府借债一般有短期债、中期债和长期债三种形式。政府公债的发行，一方面能增加财政收入，影响财政收支；另一方面又能对包括货币市场和资本市场在内的金融市场的扩张和紧缩起到重要的作用。

一、自动稳定器

自动稳定器是指经济系统本身存在的一种会减少各种干扰对国民收入冲击的机制，能在经济繁荣时期自动抑制膨胀，在经济衰退时期自动缓解萧条，无须政府采取任何行动。西方学者认为，现代西方财政制度本身就具有自动稳定经济的功能。当经济发生波动时，财政制度的内在稳定器就会自动发挥作用，调节社会总需求水平，减轻以至消除经济波动。财政制度的这种内在稳定经济的功能主要通过下述两个方面得到发挥。

（1）政府税收的自动变化。当经济衰退时，国民产出水平下降，个人收入减少。在税率不变的情况下，政府税收会自动减少，留给人们的可支配收入也会自动地减少一些，从而使消费需求也自动地下降一些。在实行累进税的情况下，经济衰退使纳税人的收入自动进入较低的纳税档次，政府税收下降的幅度会超过收入下降的幅度，从而起到抑制衰退的作用。反之，当经济繁荣时，失业率下降，人们收入增加，税收会随个人收入增加而自动增加，可支配收入也就会自动地增加一些，从而使消费和总需求也自动地增加一些。在实行累进税的情况下，繁荣使纳税人的收入自动进入较高的纳税档次，政府税收上升的幅度会超过收入上升的幅度，从而起到抑制通货膨胀的作用。由此，西方学者认为，税收这种因经济变动而自动发生变化的内在机动性和伸缩性，是一种有助于减轻经济波动的自动稳定因素。

（2）政府支出的自动变化。这里主要是指政府的转移支付，包括政府的失业救济和其他社会福利支出。当经济出现衰退与萧条时，失业增加，符合救济条件的人数增多，失业救济和其他社会福利开支就会相应增加，这样就可以抑制人们收入特别是可支配收入的下降，进而抑制消费需求的下降。当经济繁荣时，失业人数减少，失业救济和其他福利支出也会自然减少，从而抑制可支配收入和消费的增长。

二、财政政策工具及其运用

政府若要用财政政策干预经济，必须有工具可供操作。财政政策工具是政府当局为实现既定的政策目标所选择的操作手段。西方政府为实现既定的经济政策目标，调整支出和收入的财政政策工具主要是：政府购买和税收。

从本书第10章表10-1可知，总需求水平随着政府购买支出的增加而增加，随着税收的增加而减少。现在有两种工具来应对失业或通货膨胀，即政府购买和税收。如果经济处在收入的较低水平，结果出现令人不能接受的过多的失业现象该怎么办呢？政府可以对政府购买和税收做出合适的调整以提高经济的总需求，使其达到期望的数量。根据本书第10章说明的总需求总供给模型，通过提高政府购买 G，总需求曲线将向右方移动，进而提高收入的均衡水平。或者作为增加政府购买的替代，也可以减少税收，这会增加家庭的可支配收入，进而使家庭消费 C 增加，这又会使总需求曲线向右方移动，达到提高收入的均衡水平的效果。或者，增加政府购买和减少税收也可以一同使用。以上这些举措被称为扩张性的财政政策，旨在提高收入水平。通过这种方式，财政政策可以被用来提高收入的均衡水平并且减少失业。

本书第 9 章定义了充分就业状态，在充分就业状态下的产出水平被称为充分就业的产量或潜在产量。需要指出的是，产出的均衡水平和潜在产量是两个不同的概念。前者是实际的产出水平，而后者为理想的产出水平。有了这些认识，我们就可以知道，为了达到充分就业的均衡状态，政府可以做些什么。例如，假设产出的均衡水平低于充分就业的水平，即出现衰退和失业，人们希望提高收入的均衡水平从而增加就业。为使均衡的收入水平上升，政府可以增加政府的购买或者减少税收。

同样，当收入的均衡水平高于收入的充分就业水平时，政府也可以运用财政政策工具。在这种情况下，为降低总支出减少通货膨胀压力，削减政府购买和（或）增加税收入是合适的财政政策选择。这些举措被称为紧缩性的财政政策。

根据本章第 1 节说明的扩张性财政政策和紧缩性财政政策，以及本节说明的财政政策工具，图 12－5 分别给出了扩张性财政政策和紧缩性财政政策对经济产出影响的示意图。

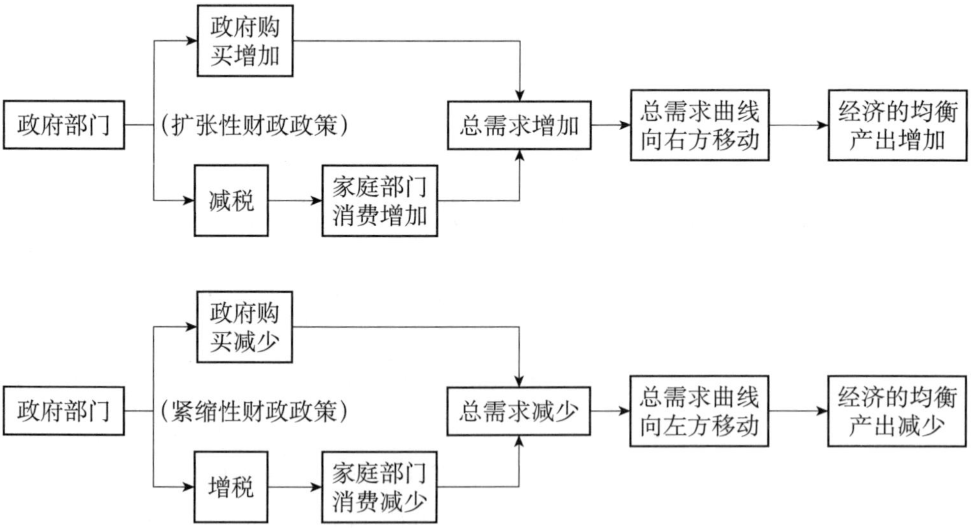

图 12－5　财政政策对产出影响示意图

上述财政政策工具的运用反映了凯恩斯主义斟酌使用的财政政策的观点。凯恩斯主义经济学家认为，斟酌使用的财政政策要针对经济风向行事。当总支出不足，失业持续增加时，政府要实行扩张性财政政策，增加政府支出、减税或双管齐下，以刺激总需求，解决衰退和失业问题；反之，当总支出过高，价格水平持续上涨时，政府要实行紧缩性财政政策，减少政府支出、增税或双管齐下，以抑制总需求，解决通货膨胀问题。这种交替使用的扩张性和紧缩性财政政策，称为补偿性财政政策。

第 3 节　货币政策

为了更好地理解货币政策的实际内容，有必要说明西方银行体系的一些情况。

一、西方银行制度的简要说明

从货币市场的角度看，经济活动的主体主要包括三个：公众、商业银行和中央银行。这里的公众是指所有的居民和除了商业银行之外的企业。公众在这里要作出的决策是如何安排自己的钱财：多少握在手里作为通货，多少放入银行作为存款。用 CU 表示通货，用 D 表示存款，则整个经济的货币量 M 就是

$$M = CU + D \tag{12.1}$$

将通货与存款之比定义为通货储蓄率，并记为 c，则有

$$c = \frac{CU}{D}$$

或

$$CU = cD \tag{12.2}$$

将式（12.2）代入式（12.1），则有

$$M = (1 + c)D \tag{12.3}$$

商业银行是办理活期存款和主要为大部分工商企业提供短期贷款的营利性组织。商业银行营利的主要手段是一方面接受客户的存款，另一方面将存款的大部分用来放贷。为了维持信用，大多数国家银行都实行部分准备金制度。在这一制度下，商业银行必须按存款的一定百分比留有准备金，即银行为了准备存款者提取存款而持有的通货。若记 RE 为商业银行的准备金，则准备金 RE 与存款额 D 之比称为准备率，记为 r，即

$$r = \frac{RE}{D} \tag{12.4}$$

或

$$RE = rD \tag{12.5}$$

显然，准备率 r 介于 0～1 之间，即 $0<r<1$。一般，准备率是通过银行法

以法律的形式加以规定的，故又称为法定准备率。中央银行是一国政府的一个组成部分，是国家的货币当局，是制定和执行货币政策的最高主管机构。作为货币当局，中央银行负责发行一国的货币。中央银行是银行的银行，商业银行是其重要的客户。一方面，中央银行接受商业银行的存款，作为商业银行的准备金；另一方面，中央银行在必要时对商业银行发放贷款，以支持商业银行。作为政府的银行，中央银行代理政府发行政府债券，买卖政府债券是中央银行的主要职权之一。

货币基数（高能货币或基础货币）被定义为通货 CU 和准备金 RE 之和，若用 M_B 表示货币基数，则有

$$M_B = CU + RE \tag{12.6}$$

将式（12.2）和式（12.5）代入式（12.6）中，有

$$M_B = (c+r)D \tag{12.7}$$

再将式（12.3）与式（12.7）联立，消去 D，有

$$M = \frac{c+1}{c+r} M_B \tag{12.8}$$

式（12.8）是宏观经济学中的一个重要关系式，它给出了货币总量 M 和货币基数 M_B 之间的关系，$\frac{c+1}{c+r}$ 又称为货币乘数。由于 $0<r<1$，因此货币乘数是大于 1 的。这样，当货币基数 M_B 有一个较小的变动时，就会引起货币总量 M 有一个较大的变动。

二、货币政策的主要手段

由式（12.8）可知，中央银行要想控制货币量 M，可通过两个途径：(1) 改变货币乘数；(2) 改变货币基数 M_B。具体地说，货币政策的主要手段包括以下三项措施。

(1) 改变法定准备率。当中央银行认为需要增加货币供给时，就降低法定准备率。其原理在于，法定准备率 r 的降低使货币乘数增加，进而增加了货币的供给。反之，当中央银行认为需要减少货币供给时，就提高法定准备率。从理论上说，变动法定准备率是中央银行调整货币供给的最简便的办法。然而，现实中，西方国家的中央银行一般不愿轻易使用这一手段。其原因在于，变动法定准备率的作用十分猛烈。一旦准备率变动，所有银行的信用都必须扩张或收缩。再者，如果准备率变动频繁，会使商业银行和所有金融机构的正常信贷业务受到干扰而无所适从。

(2) 改变贴现率。中央银行给商业银行的贷款称为贴现，中央银行对商业银行的贷款利率称为贴现率。中央银行想使货币供给量减少时，可提高贴现

率，从而商业银行向中央银行的借款就会减少，商业银行准备金的减少导致货币基数 M_B 的减少，最后使货币供给量减少；反之，中央银行若想增加货币供给量，则可降低贴现率。

（3）公开市场业务。这是目前中央银行控制货币供给最重要也是最常用的工具。公开市场业务是指中央银行在金融市场上公开买卖政府证券以控制货币供给和利率的政策行为。在美国，公开市场业务是由联邦储备系统中的公开市场委员会（FOMC）决定，由公开市场办公室具体实施的。政府证券是政府为筹措弥补财政赤字资金而发行的支付利息的国库券或债券。这些被初次卖出的证券在普通居民、厂商、银行、养老基金等单位中反复不断被买卖。美联储可参加这种交易，在这种交易中扩大和收缩货币供给。当美联储在公开市场上购买政府证券时，商业银行和其他存款机构的准备金将会以两种方式增加：如果美联储向个人或公司等非银行机构买进证券，则会开出支票，证券出售者将该支票存入自己的银行账户，该银行则将支票交回联储系统作为自己在联储账户上增加的准备金存款；如果美联储直接从各银行买进证券，则可直接按证券金额增加各银行在联储系统中的准备金存款。当美联储售出政府证券时，情况则相反，准备金的变动就会引起货币供给按乘数发生变动。准备金变动了，银行客户取得信贷变得容易或困难了，这本身就会影响经济；同时，美联储买卖政府债券的行为也会引起证券市场上需求和供给的变动，从而影响到债券价格以及市场利率。有价证券的市场是一个竞争性的市场，其证券价格由供求关系决定。当中央银行要购买证券时，对有价证券的市场需求就增加，证券价格会上升，从而利率下降；反之则相反。显然，美联储买进证券就是去创造货币，因为当它把 10 万美元的证券卖给某银行时，它只要通知那家已买进证券的银行，说明准备金存款账户上已增加 10 万美元就行了。因此，美联储有可能根据自己意愿增加或减少货币供应量。

公开市场业务之所以能成为中央银行控制货币供给最主要的手段，是因为运用这种政策手段有着比其他手段更多的优点。例如在公开市场业务中，中央银行可及时地按照一定规模买卖政府证券，从而比较易于准确地控制银行体系的准备金。如果美联储只希望少量地变动货币供给，就只要少量地买进或卖出政府证券；如果希望大量地变动货币供给，只要买进或卖出大量政府证券即可。由于公开市场操作很灵活，因而便于中央银行及时用来改变货币供给变动的方向，变买进为卖出证券，立即就有可能使增加货币供给变为减少货币供给。中央银行可以连续、灵活地进行公开市场操作，自由决定有价证券的数量、时间和方向，而且中央银行即使有时会出现某些政策失误，也可以及时得到纠正，这是其他政策所不可能具有的长处。公开市场业务的优点还表现在这一业务对货币供给的影响可以比较准确地预测出来。例如一旦买进一定数量金额的证券，就可以大体上按货币乘数估计出货币供给增加了多少。

根据本章第 1 节说明的扩张性货币政策和紧缩性货币政策，以及本节说明的货币政策工具，图 12－6 分别给出了扩张性货币政策和紧缩性货币政策对经济产出影响的示意图。

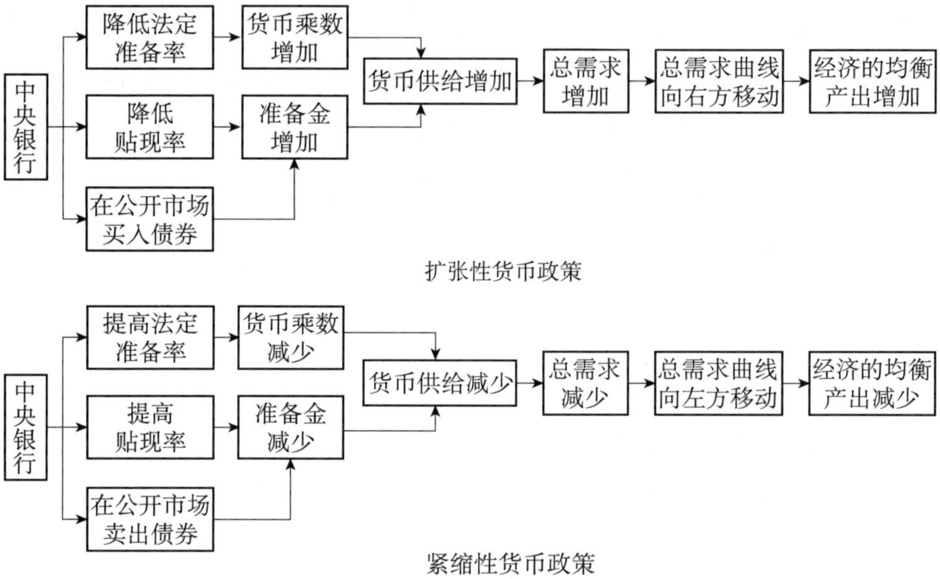

图 12－6　货币政策对产出影响示意图

在关于美国货币政策的报道中，经常听到关于联邦基金利率的讨论，下面就简要解读一下。

联邦基金利率（federal funds rate）是商业银行相互贷款时收取的短期利率。如果一家商业银行发现自己的准备金不足，而另一家商业银行有较充足的准备金，那么后者就可以贷给前者一些准备金。这种贷款一般是暂时的，通常按天数来计。这种贷款的价格就是联邦基金利率。由于金融体系的各个部分密切相关，不同类型贷款的利率也密切相关。因此，当联邦基金利率上升或下降时，其他利率往往随之同方向变动。

近年来，美国中央银行（美联储）给联邦基金利率设定一个目标，当美联储定期开会时，决定是否变动这个目标。例如，2013 年 3 月 20 日，美联储宣布，美国联邦基金利率将保持 0 至 0.25％超低利率不变，继续实施量化宽松政策。

值得指出的是，尽管实际的联邦基金利率是由银行间贷款市场上的供求关系决定的，但美联储可以用公开市场业务来影响这个市场。例如，当美联储在公开市场业务中购买债券时，它就把货币注入了经济中的银行体系。由于银行体系有了更多的货币，发现需要贷款的银行就变少了。而借贷准备金的需求减少就降低了这种借贷的价格，即联邦基金利率。反之，当美联储在公开市场业务中出售债券并从银行体系中抽走货币时，发现准备金不足的银行就变多了，这就会使借贷准备金的价格上升。因此，美联储在公开市场（债券）购买降低了联邦基金利率，而公开市场（债券）出售，则提高了联邦基金利率。总之，当美联储宣布联邦基金利率变动时，它承诺利用必要的公开市场操作干预市场上的变动，这些公开市场操作将改变货币供给。美联储改变联邦基金利率目标的决策也是改变货币供给的决策，这是同一枚硬币的两面。一般，联邦基金利率目标下降意味着货币供给扩张，而联邦基金利率目标上升意味着货币供给紧缩。

三、斟酌使用的货币政策

凯恩斯主义经济学家认为，就像斟酌使用的财政政策一样，斟酌使用的货币政策也要“逆经济风向”行事。当总支出不足、失业持续增加时，中央银行就要增加货币供给，刺激总支出，以解决衰退和失业问题；反之，当总支出过多、价格水平持续上涨时，中央银行就要减少货币供给，抑制总支出，以解决通货膨胀问题。简言之，大量失业时要实行扩张性货币政策，通货膨胀时则实行紧缩性货币政策。这种交替使用的扩张性和紧缩性货币政策，称为补偿性货币政策。

财政政策和货币政策都属于需求管理政策，它们被凯恩斯主义者作为稳定经济最主要的宏观经济政策。为了对凯恩斯主义的需求管理政策有一个更直观的认识，下面用两个例子来说明需求管理政策是如何用来稳定经济的。

第 4 节　宏观经济政策运用的两个实例

在对财政政策和货币政策的内容有所了解之后，作为本章的结束，我们给出两个实例，来说明总需求与总供给模型和宏观经济政策的应用。

一、肯尼迪的减税政策

1963 年，美国的失业率达到了 5.5%，这是一个令人难以接受的高水平，而 10 年前，美国的失业率是 2.8%。属于凯恩斯主义学派的肯尼迪总统的经济顾问们相信，降低个人所得税可以促使居民更多地消费。这将引起总需求曲线向右移动。肯尼迪的顾问们相信，总需求曲线的移动将导致产量的增加而价格并不上升。这是因为他们相信经济具有过剩的生产能力，产业工人与机器处于闲置状态。换句话说，他们认为当时的均衡点处在总供给曲线相对平缓的部位，所以总需求的增加将主要地转换为产量的增加，而价格水平并不提高，如图 12－3 所示的情况。

后来的情况表明，肯尼迪的经济顾问们的推测是正确的。随着减税这一扩张性财政政策的实施，美国经济中的产量增加了，就业也相应地增加。失业率在 1965 年下降到 4.4％，在 20 世纪 60 年代的其余年份，美国的失业率保持在低于 4％的水平。另一方面，1964—1966 年，美国实际 GDP 却以令人瞩目的 5.5％的速度增长。肯尼迪减税政策的成功被认为是凯恩斯主义经济学的主要成就之一。

二、沃尔克反通货膨胀的胜利

1979 年 10 月，当石油输出国组织在 10 年内第二次提高石油价格，给世界经济带来不利的供给冲击时，美国的通货膨胀达到了无法接受的水平，1980 年其通货膨胀率近 10％。当时的美联储主席保罗·沃尔克感到除了实行反通货膨胀，即降低通货膨胀率的政策之外别无选择。为此，美联储采取了强有力的行动，紧缩信贷，同时提高利率。值得指出的是，在沃尔克最终认为通货膨胀得到控制之前，利率达到了超过 20％的创纪录水平。由于美联储的这些行动，企业削减了投资，居民减少了对汽车和住房等物品的购买。美联储采取这些行动的结果是，通货膨胀率从 1980 年的近 10％下降到 1983 年的 3.2％。应该说，沃尔克在降低通货膨胀方面确实取得了成功，但另一方面，这一反通货膨胀的胜利却以经济衰退所造成的失业为代价。在 1982 年和 1983 年，美国的失业率为 10％左右，同时，按实际 GDP 衡量的物品与劳务的生产大大低于正常的水平。

第 5 节　宏观经济政策的争论

本章论述的宏观经济政策在经济学界不是没有争议的。事实上，在政策制定者应该如何对经济波动作出反应这一问题上，长期以来存在着激烈的争论。

一些经济学家认为，经济天生就是不稳定的，经济频繁遭受对总需求和总供给的冲击。除非政策制定者用货币政策和财政政策稳定经济，否则这些冲击将会引起产出、失业和通货膨胀不必要和无效率的波动。

另一些经济学家则认为，经济天生是稳定的。他们把经济有时经历的大的和无效率的波动归因于错误的经济政策。他们认为，经济政策不应该力图“微调经济”。相反，经济政策制定者应该承认他们的能力有限，只要不伤害经济就不错了。

本节论述宏观经济政策争论中的两个问题，以使读者对这一领域有一个大致的了解。

一、政府应该试图稳定经济吗

一些经济学家坚持，政府应该试图稳定经济。他们认为，由于一些原因，当家庭和企业变得悲观时，他们就削减支出，这就减少了物品与劳务的总需求。总需求减少进而又使物品与劳务的生产减少。企业解雇工人，失业率上升。因而，实际 GDP 和其他收入衡量指标下降。失业增加和收入下降又加强了最初引起经济下降的悲观主义。

这种衰退对社会无益——它代表资源的绝对浪费。工人成为失业者是因为总需求减少而失去工作。这些工厂的老板在衰退期间让设备闲置就不能生产有价值的物品与劳务，并销售这些物品与劳务以得到利润。

社会没有理由要受到经济周期高涨与低落的折磨。宏观经济理论的发展表明了决策者可以如何减轻经济波动的严重程度。通过“逆经济风向”行事，货币政策与财政政策可以稳定总需求，从而稳定生产和就业。当总需求不足以确保充分就业时，决策者应该刺激政府支出、减税并扩大货币供给。当总需求过大，有引起更高通货膨胀的风险时，决策者应该削减政府支出、增税并减少货币供给。这些政策行为通过引起一个更稳定的经济，并使每一个人从中受益而使宏观经济理论得到最好的运用。

另一些经济学家则持相反的观点，他们认为，虽然货币政策和财政政策在理论上可以用来稳定经济，但在实践中运用这些政策有重大障碍。

一个问题是，货币政策和财政政策并不能立即影响经济，其发生作用会有一个相当长的时滞。货币政策主要通过改变利率进而影响支出，特别是住房投资和企业投资来影响总需求。但许多家庭和企业提前确定他们的支出计划，因此，通过利率变动来改变物品与劳务的总需求需要时间。研究表明，在作出货币政策变动的 6 个月之内，这种变动对总需求的影响很小。

财政政策的作用存在时滞缘于政府改变支出与税收的漫长政治程序。以美国为例，为了作出任何一种财政政策变动，提案必须通过国会各委员会，由众议院与参议院通过，并由总统签署。一项重要的财政政策变动从提出、通过到实施需要好几年的时间。

由于这么长的时滞，那些想稳定经济的决策者就要预见在他们的行动发生作用时可能存在的经济状况。不幸的是，经济预测是极不准确的，部分是因为宏观经济学是极为原始的科学，部分是因为引起经济波动的冲击在本质上是无法预测的。因此，当决策者改变货币政策或财政政策时，他们不得不依靠对未来经济状况所做的学理式的猜测。

这一切往往使试图稳定经济的决策者正好起了反作用。在一种政策开始实施到它发生作用的这段时间内，经济状况很容易发生变动。由于这个原因，决策者可能无形中加剧而不是减轻了经济波动的程度。一些经济学家声称，历史上许多重大的经济波动，包括 20 世纪 30 年代的大萧条，都可以归因于不稳定的政策行为。

二、政府反衰退应该增加支出还是减税

政府支出和税收都是财政政策的工具，那么对减轻经济衰退的严重性而言，这两个工具哪个更好？一些经济学家认为，政府购买增加是一种比减税更有潜力的工具。当政府为家庭减税 1 美元时，其中一部分美元可能用于储蓄，而不是支出。（如果家庭认为减税是暂时的，而不是持久的，这种情况特别真实。）用于储蓄的那部分美元对物品与劳务的总需求并没有什么贡献。与此相反，当政府支出 1 美元购买物品或劳务时，这 1 美元直接且完全地增加了总需求。

2009 年，奥巴马政府的经济学家用了一个传统的宏观经济模型来计算这些效应的大小。根据他们的电脑模拟，每减税 1 美元，GDP 增加 0.99 美元，而政府购买每增加 1 美元，GDP 增加 1.59 美元。因此，政府支出增加比减税提供了更大的“作用力”。由于这个原因，对 2009 年衰退的政策反应的特点是联邦税收减少得少，而联邦支出增加得多。

决策者集中在三类支出上：第一，用于“现建现用”项目的支出。这些项目是修复高速公路和桥梁这类公共工程项目，这类工程可以马上开工，让失业者回来工作。第二，联邦政府对州和地方政府的援助。由于宪法要求这些政府实现预算平衡，在衰退期间税收收入减少就不得不解雇教师、警察和其他公务员；联邦政府的援助阻止了这种结果，或者至少可以降低其严重性。第三，通过失业保障制度增加对失业者的支付。由于失业者往往经济上困难，所以可以认为他们通常都会把额外的收入用于支出而不是储蓄。因此，认为这种转移支出对总需求——从而对生产和就业——的贡献大于减税。

另一些经济学家则认为，政府应该用减税来反衰退。他们认为，减税通过增加家庭的可支配收入而增加了总需求。但是，减税也可能通过改变激励而增

加总需求。例如，如果减税采取了扩大投资税优惠的形式，减税就可以引起对投资品支出的增加。由于在经济周期期间，投资支出是 GDP 中最易变化的组成部分，所以刺激投资是结束衰退的关键。决策者可以用设计良好的税收政策把它作为目标。

在减税增加总需求的同时，它也可以增加总供给。当政府降低边际税率时，工人可以把他们赚到的任何收入中的更大部分留下来。结果，失业者就有更大激励去找工作，而且就业者也有了更大激励去工作更长时间。增加的总供给与增加的总需求意味着在没有通货膨胀率上升的压力时，物品与劳务的生产扩大了。

在衰退期间增加政府支出存在各种问题。首先，消费者明白，高政府支出与政府为这种支出筹资而必需的政府借债一起，很可能引起未来的高税收。这些未来税收的预期会引起消费者削减今天的支出。而且，与大多数税收一样，这些未来的税收也会引起各种无谓损失，当企业家预见到未来的经济会有更大的扭曲时，他们就会降低他们对未来利润的预期，并减少今天的投资支出。由于多种效应，政府支出乘数很可能小于传统上所认为的。

政府能否明智且迅速地花钱也非常不清楚。大量政府支出项目往往需要数年的计划，因为决策者和选民要评估许多可选择行为的成本和收益。与此相反，当衰退期间失业急剧上升时，增加总需求的必要性是迫切的。如果政府迅速增加支出，它就会以购买没什么公共价值的东西而结束。但是，如果它努力谨慎、细致地计划支出，它就会不能适时地增加总需求。

减税的优点是分散了支出决策，而不是依靠集中的、极不完善的政治过程。家庭把他们的可支配收入用于他们认为有价值的东西。企业可以把它们投资的钱用于它们预期有利可图的项目。与此相反，当政府要迅速花大量的钱时，由于受制于各种政治压力，其可能结果就是建造一些“无用的桥梁”。

本章小结

1. 决策者可以用财政政策影响总需求。政府购买增加或减税使总需求曲线向右移动。政府购买减少或增税使总需求曲线向左移动。

2. 决策者也可以用货币政策影响总需求。货币供给增加使总需求曲线向右移动；货币供给减少使总需求曲线向左移动。

3. 由于货币和财政政策可以影响总需求，所以政府有时用这些政策来稳定经济。

4. 财政政策和货币政策统称为需求管理政策。

思考题

1. 假设悲观主义情绪蔓延全国。如果决策者无所作为，总需求会发生什么变动？如果中央银行想稳定总需求，它应当怎么做？

2. 简述并评论财政制度的自动稳定器。

3. 试说明需求管理政策在实施当中的困难。

重点概念

1. 财政政策：影响政府支出与收入水平的政策。

2. 公开市场业务：中央银行在金融市场上公开买卖政府债券以控制货币供给和利率的政策行为。

3. 政府债券：政府为筹措弥补财政资金不足而发行的支付利息的国库券或债券。

4. 货币基数：通货和准备金之和。

5. 自动稳定器：经济系统本身存在的一种会减少各种干扰对国民收入冲击的机制，能在经济繁荣时期自动抑制膨胀，在经济衰退时期自动缓解萧条，无须政府采取任何行动。

13

Chapter

第 13 章

长期经济增长

当你在世界各国旅行时，你会看到生活水平的巨大差别。在美国、日本或德国这样的富国，人均收入是印度、印度尼西亚或尼日利亚这样的穷国的人均收入的十几倍。这种巨大的收入差异反映在生活质量的巨大差异上。富国拥有更多的汽车、更好的营养、更舒适的住房、更好的医疗保健，以及更长的预期寿命。

即使在一个国家内，生活水平也随着时间推移发生了巨大变化。在美国，过去一个世纪以来，按人均实际 GDP 衡量的平均收入每年增长 2%左右。虽然 2%看来并不大，但这种增长率意味着，平均收入每 35 年翻一番。由于这种增长，今天美国人的平均收入是一个世纪以前的 8 倍，因此，普通美国人享有比他们的父母、祖父母和曾祖父母高得多的经济繁荣。

不同国家和地区之间，经济增长率差别很大。在一些东亚国家和地区，例如中国、新加坡、韩国，近几十年来平均收入每年增长 7%左右。按这一比率，平均收入每 10 年就翻一番。这些国家和地区仅经过一代人就从世界上的最穷者一跃跻身于世界最富裕的行列。与此相比，一些非洲国家，例如乍得、埃塞俄比亚和尼日利亚，多年来平均收入的增长一直是缓慢或停滞的。

用什么来解释这些不同的情况呢？富国如何能确保维持自己的高生活水平？穷国应该采取什么政策来加快经济增长，以赶上发达国家呢？这些都是宏观经济学中最重要的问题。宏观经济学认为，实际 GDP 水平是经济繁荣的一个良好判断标准，而实际 GDP 增长是经济进步的一个良好判断标准。在本章中，我们集中研究实际 GDP 水平和增长的长期决定因素。

第 1 节　世界各国的经济增长

经济增长是指一国一定时期内总产出的增加。经济增长通常用一国实际 GDP 的年增长率来衡量。与此密切相关的一个概念是人均实际 GDP 增长率，它决定一国生活水平提高的速度。

为了理解和认识经济增长问题，有必要考察不同国家在同一时期人均收入（或人均 GDP）的实际数据。表 13－1 显示了 2016 年世界上 14 个人口最多国家的人均收入情况。

表 13－1　生活水平的国际差别

国别	人均收入（2016 年，美元）	国别	人均收入（2016 年，美元）
美国	57 467	埃及	11 132
日本	41 470	菲律宾	7 806
俄罗斯	23 163	印度	6 572
墨西哥	17 862	尼日利亚	5 867
中国	15 535	巴基斯坦	5 249
巴西	15 128	孟加拉国	3 581
印度尼西亚	11 612	埃塞俄比亚	1 735

资料来源：曼昆．宏观经济学：第十版．北京：中国人民大学出版社．2020：161.

表中的人均收入数据表明，2016 年一些国家的生活水平差别是很大的。例如，埃塞俄比亚的人均收入为 1 735 美元，大约为美国人均收入的 3% $\left(\frac{1\ 735}{57\ 467}\times 100\%=3.02\%\right)$。用另一种方式理解这两个国家生活水平的差别，美国人均收入大约是埃塞俄比亚人均收入的 33 倍$\left(\frac{57\ 467}{1\ 735}=33.12\right)$，这意味着一个普通美国人一天的工资相当于一个埃塞俄比亚人工作 33 天的工资。

人均收入或人均 GDP 尽管不是衡量人类福利的完美指标，但是正像美国学者曼昆所说，GDP 高的国家负担得起孩子更好的医疗保健，负担得起更好的教育制度，也可以教育更多公民阅读和欣赏诗歌。总之，GDP 确实衡量了人们过上一种有意义生活的投入能力。①

对于经济增长，摆在人们面前的一个难题就是，为什么一些国家如此富裕，而另一些国家那么贫穷？在宏观经济学中，对上述问题和其他一些相关问题的回答，就大致构成了经济增长理论的框架。

第2节　经济增长的四个轮子

经济增长的良方是什么呢？首先，需要说明的一点是，成功的国家并非经由同一条发展道路，例如，英国最早开始进行工业革命，包括发明蒸汽机、修建铁路、强调自由贸易等，并在19世纪成为世界经济的领导者。日本则相反，它加入经济增长竞赛的时间较晚。它最初是通过模仿外国技术，限制进口、保护国内工业，然后大力发展自己的制造业和电子业，最终成功地发展了本国经济。

虽然发展途径各不相同，但所有曾经快速发展的国家都有一些共同点。经济增长和经济发展的基本机制都是一样的，当初它们成就了英国和日本，如今也开始适用于中国和印度这样的发展中国家。事实上，研究经济增长的经济学家已经发现：经济增长的发动机必定安装在相同的四个轮子上，无论是穷国还是富国。这四个轮子，或者说增长的要素就是：

（1）人力资源（劳动力的供给、教育、纪律、激励）；

（2）自然资源（土地、矿产、燃料、环境质量）；

（3）资本（机器、工厂、道路）；

（4）技术（科学、工程、管理、企业家才能）。

通常，经济学家使用总量生产函数（aggregate production function）来表明这些因素之间的关系。总量生产函数将国民总产出、总投入和技术联系在一起。它的数学表达式是：

$$Y = AF(K, N, R) \tag{13.1}$$

式中，Y 为产出；K 为资本存量；N 为投入的劳动力；R 为投入的自然资源；A 为经济中的技术水平。随着资本、劳动力、资源等投入要素的增加，我们可以预计产出也会增加，尽管随着生产要素投入的不断增加，这种产出增加却会发生收益递减现象。现在，考察一下技术对于提高投入要素生产率的作用。生产率（productivity）是指产出与投入的比例。由于新发明的出现或者对国外先

① 曼昆．经济学原理（宏观经济学分册）：第7版．北京：北京大学出版社，2015：18.

进技术的引进，技术水平（A）得以提高，因此技术的进步可以使一国在相同投入水平条件下生产出更多的产品。

现在，让我们来分析这四个因素对经济增长所分别作出的贡献。

一、人力资源

劳动力投入包括劳动力数量和劳动大军的技术水平。很多经济学家认为，所投入的劳动力的质量，如劳工的技术、知识和纪律性，是一国经济增长的最重要的因素。一个国家可以购买最先进的通信设备、计算机、发电装置和战斗机，但是，这些先进设备只有那些有技术、受过训练的劳动力才能使用，并使它们充分发挥作用。提高劳动力的知识水平、健康程度和纪律意识，以及操作技能，都将极大地提高劳动生产率。

二、自然资源

产出的第二大传统要素是自然资源。这里所指的主要资源包括耕地、石油和天然气、森林、水力及矿产资源等。一些高收入国家，如加拿大和挪威，就是凭借其丰富的资源，在农业、渔业和林业等方面获得高产而发展起来的。与它们类似，美国因拥有广阔的良田，才成为当今世界最大的谷物生产和出口国。

但在当今世界上，自然资源的拥有量并不是经济发展取得成功的必要条件，美国纽约的繁荣主要源于其高度发展的服务业。许多几乎没有自然资源可言的国家，如日本，通过大力发展劳动密集型和资本密集型产业使得经济昌盛。有的国家，其面积和资源与俄罗斯无法相比，但其国际贸易的发展却远远好于俄罗斯。

三、资本

经济学说史中最典型的故事常涉及资本积累。19 世纪，横跨北美大陆的铁路将工商业引至美国的心脏地带，而在此之前，那里还处于与世隔离的状态。20 世纪以来，对汽车、公路和电厂的投资浪潮大大提高了生产率，而且为创建整个新工业体系提供了基础设施。许多人都认为，电脑和信息高速公路对 21 世纪的作用，将如同铁路和高速公路在当年起过的作用一样巨大。

我们知道，积累资本需要牺牲许多当前消费。经济快速增长的国家一般都在新资本品上大量投资；在大多数经济高速发展的国家，10%～20%的产出都用于净资本的形成。

说到资本，我们不应该仅局限于电脑和工厂。许多为新兴的私人投资部门提供基础设施的投资只能由政府来承担。这些投资称作社会基础资本（social overhead capital），包括大规模的先于贸易和商业的工程。其中重要的项目如公路、灌溉和引水工程、公众医疗保健事业等。这里所涉及的各类大型投资一般都是整体性的、不可细分的，有时还具有规模效应。这些工程一般都具有外部经济或溢出效应，私人公司无法投资经营，所以政府必须介入，以保证这些社会基础设施投资能够有效进行。

四、技术

除上面讨论的三个传统因素之外，一个国家人民生活水平的快速提高还依赖于第四个重要因素，即技术的进步。历史上，一个国家经济发展从来不是一种简单复制的过程，像增加钢铁厂或电厂的数目那么容易。事实上，使欧洲、北美和日本的生产力获得巨大提高的正是永无止境的发明和技术创新。

技术变革（technological change）是指生产过程中的技术发明或是新产品、新服务的引进。蒸汽机、发电机、内燃机、巨型喷气发动机、复印机和传真机等作业流程方面的发明极大地提高了劳动生产率。这类基础性的生产发明还包括电话、收音机、飞机、照相机、电视机和盒式录像机等。对当今社会最有影响的技术进步发生在电子计算机领域。如今，一台小巧的笔记本电脑的性能已远胜于20世纪60年代速度最快的电脑，这些发明都是技术变革中最伟大的事件。实际上，技术变革由一系列或小或大的技术进步组成。以美国为例，政府每年颁发十万多个专利许可证，在经济日常运行中还有成千上万的细微之处的革新。

技术进步更主要的是以一种无声的、不为人察觉的方式，不断以微小的改进来提高产品质量和产出数量。偶尔也会有些技术变革产生了划时代的影响，给人们留下难以磨灭的印象。在1991年的海湾战争中，整个世界都为一种强烈的科技水平对比所震惊。美国及其盟国使用了高科技武器——隐形飞机、智能炸弹、反弹道导弹等，从而赢得了巨大优势，而它们的对手使用的却是技术上落后许多年的武器装备。民用技术进步，如电脑、远程通信技术，还有其他高科技产品等，相对来说影响虽没有那么巨大，但对市场经济中生活水平的提高却作出了极大的贡献。

由于技术进步对于提高生活水平十分重要，长期以来经济学家一直都在考虑如何促进技术进步。人们日益明确地认识到，技术进步并不只是简单机械地找到更好的产品和工艺流程；相反，快速创新需要培育一种企业家精神。以当今的计算机工业为例，在该领域，即使业内人士也难以做到时刻紧跟硬件和软件飞速更新的步伐。

五、增长率的分解式

在研究总量生产函数式（13.1）时，若不考虑自然资源 R 这一因素，则式（13.1）变为：

$$Y = AF(K,N) \tag{13.2}$$

若进一步假定生产函数式（13.2）具有生产规模报酬不变的特征，即以相同的比例增加两种投入导致产量也增加相同比例，则经济学可以证明下列关系式成立：

$$\frac{\Delta Y}{Y} = \left[(1-a)\cdot\frac{\Delta N}{N}\right] + a\cdot\frac{\Delta K}{K} + \frac{\Delta A}{A} \tag{13.3}$$

式中，$(1-a)$ 和 a 分别为生产中劳动力和资本份额。上式的经济含义用文字表示就是：

产量的增长率＝(劳动收入在收入中的份额×劳动力增长率)
＋（资本在收入中的份额×资本增长率）＋技术水平

式（13.3）为人们对经济增长源泉的研究提供了分析准备。这方面早期有名的研究是美国麻省理工学院的诺贝尔经济学奖得主罗伯特·索洛用美国 1909—1949 年间的数据作出的。索洛得出的令人惊奇的结论是，在这段时期每劳动小时产量增长的超过 80％以上的部分都是由技术进步引起的。

第 3 节　新古典增长模型

增长理论的目标在于解释一国增长率的决定因素，以及国与国之间增长率和人均收入差异如此之大的原因。

在增长理论的发展史上，有两个研究成果丰富的时期，第一个时期是在 20 世纪 50 年代末和 60 年代，第二个时期是在 20 世纪 80 年代末和 90 年代。第一个时期的研究产生了新古典增长理论，这个时期最著名的理论贡献是由罗伯特·索洛作出的。第二个时期的研究则以内生增长理论而知名，早期贡献者是芝加哥大学的罗伯特·卢卡斯和加利福尼亚大学伯克利分校的保罗·罗默。

本节只对新古典增长理论作一概述。

我们用式（13.2）和式（13.3）来展示新古典增长理论：

$$Y = AF(K,N)$$

$$\frac{\Delta Y}{Y} = [(1-a)\frac{\Delta N}{N}] + (a \times \frac{\Delta K}{K}) + \frac{\Delta A}{A}$$

为方便起见，假定一个给定且不变的劳动力增长率，即 $\Delta N/N=n$，也没有任何技术进步，即

$$\Delta A/A=0$$

在生产函数式（13.2）具有规模报酬不变的条件下，当不存在技术进步时，数学上可将其表示为人均的形式，即

$$y = f(k) \tag{13.4}$$

式中，y 为每个工人的产量；k 为每个工人的资本。图 13－1 显示了每个工人的生产函数即式（13.4），它服从熟悉的资本报酬递减规律：随着每个工人拥有的资本量上升，每个工人的产量也增加，但增加的速度是递减的。

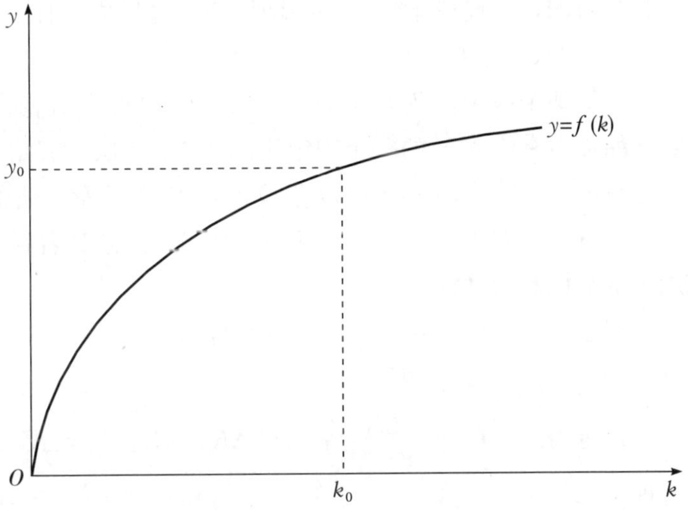

图 13－1　人均生产函数

假定没有技术进步和固定人口增长率，式（13.3）中剩下的唯一可变要素就是资本增长率。资本增长由储蓄决定，而储蓄又依赖于收入，收入或产量又要视资本而定。这样，就在几个变量之间建立了一个相互依赖的体系。在这个体系中，资本增长通过储蓄和收入又依赖于资本存量。以下分析这个体系是如何运作的。

一、稳态

在新古典增长理论中，稳定状态简称稳态，是指人均产量和人均资本都保持不变的状态。稳态的观点是，如果人均资本不变，在给定技术条件下，则人

均产量也不变。尽管人口在增长，但为使人均资本保持不变，资本必须和人口以相同速度增长。

$$\frac{\Delta Y}{Y}=\frac{\Delta N}{N}=\frac{\Delta K}{K}=n \tag{13.5}$$

在 $\Delta A/A=0$ 的情况下，我们确认式（13.3）能得到满足。于是，当总产量、资本存量和劳动力都以速度 n 增长，且人均产量固定时，就可以达到稳态。

图 13－1 可以显示出稳态。在稳态中，经济停留在固定的资本—劳动比率 k_0 上，生产函数显示相应的人均产量为 y_0。

二、储蓄与资本增长

现在，我们来研究储蓄与资本增长之间的关系。在一个没有政府部门的封闭经济中，投资或资本的总增加等于储蓄。但为得到资本存量的增加，我们必须扣除折旧，从而资本存量的净增加等于储蓄减折旧。

$$\Delta K=\text{储蓄}-\text{折旧} \tag{13.6}$$

以下两个假定使我们能从式（13.6）中得出对稳态的完整描述。首先假定，储蓄占有收入 Y 的一个固定比例（s）。其次，假定折旧率是固定的，为资本存量的 d。具体而言，可以假设人们的储蓄等于他们收入的 15%，即 $s=15\%$，且折旧率为每年 10%，即 $d=10\%$，这意味着每年有 10%的资本存量被用来抵消机器的磨损。

把这些假设代入式（13.6）中，得到

$$\Delta K=sY-dK \tag{13.7}$$

再运用式（13.5）$\frac{\Delta K}{K}=n$，有 $\Delta K=nK$，代入式（13.7），即可得稳态的条件：

$$sY=(n+d)K \tag{13.8}$$

将式（13.8）两边同除以 N，则稳态条件的人均形式为：

$$sy=(n+d)k \tag{13.9}$$

式中，$y=Y/N$；$k=K/N$。式（13.8）和式（13.9）表明，稳态时储蓄（sY）正好提供了充足的投资来抵消折旧 dK 和为新增的劳动力装备资本设备 nK。如果储蓄超过这个数额，人均资本将上升，导致人均收入也上升；反之，如果储蓄不足，人均资本会下降，造成人均收入也下降。

三、增长过程

图 13－2 中，我们研究了使经济从初始的人均资本即资本—劳动比率随着

时间的推移运动到稳态的调整过程。这一转变过程中的关键要素是储蓄率和投资率与折旧率和人口增长率之间的比较。

由于个人储蓄是其收入中的一个固定部分，所以和产量成固定比例的 sy 曲线表明在每一资本—劳动比率上的储蓄水平，直线 $(d+n)k$ 则显示了在每一资本—劳动比率上为保持资本—劳动比率不变所需的投资额。

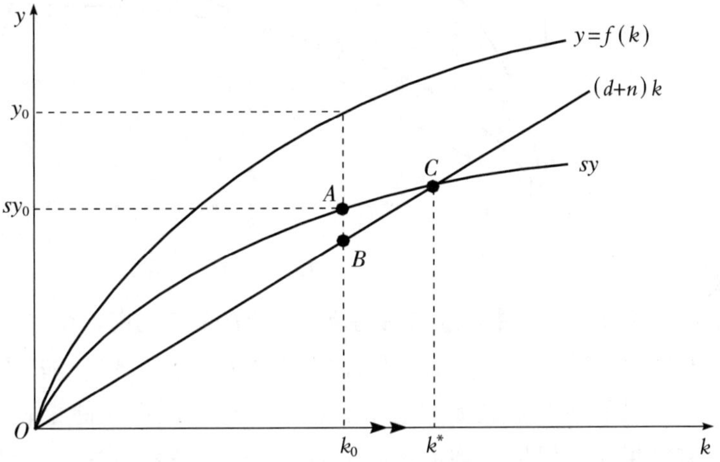

图 13 - 2　增长过程

理解新古典增长模型的关键在于当储蓄 sy 超过为保持资本—劳动比率不变所需的投资额时，k 会上升。相应地，当 sy 超过 $(d+n)k$ 时，k 就会上升。例如，如果经济从资本—劳动比率 k_0 开始，由于在 A 点的储蓄超过在 B 点的为保持 k 不变所需的投资，那么水平箭头显示 k 值在增加。

调整过程一直进行到 C 点为止。在这点上，经济达到了资本—劳动比率 k^*，与该资本—劳动比率相关联的储蓄和投资正好等于所要求的投资。由于实际和意愿投资完全相吻合，资本—劳动比率既不上升也不下降，经济达到了稳态。

稳态时 k 和 y 都固定不变。由于人均收入不变，总收入以与人口相同的速度增长，即增长率为 n。由此可以推论，稳态增长率不受储蓄率的影响。这是新古典增长理论的关键结论之一。

四、储蓄率的增加

在图 13 - 3 中，我们将显示储蓄率的增加是如何影响产量增长的。短期中储蓄率的增加提高了产量增长率，它并不影响产量的长期增长率，但它提高了人均资本和产量的长期水平。

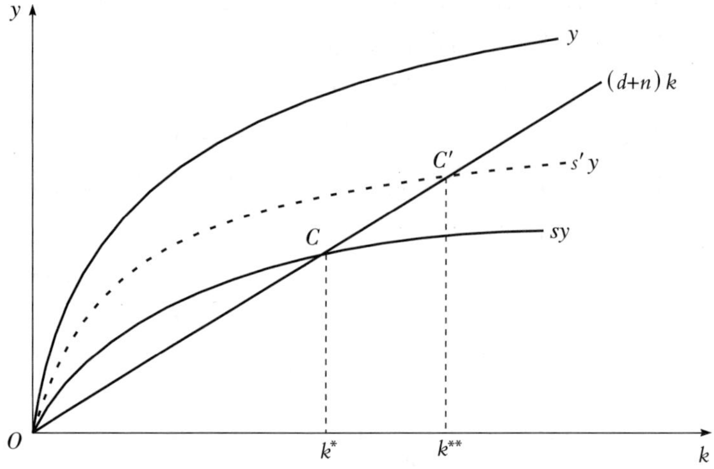

图 13－3　储蓄率的增加

在图 13－3 中，经济最初位于 C 点的稳态均衡，在这点储蓄恰好与要求的投资相匹配。现在人们想储蓄更大比例的收入，相应地引起储蓄曲线上移至虚线位置。

虽然在 C 点初始状态下有稳态均衡，但现在储蓄相对于投资要求已上升，其结果比为保持人均资本固定而要求的投资额更多，有足够的资金可被省下来使得人均资本存量也上升。人均资本存量 k 将持续上升直至到达 C' 点。在 C' 点，更高额的储蓄恰好足以维持更多的资本存量。所以在 C' 点，人均资本和人均产量都已上升。

然而在 C' 点，经济重新回到其稳态增长率 n。这样在规模报酬不变的生产函数中，储蓄率的增加在长期中仅仅提高了人均产量和资本水平，而没有提高人均产量增长率。

为什么长期产量增长率会独立于储蓄率呢？难道一个有 10%的收入被放到一边用作资本存量的经济，其产量增长不该比另一个只有 5%的收入被储蓄起来的经济更快吗？

事实上在转变过程中，更高的储蓄率也导致了产量增长率和人均产量增长率的增加。这可以简单地从资本—劳动比率从初始稳态的 k^* 上升到新稳态中的 k^{**} 这一事实中看出，达到资本—劳动比率增加的唯一途径是资本存量要比劳动力（和折旧）有更快的增长。

图 13－4 总结了储蓄率增加的影响。图 13－4（a）显示了人均产量水平，从 t_0 时的初始长期均衡出发，储蓄率的增加引起储蓄和投资的增加，人均资本存量增加，人均产量也同样增加。在图 13－4（b）中，我们则把目光投向初始稳态中的产量增长率。储蓄率的增加立刻提高了产量的增长率，这是由于资本的更快增长引起产量更快增长。随着资本积累，增长率逐步降低，最终回落到人口增长的水平。

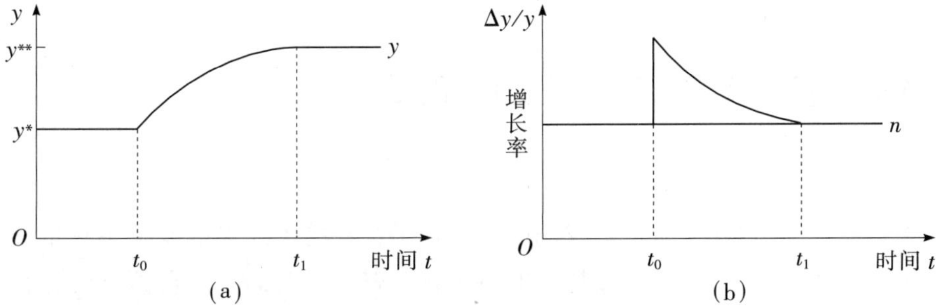

图 13－4 储蓄率增加的影响

五、人口增长

人口增长率的增加影响到图 13－2 中的 $(d+n)k$ 线，使其向左上方旋转。利用与上面相类似的分析，可以得出以下结论：

（1）人口增长率的增加降低了人均资本的稳态水平 k 和人均产量。

（2）人口增长率的上升提高了总产量的稳态增长率。

人口增长率的上升所产生的人均产量下降正是许多发展中国家面临的问题。

六、新古典增长理论的主要结论

新古典增长理论有四个关键结论。前两个是：

（1）从式（13.5）及图 13－2 中可知，稳态中的产量增长率是外生的；在这个例子中它等于 n，所以它独立于储蓄率 s。

（2）从图 13－3 和图 13－4 中可知，尽管储蓄率的增加没有影响到产量的稳态增长率，但通过增加资本—劳动比率，它确实提高了收入的稳态水平。

以上分析是在假定不存在技术进步的条件下作出的，当把技术进步引入新古典增长理论中时，人们又形成了后面两个结论，即（3）和（4）。

（3）产量的稳态增长率保持外生。人均收入的稳态增长率取决于技术进步率。总产量的稳态增长率是技术进步率与人口增长率之和。

（4）如果两个国家有相同的人口增长率、相同的储蓄率和相同的生产函数，那么它们最终会达到相同的收入水平。在这个分析框架中，穷国之所以穷，是因为它们拥有的资本更少，但是如果有着和富国一样的储蓄率和相同的技术，最终会赶上富国。

进一步说，如果国与国之间有着不同的储蓄率，那么根据这一理论，它们会在稳态中达到不同的收入水平。但如果技术进步率和人口增长率都相同，那么它们的稳态增长率也将相同。

第 4 节　促进经济增长的政策

到现在为止，我们已经确定了社会的生活水平取决于它生产物品与劳务的能力，以及经济增长率取决于物质资本、劳动力、自然资源和技术水平。现在我们转向世界各国决策者面临的问题：哪些政府政策可以提高经济增长率和生活水平？

一、储蓄和投资的重要性

由于资本是生产出来的生产要素，因此，一个社会可以改变它所有的资本量。如果今天经济生产了大量新资本品，那么，明天它就将有大量资本存量，并能生产更多种物品与劳务。因此，提高未来增长的一种方法是把更多现期资源投资于资本的生产。由于资源是稀缺的，把更多资源用于生产资本就要求把较少资源用于生产现期消费的物品与劳务。也就是说，由于社会更多投资于资本，它就必然少消费并把更多现期收入储蓄起来。由资本积累所引起的增长并不是免费午餐，它要求社会牺牲一些现期的消费，以便未来享有更多消费。因此，鼓励储蓄和投资是政府促进经济增长的一种方法。

为了说明投资对经济增长的重要性，可参看图 13－5，该图提供了 14 个国家的数据。其中，图 13－5（a）是在 31 年中每个国家的经济增长率，各国按其增长率从高到低排序；图 13－5（b）是每个国家用于投资的量占 GDP 的百分比。增长和投资之间是相关的，尽管这种相关性并不完全，但也是密切的。把 GDP 中相当大的部分用于投资的国家往往有较高的经济增长率，例如新加坡和日本。把 GDP 中一小部分用于投资的国家往往增长率较低，例如卢旺达和孟加拉国。全面地考察图中所列出的其他国家的研究结果，也同样证明了投资和增长之间的这种密切关系。但是，在解释这些数据时有一个问题，即在两个变量之间的相关性中，并没有确定哪一个变量是原因，哪一个变量是结果。可能是高投资引起高增长，也可能是高增长才可能做到高投资，图中的数据本身并没有告诉我们因果关系的方向。但是由于投资对增长的影响如此明显而直接，所以，许多经济学家认为这些数据表明，高投资引起了更快的经济增长。

假设一个政府被图 13－5 的证据说服，实施一种提高国民储蓄率的政策，会出现什么结果呢？随着国家储蓄增加，用于生产消费品的资源减少，而更多的资源用于生产资本品。结果，资本存量增加了，这就引起生产率提高和

GDP 增长更为迅速。但是，这种高增长率能持续多长时间呢？假设储蓄率是在新的高水平上，GDP 增长率会一直还是只能在一段时期内保持较高呢？

生产过程的传统观点是，资本要受到收益递减的制约；随着资本存量的增加，从增加的一单位资本中生产的额外产量减少。换句话说，在工人已经用大量资本存量生产物品与劳务时，给他们增加一单位资本所提高的生产率是微小的。由于收益递减，储蓄率增加的一单位资本所提高的生产率是微小的；由于收益递减，储蓄率增加所引起的高增长只是暂时的；随着高储蓄率使积累的资本增多，从增加的资本中得到的收益却在减少，因此，经济增长的速度放慢。高储蓄率引起较高水平的生产率和收入，可能会维持相当长的一个时期。根据对经济增长国际数据的研究，提高储蓄率可以在几十年内引起相当高的增长。

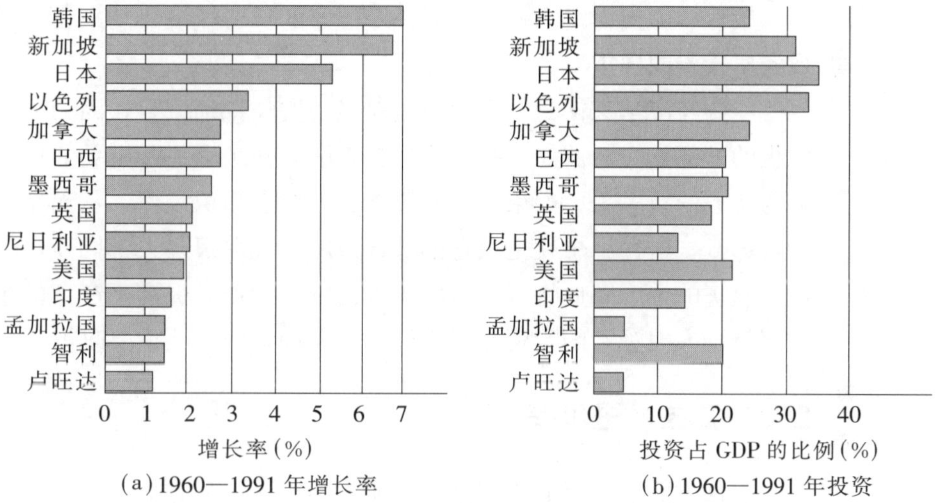

图 13-5　增长与投资

二、来自国外的投资

前面讨论了一国提高储蓄率的政策以增加投资，从而提高经济增长率。但这并不是一国投资于新资本的唯一方法，另一种方法是吸引外国人的投资。

来自国外的投资可以有几种形式。由外国实体拥有并经营的资本投资称为外国直接投资，如美国福特汽车公司就在墨西哥建了一个汽车厂。另一种方式，如一个美国人可以购买墨西哥公司的股票（这就是说，购买该公司的所有权份额）；墨西哥公司可以用卖股票的收入来建立一个新工厂。这就是用外国货币筹资。在这两种情况下，美国人提供了墨西哥资本存量增加所必需的资源。也就是说，用美国人的储蓄为墨西哥人的投资筹资。

外国人之所以在一个国家投资，是因为他们期望投资获得收益。福特汽车公司的汽车厂增加了墨西哥的资本存量，因此提高了墨西哥的生产率，增加了墨西哥的 GDP。但福特汽车公司也以利润的形式把一些额外收入带回美国。同样，当一个美国投资者购买墨西哥股票时，投资者也有权得到墨西哥公司赚到的一部分利润。

外国的投资是促进一国经济增长的一种方法。即使这种投资的一部分收益要流回外国所有者手中，这种投资也增加了一国资本存量，这就提高了生产率和工资。此外，来自外国的投资也是穷国学习富国开发并运用先进技术的一种方式。由于这些原因，许多在发展中国家当顾问的经济学家都提倡鼓励引进外资的政策。这往往意味着取消政府对外国人拥有国内资本的限制。

三、教育

教育，即人力资本投资，对一个国家的长期经济成功来说，教育至少和物质资本投资同样重要。

一些经济学家认为，人力资本对经济增长特别重要，因为人力资本会带来积极的外部效应。例如，一个受过教育的人会产生一些有关如何最好地生产物品与劳务的新思想。如果这些新思想进入社会知识宝库，从而每个人都可以利用，那么，这种思想就是教育的外部效应。现在很多人都同意，劳动力越有技能，经济的生产率也将越高。鉴于人力资本投资对提高生产率的重要性，因此政府鼓励人力资本的投资是促进经济长期增长的一项重要政策。

四、提高技术进步率

在这方面最主要的措施是增加研发的投入。一方面，政府对研发应提供更多的财力支持；另一方面，政府也需要制定专门适用于研发的税收方案，如对研发实行税收优惠。实行这种优惠一方面提高了私营企业从事研发的积极性；同时，政府实际上支付了一部分研发费用。在这方面，美国的做法值得参考。克林顿政府当政期间，便注意加强对民用高科技领域的投资。美国政府计划每年从军事研究中拿出 300 亿美元，投入到诸如机器人、生物技术、光纤通信、全国计算机网络和先进的通信网络等民用技术领域。政府还责令全国 726 个主要从事军事研究的国家实验室，将现有预算中的 10％～20％用于与工业界合资共办民用企业，以帮助民用企业的高技术创新。

五、产权和政治稳定

市场经济是靠价格机制来支持其运行的，而价格机制发挥作用的一个重要前提是广泛尊重产权。产权是人们对自己拥有的资源行使权利的能力。如果一家公司所生产的产品被偷走或抢走，它就没有动力去生产。一个国家的法律制度应强化产权。A公司与B公司签订了供货合同，而B公司违约，则A公司就会遭受损失。民法制度则保证合同双方履行双方的合约。因此，一国的法律制度不仅是市场经济运行的保证，也是经济增长的必要法律保证。

对产权的一个威胁是政治不稳定。一国政治不稳定不仅会破坏产权关系，严重时还会摧毁该国的部分资本存量。从这点上说，一国的经济繁荣取决于政治的稳定。一个拥有有效的法律体系、忠诚的政府官员，且政治稳定的国家，它的人民享有的生活水平一定高于一个缺乏法律制度、官员腐败和经常发生动乱的国家。

本章小结

1. 按人均GDP衡量的经济繁荣在世界各国差别很大。世界最富裕国家的平均收入是世界最贫穷国家的10倍以上。

2. 经济增长的四个轮子是人力资源、自然资源、资本和技术。

3. 在新古典增长理论中，在没有技术变化时，总产量的稳态增长率等于人口增长率。

4. 在新古典增长模型中，储蓄率的增加将暂时提高产量增长率。在新的稳态上，增长率保持不变，人均产量水平提高。

5. 政府政策可以以许多方式影响经济的增长率：鼓励投资和储蓄、鼓励来自国外的投资、促进教育、促进研发以及维护产权制度、保持政治稳定等。

思考题

1. 列出并说明经济增长的四个轮子。

2. 利用新古典增长模型分析人口增长率如何影响一国的人均GDP水平。

3. 1992年在南亚的一些国家中，每100个年轻人只有56人受过初中教育。说明年轻人有更多受教育机会，是加快这些国家经济增长的方法之一。

重点概念

1. 物质资本：用于生产物品与劳务的设备与建筑物存量。

2. 人力资本：人们通过教育、培训和经验所获得的知识与技能。

3. 自然资源：由自然界提供的用于生产物品与劳务的投入，如土地、河流和矿藏。

4. 产权：人们对自己拥有的资源行使权利的能力。

14

Chapter

第 14 章

金融市场：机会与危险

2007 年 8 月，金融市场伴随着房价暴跌，股市震荡，失业率上升，很多企业和居民都无偿获取贷款，在接下来的两年里，世界经济经历了自 20 世纪 30 年代大萧条以来最为严重的全球金融危机。

全球金融危机及其余波证明了银行和金融机构对于经济福利水平的重要性，也充分展示了货币在经济体系中的重要地位。

基于上述情况，本章考察金融市场。在说明金融市场的功能和结构的基础上，本章简要剖析金融危机。

第 1 节　金融市场的功能和结构

一、金融市场的功能

金融市场所履行的最基本的功能是，从那些由于支出少于收入而积蓄了盈余资金的家庭、公司和政府那里，将资金引导到那些由于支出超过收入而资金短缺的经济主体那里。图 14－1 形象地展示了金融市场的这种功能。左边是那些拥有储蓄而发放贷款的经济主体，即贷款-储蓄者，右边是那些需要通过借款来为支出筹资的经济主体，即借款-支出者。贷款-储蓄者主要由家庭构成，但是企业、政府、外国人和外国政府有时也会出现盈余资金，并将其贷放出去。借款-支出者主要由企业和政府构成，但是家庭和外国人也会为购买汽车、家具和住宅而借入资金。箭头表明资金通过两条路线由贷款-储蓄者向借款-支出者转移。

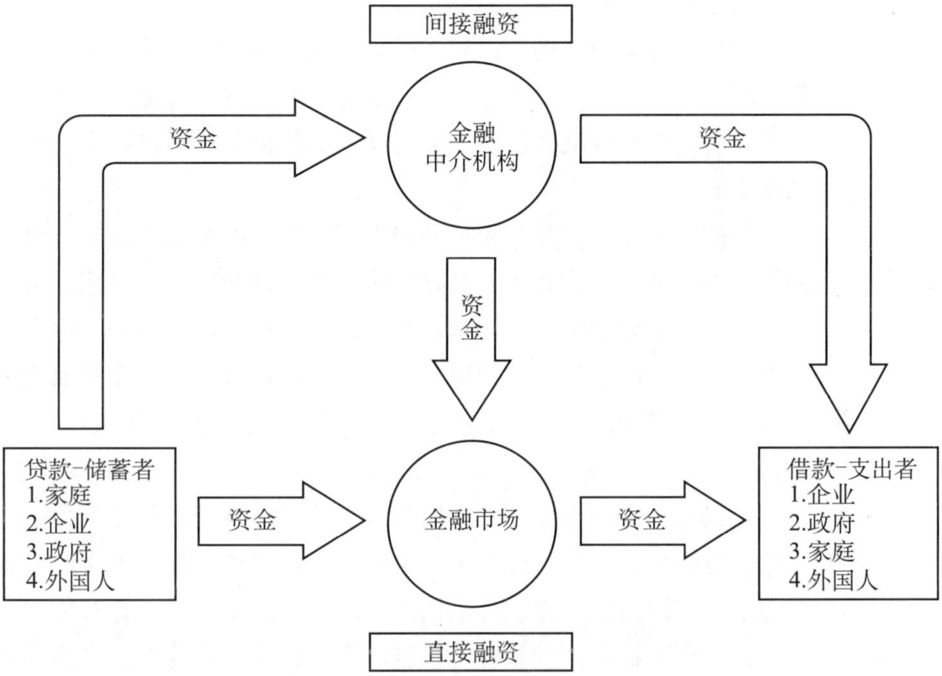

图 14－1　资金通过金融体系的转移

资料来源：弗雷德里克·S. 米什金. 货币金融学：第十一版. 北京：中国人民大学出版社，2016：22.

在直接融资（direct finance，图 14－1 下端的路线）中，借款人通过在金融市场上出售证券（或称金融工具），直接从贷款者手中获取资金，这些证券事实上是对借款人未来收入和资产的索取权。证券是购买者的资产，是出售（发行）证券的公司或个人的负债（liabilities，IOU 或债务）。例如，若福特汽车公司需要借款来建造一家生产电动汽车的新厂，它从储蓄者手中获取资金的方式既可以是发行债券（债务证券，即承诺在一个规定的期间内定期支付），也可以是发行股票（即将公司利润和资产的股份出售给所有者）。

为什么储蓄者和支出者之间的资金转移对于经济而言至关重要？原因在于储蓄者往往不拥有有利可图的投资机会。我们先从个人的角度来考察这个问题。假定你某年积攒了 1 000 美元，在没有金融市场的情况下，你可能既不借款也不贷款。如果没有用这些储蓄来赚取收益的投资机会，你只能一直持有这 1 000 美元而得不到分毫利息。然而，如果木匠 A 可以将你的 1 000 美元用于生产性用途：他可以用这笔资金购买一种新工具，从而大大缩短建造一栋房屋的工期，由此可以增加 200 美元的收入。如果你能够和 A 取得联系，你可以将 1 000 美元借给他，每年获取 100 美元的租借费（利息），那么你们双方就都能获利。你将改变过去一无所获的状况，每年可以从 1 000 美元中赚取 100 美元的收益，而 A 每年也可以增加 100 美元的收入（每年 200 美元的额外收入减去使用这笔资金的租借费 100 美元）。

如果没有金融市场，你和木匠 A 可能永远也没有合作的机会。这时，双方都只能维持现状，都会遭受损失。没有金融市场，资金很难从缺乏投资机会的人手中向拥有投资机会的人手中转移。金融市场对于提高经济社会的效率就是如此重要。

即使一些人借款并非为了增加生产，金融市场的存在同样也是有益的。假如你新婚，有一份称心如意的好工作，正打算购置一套住宅。虽然你的工资很可观，但由于你刚刚工作，积蓄有限。毫无疑问，有朝一日你会积攒到足够的钱来实现买房的梦想，但到那时你年事已高，未必能从中获取充分的享受。如果没有金融市场，你会因为无法购置住宅而只能挤在狭小的公寓中，万分窘迫。

如果存在金融市场，拥有储蓄的人就可以将资金贷放给你去购置住宅，你当然十分高兴，虽然需要支付一定的利息，但毕竟你在青年时光就能享有一套住宅了。假以时日，你就可以偿清贷款。总的结果是，你和你的贷款者的生活福利都得到了提高。贷款者可以赚取更多的利息，这在没有金融市场的情况下是无法想象的。

现在我们可以来看一看，为什么金融市场在经济社会中有如此重要的功能。它们帮助资金从没有生产性用途的人那里流向有生产性用途的人那里。因此，金融市场有助于资本（capital，可以用来创造财富的财富，它可以是金融财富，也可以是物质财富）的合理配置，从而对增加生产和提高效率做出贡献。

运转良好的金融市场通过允许消费者合理安排购买时机，直接改善消费者的生活福利。金融市场向年轻人提供资金，帮助他们购置现在需要而以后也能负担得起的物品，使他们不必苦等到攒够钱时才能购买。有效运行的金融市场改善了社会上每个人的经济福利。

二、金融市场的结构

我们已经了解了金融市场的基本功能，下面来考察它的结构。接下来介绍的几种分类方法，可以反映出金融市场的基本特征。

1. 债务与股权市场

公司或者个人可以通过两种方式从金融市场获取资金。最常见的方式是发行债券或抵押票据等债务工具，借款人以契约的方式，向债务工具的持有人定期支付固定的金额（利息与本金支付），直至在一个确定的日期（到期日）支付最后一笔金额。债务工具的期限（maturity）就是距离该项工具最终偿还日的时间。如果期限在 1 年以下，就为短期（short-term）债务工具；期限在 10 年或 10 年以上，就为长期（long-term）债务工具；期限介于 1～10 年之间的，就为中期（intermediate-term）债务工具。

发行普通股等股权（equity）工具是筹集资金的第二种主式。股权工具承诺持有者按份额享有公司的净收益（扣除费用和税款后的收入）和资产。如果你拥有一家公司发行的 100 万普通股中的一股，你就拥有了该公司 1/100 万的净收益和 1/100 万的资产。在通常情况下，股权工具的持有者可以得到定期支付（股利，dividend）。由于这种工具没有到期日，因此被视为长期证券。拥有股票意味着你拥有该公司的一定份额，因此你有权就公司的重大事项和董事长的选举进行投票。

拥有一家公司的股权而非债权的主要不利之处在于，股权持有者是剩余索取人，也就是说，该公司必须先向所有债权人支付后，才能向股权持有者支付。有利之处在于，由于股权持有者拥有的是公司的所有权，因此可以直接分享公司盈利能力增强和资产扩张的好处，而债权人获取的支付是固定的，因此无法享有这种好处。

2. 一级市场和二级市场

一级市场（primary market）是筹集资金的公司或政府机构将其新发行的股票或债券等证券销售给最初购买者的金融市场。二级市场（secondary market）是交易已经发行的证券的金融市场。

一级市场并不为公众所熟知，因为将证券销售给最初购买者的过程并不是公开进行的。投资银行（investment bank）是一级市场上协助证券首次出售的重要的金融机构。投资银行的做法是证券承销（underwriting），即确保公司证券能够按照某一价格销售出去，之后再向公众推销这些证券。

尽管买卖大公司或美国政府已经发行债券的债券市场和交易量更为庞大，但纽约证券交易所、纳斯达克（NASDAQ）才是最著名的二级市场，在这些市场上交易的都是已经发行的股票。其他二级市场还有外汇市场、期货市场以及期权市场，等等。证券经纪人和交易商对于运转良好的二级市场而言至关重要。经纪人（broker）是投资者的代理人，负责匹配证券的买方和卖方；交易商（dealer）按照报价买卖证券，从而将买卖双方联结起来。

当一个人在二级市场上买入证券时，出售证券的人通过让渡证券获取了货币收入，但发行这种证券的公司却没有得到新的资金。公司只有在其证券在一级市场上首次发行时才能获取资金。无论如何，二级市场发挥着两个重要的功能。其一，它们使得投资者可以更加容易和快捷地出售金融工具，实现筹措资金的目的，也就是说，它们使金融工具具有更好的流动性（liquidity）。金融工具流动性的提高，增强了它们在金融市场上的接受度，从而使发行企业在一级市场上的销售更加容易。其二，二级市场决定了发行企业在一级市场上销售证券的价格。投资者在一级市场上购买证券的价格不会高于他们对二级市场上该证券价格的预期。二级市场上证券价格越高，发行企业在一级市场上销售的价格就越高，它们所筹集到的资金规模也就越大。因此，二级市场上的状况与发行证券的企业密切相关。正是基于这个原因，介绍金融市场的书籍往往将重点放在二级市场而非一级市场上，本书也是如此。

3. 交易所和场外市场

二级市场的组织形态有两种。交易所（exchange），即证券的买卖双方（或其代理人或经纪人）在一个集中的场所进行交易的二级市场。纽约证券交易所与芝加哥商品交易所（小麦、玉米、白银或其他原材料）都属于有组织的交易所。

二级市场的另外一种组织态是场外市场（over-the-counter market，OTC），即分处各地的拥有证券存货的交易商随时向与其联系并愿意接受其报价的人在“柜台”上买卖证券的二级市场。由于场外交易商利用计算机相互联系，因而对彼此的报价了如指掌，所以，场外市场的竞争同样十分激烈，与有组织的交易所差别不大。

尽管大部分大公司的股票是在有组织的股票交易所里交易的，但更多的普通股却是在场外交易的。美国政府债券市场就是作为场外市场出现的，其交易规模超过了纽约证券交易所。40 个左右的交易商随时准备买进和卖出美国政府债券，从而形成了这些证券的“市场”。另外一些场外市场包括交易可转让存单、联邦基金与外汇等其他金融工具的市场。

4. 货币市场和资本市场

另外一种分类方法是根据不同市场上所交易证券的期限长短来区分的。货币市场（money market）是交易短期债务工具（原始期限通常为 1 年以下）的金融市场；资本市场（capital market）是交易长期债务工具（原始期限通常在 1 年或 1 年以上）与股权工具的金融市场。与长期证券相比，货币市场证券的交易更为广泛，因而更具流动性。此外，短期证券价格的波动性要小于长期证券，因此是更加安全的投资方式。所以，企业与银行通常将其临时性的盈余资金投放于货币市场，以赚取收益。股票与长期债券等资本市场证券通常被保险公司、养老基金等金融中介机构所持有，这些机构对于未来所能获取的资金数量有较大的把握。

第 2 节　可贷资金市场

在说明了金融市场的功能和结构之后，在本节要建立一个金融市场的模型，这个模型的目的是解释金融市场如何协调经济的储蓄和投资。

为了使事件简化，我们假设经济中只有一个金融市场，称为可贷资金市场(market for loanable funds)。所有储蓄者都到这个市场存款，而所有借款者都到这个市场贷款。因此，可贷资金这个术语是指人们选择储蓄并贷出而不是用于自己消费的所有收入，以及投资者选择为新投资项目筹集资金要借的数量。在可贷资金市场上存在一种利率，这个利率既是储蓄的收益，又是借款的成本。

当然，单一金融市场的假设并不真实。正如我们所看到的，经济中有许多类型的金融机构。就目的而言，我们可以不考虑金融市场的多样化，并假设经济中只有一个金融市场。

一、可贷资金的供给与需求

经济中的可贷资金市场和其他市场一样，都是由供给与需求支配的。因此，为了解可贷资金市场如何运行，我们首先考察这个市场上供给和需求的来源。

可贷资金的供给来自那些有额外收入并想储蓄和贷出的人。这种贷出可以直接进行，例如，一个家庭购买一家企业的债券；也可以间接进行，例如，一个家庭在银行进行存款，银行又用这些资金来发放贷款。在这两种情况下，储蓄是可贷资金供给的来源。

可贷资金的需求来自希望借款进行投资的家庭与企业。这种需求包括家庭用抵押贷款购置住房，也包括企业借款用于购买新设备或建立新工厂。在这两种情况下，投资是可贷资金需求的来源。

利率是贷款的价格。它代表借款者要为贷款支付的货币量以及贷款者从其储蓄中得到的货币量。由于高利率使借款更为昂贵，所以，随着利率的上升，可贷资金需求量减少。同样，由于高利率使储蓄更有吸引力，所以，随着利率的上升，可贷资金供给量增加。换句话说，可贷资金的需求曲线向右下方倾斜，而可贷资金的供给曲线向右上方倾斜。

图 14-2 说明了使可贷资金供求平衡的利率。在供求均衡时，利率为 5%，可贷资金的需求量与供给量为 1.2 万亿美元。

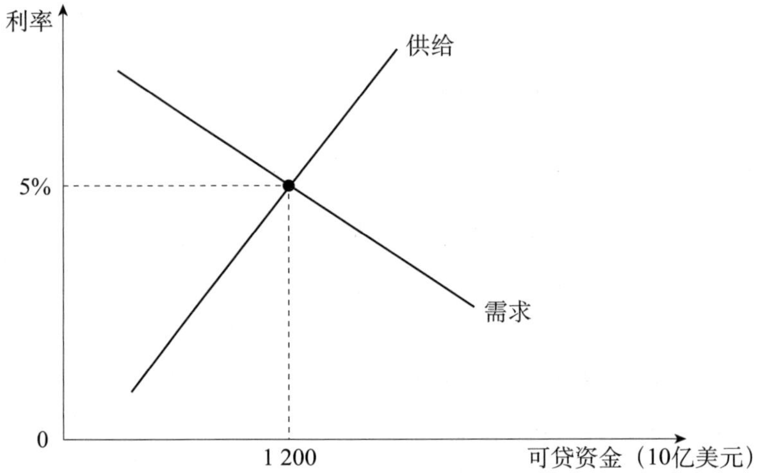

图 14－2　可贷资金市场

由于常见的原因，利率调整使可贷资金供给与需求达到均衡水平。如果利率低于均衡水平，则可贷资金的供给量小于可贷资金的需求量。所引起的可贷资金短缺将鼓励贷款者提高他们所收取的利率。高利率将鼓励储蓄（从而增加可贷资金的供给量），并抑制为投资而借款（从而减少可贷资金的需求量）。相反，如果利率高于均衡水平，可贷资金供给量就大于可贷资金需求量。由于贷款者争夺稀缺的借款者，利率被迫下降。由此，利率趋向于使可贷资金供给与需求正好平衡的均衡水平。

这个可贷资金供求模型说明了金融市场也和经济中的其他市场一样运行。例如，在牛奶市场上，牛奶价格的调整使牛奶的供给量与牛奶的需求量平衡。“看不见的手”以这种方法协调奶牛场农民的行为与牛奶饮用者的行为。一旦认识到储蓄代表可贷资金的供给，投资代表可贷资金的需求，我们就可以说明“看不见的手”如何协调储蓄与投资。当利率调整使可贷资金市场供求平衡时，它就协调了想储蓄的人（可贷资金供给者）的行为和想投资的人（可贷资金需求者）的行为。

二、可贷资金市场模型的一个应用

有了可贷资金市场模型，下面给出该模型的一个应用，即考察政府投资激励的影响。

假定一国政府为激励国内在企业投资兴业，通过了一项法律，对国内企业投资赋税实行减免。一般地，这一法律对任何一个建造新工厂或购买新设备的国内企业有利。下面来看这种税收改革对可贷资金市场的影响，如图 14－3 所示。

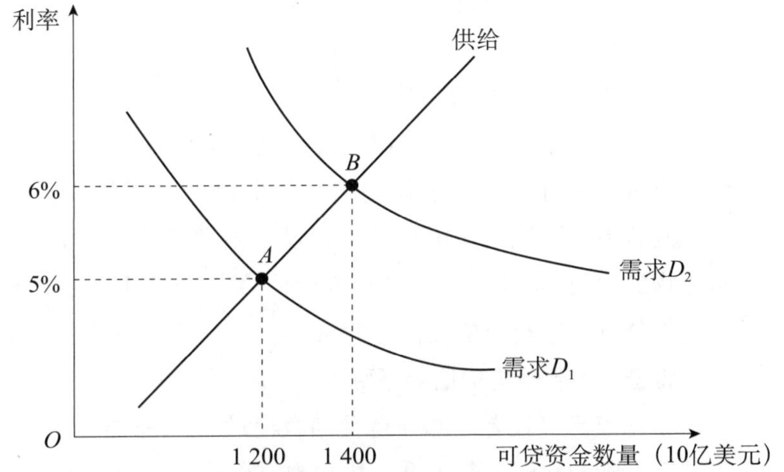

图 14－3　投资激励对可贷资金市场的影响

首先，由于税收减免将使借款并投资于新资本的企业受益，所以它将改变任何即定利率水平下的投资，从而改变可贷资金的需求。而税收减免并不影响既定利率水平下家庭的储蓄量，所以它不影响可贷资金的供给。

其次，由于企业受到在任何一种利率时增加投资的激励，所以任何利率下的可贷资金需求量都增加了。因此，在图中，可贷资金需求曲线从 D_1 向右移动到 D_2。

最后，在图中，增加的可贷资金需求使利率从 5%上升到 6%，而更高的利率又使可贷资金供给量从 1.2 万亿美元增加到 1.4 万亿美元，因为家庭对此的反应是增加储蓄量。其结果是，如果税法改革鼓励更多投资，则利率上升且储蓄增加。

第 3 节　金融危机剖析

本节考察为什么金融系统可能停止起作用以及这一冲击的宏观经济后果。

金融危机（finacial crisis）是指阻碍在想储蓄的人和想借钱投资的人之间充当中间人的能力这样一种重大的金融系统崩溃。金融危机并非都相同，但它们通常具有一些共同特征，下面概述这些特征。

特征 1：资产价格大跌

金融危机之前常常有一段由乐观导致资产价格大涨的时期。有时候，人们将资产价格抬高到其基本面价值（也就是对该资产将产生的现金流的客观分析确定的真实价值）以上。在这种情况下，我们说该资产的市场受到了投机性泡沫的支配。后来，当情绪改变也就是乐观变成悲观时，泡沫破灭，价格开始下降。资产价格的下跌是金融危机的催化剂。

特征 2：金融机构破产

资产价格的大跌可能引起银行和其他金融机构出现问题。为了确保借款人偿还贷款，银行常常要求他们提供担保物。也就是说，借款人不得不抵押资产，倘若借款人拖欠，银行就可以没收这些资产。但是，当资产价格下降时，担保物的价值就下降，也许会下降到贷款数量之下。在这种情况下，如果借款人拖欠贷款，银行可能无法回收资金。

特征 3：金融机构信心下降

尽管银行存款有一部分是受到政府政策保障的，但并非全部存款都如此。当破产不断增加时，每家金融机构都有可能成为下一家破产的机构，在那些机构有未受保存款的人纷纷去取款，在面临大规模提现的情况下，银行减少放贷，开始变卖部分资产来增加现金储备。

随着银行变卖资产，这些资产的市场价格下降。由于危机期间风险资产的买者很少，所以，这些资产的价格可能会暴跌。这种现象与商店在发生火灾后为了迅速处理受损物品降价甩卖类似。但是，这些甩卖价格给其他银行带来了问题。会计师和监管机构可能要求这些银行修订其资产负债表和降低其持有的这些资产的报告价值。就这样，一家银行的问题可能传播到其他银行。

特征 4：信贷紧缩

在许多金融机构面临困难的情况下，那些想借款的人现在很难得到贷款，哪怕他们有可以赚钱的投资项目。实质上，金融系统在履行其将储蓄者的资源引向拥有最佳投资机会的借款人手里的正常职能上遇到了困难。

特征 5：衰退

在人们无法获得消费信贷和企业无法获得新投资项目所需的融资时，产品和服务的需求下降了。在总需求-总供给模型的框架内，这一事件可以被解释为消费和投资的减少使总需求曲线向左方移动，结果，使均衡国民收入下降，失业上升。

特征 6：恶性循环

经济衰退降低了许多企业的盈利能力和许多资产的价值。股票市场下跌，一些企业破产和拖欠贷款。许多工人失业和拖欠个人贷款。这又回到上述特征 1（资产价格大跌）和特征 2（金融机构破产），金融系统的问题和经济衰退互相强化。图 14－4 显示了这个过程。

在下一节中，给出历史上一个金融危机的实例。

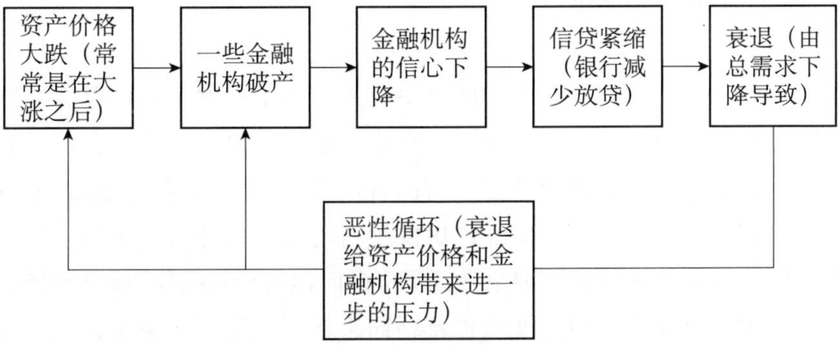

图 14-4　金融危机特征

第 4 节　金融危机实例

作为本章的最后，本节给出一个金融危机的实例，即 20 世纪 20 年代末在美国出现的大萧条，大萧条导致了美国历史上最严重的经济下滑。

股票市场震荡

1928 年和 1929 年美国股票市场价格成倍增长。美联储官员将股票市场高涨视为过度投机的结果。为了治理这一问题，他们采取了紧缩的货币政策来提高利率，抑制股价上涨。然而，美联储获得了加倍的回报，如图 14-5 所示，1929 年 10 月股票市场崩盘，到当年末股价暴跌 40%。

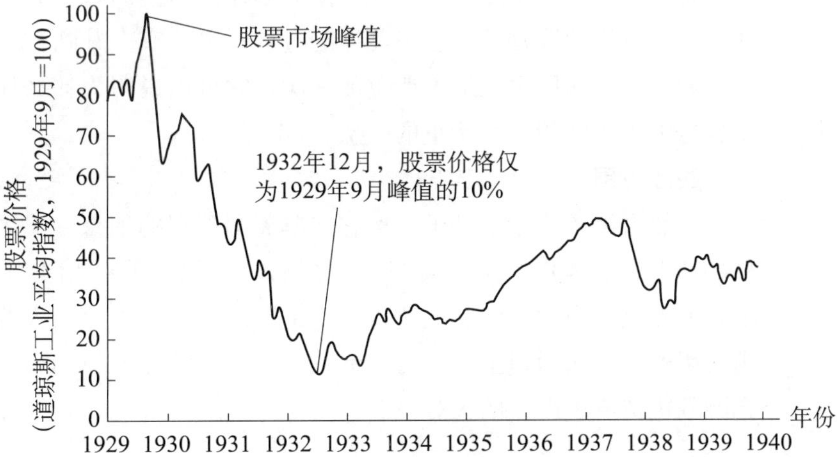

图 14-5　大萧条期间的股票价格

资料来源：Carmen M. Reinhart and Kenneth S. Rogoff, "The Aftermath of Financial Crises," American Economic Review 99, no. 2 (2009): 466-472.

银行业恐慌

1930 年中期，股票市场收复了超过一半的失地，信贷市场状况也已稳定，然而，原本是一次正常的经济衰退出现了迥然不同的结果。当时美国中西部出现了严重的干旱，农业生产严重下滑，农民无法偿还银行贷款。农业抵押贷款违约事件导致农业产区银行的资产负债表上出现大量贷款损失，经济整体的脆弱性增加，特别是农业产区的银行遭遇严重冲击，资金加速从银行抽逃，最终演变为 1930 年 11 月和 12 月的全面银行业恐慌，股票市场再次暴跌。在两年多的时间里，银行业恐慌接踵而来，面对美国历史上最为严重的恐慌潮，美联储束手无策。1933 年 3 月，在经历了该世纪最后一次恐慌后，罗斯福总统宣布银行放假，暂时关闭了所有银行。罗斯福总统告诉国民："我们唯一害怕的就是恐惧本身"。然而，破坏已然形成，超过 1/3 的美国银行不幸破产。

股票价格继续下跌

股票价格继续下跌。到 1932 年中期，股票价格仅为 1929 年峰值的 10%（如图 14－5 所示），加之经济萎缩导致企业的不确定性程度上升，使得金融市场上逆向选择和道德风险更为严重。金融中介机构数量大幅减少，逆向选择和道德风险问题加剧。金融市场向具有生产性投资机会的企业融资的能力严重削弱。1929—1933 年间，商业贷款余额减少了 1/2，而投资支出则出现了大崩塌，从 1929 年的水平下跌了 90%。

债务萎缩

伴随经济活动下滑的通货紧缩导致物价水平最终下跌了 25%，阻挠了在大部分经济衰退中都出现的复苏进程。物价水平的大幅下跌加重了企业和家庭的债务负担，减少了企业净值，导致债务萎缩。净值的减少和由此增加的逆向选择和道德风险问题延长了经济萎缩的过程，失业率上升到 25%。大萧条时期的金融危机是美国历史上最为严重的一次，它可以说明为什么伴随而来的经济萎缩也是美国所经历的最严重的一次。

国际范围

虽然大萧条肇始于美国，但它并非美国独有的现象。美国的银行业恐慌会蔓延到世界上其他国家，美国经济活动的剧烈收缩会减少其对外国商品的需求。世界范围内的经济衰退造成了严重的困难，数千万人失业，由此导致的不满情绪助长了法西斯主义盛行，促成了第二次世界大战的爆发。大萧条期间的金融危机造成了严重的灾难。

本章小结

1. 金融市场最基本的功能是实现有盈余资金的储蓄者和资金短缺的支出者之间的资

金转移。金融市场执行这个功能，既可以通过直接融资的方式，也可以通过间接融资的方式。前者是借款人通过发行证券的方式直接从贷款人手中获取资金。后者是利用金融中介机构完成资金在供求双方之间的转移。

2. 金融市场可以被分为债权市场和股权市场，一级市场和二级市场，交易所和场外市场，以及货币市场和资本市场。

3. 在可贷资金模型中，可贷资金的供给来自想把自己的一部分收入储蓄起来并借贷出去的储蓄者。可贷资金的需求来自想借款投资的投资者。利率由可贷资金的供求决定。

4. 当金融市场上的信息流动发生严重震荡，进而阻碍金融市场向具有生产性投资机会的投资者转移资金，导致经济活动严重收缩，金融危机就发生了。

5. 金融危机的特征主要有：资产价格大跌、金融机构破产、金融机构信心下降、信贷紧缩、衰退、恶性循环等。

思考题

1. 说明金融市场的功能。
2. 说明金融市场的结构。
3. 利用可贷资金市场模型说明政府鼓励储蓄政策（如改变税法）的影响。
4. 什么是金融危机？它有哪些特征？

重点概念

1. 金融市场：将资金盈余方的资金转移到资金短缺方的市场，如股票市场和债券市场。

2. 可贷资金市场：是一个金融市场的理论模型，旨在解释金融市场如何协调经济的储蓄和投资。这一模型说明了利率调整使可贷资金的供给和可贷资金的需求达到均衡。

3. 金融危机：阻碍经济在储蓄者和借款者之间充当中间人的能力这样一种重大的金融系统崩溃。

15

Chapter

第 15 章

国际经济的基本知识

从经济方面来看，可以说没有哪个国家是完全与世隔绝的。今天的世界经济已经进入全球化的时代。随着通信、交通和贸易政策领域所发生的革命性的进步和发展，各国的经济命运已经逐渐地联系在一起。

国家之间的经济纽带是什么？国际贸易和国际金融无疑是最重要的经济学范畴。国际商品贸易和服务贸易使得人们能够受惠于各国比较优势下的专业分工所带来的各种好处。通过出口那些本国生产相对有效率的物品和服务，进口那些本国生产缺乏效率的物品和服务，就可以提高本国人民的生活水平。在现代经济中，国际贸易总是需要许多种货币才能进行，而国际金融体系作为一种润滑剂，在其中发挥着重要的作用。它能够促成那些需要美元、欧元和其他货币的商品贸易和货币兑换。

本章介绍国际经济方面的一些基本知识，以使读者更好地理解经济全球化所导致的一些国际经济事件。

第 1 节 国际贸易理论的发展概述

一、国际贸易的经济基础

国际贸易使相关国家能够从事专业化生产，提高其资源的生产率，并获得更多的商品和服务。那么，为什么一些国家要进行贸易呢？下面罗列的三个因素有助于回答这一问题。

因素一：自然资源、人力资源和资本资源在国家之间的分配是不平衡的。各国的经济资源禀赋是各不相同的。

因素二：高效率生产各类产品要求使用不同的技术或不同的资源组合。

因素三：各种产品在质量和非价格特性方面是有差别的。在进口商品与国内生产的同类商品方面，有少数人甚至许多人可能更愿意选择进口商品。

对于因素一，考虑日本这个国家，该国拥有一支庞大的受过良好教育的劳动力大军，日本因此拥有丰富的、廉价的、具有专门技能的劳动力。这使得日本可以高效率地生产数码照相机、视频游戏播放器等产品。与日本相反，澳大利亚拥有广阔的土地，因而可以廉价生产小麦、羊毛和肉类等产品。巴西则拥有高效生产咖啡所必需的廉价土壤、热带气候、降雨和充足的非技术劳动力。

对于因素二，无论其劳动力、土地和资本的密集度如何，所有国家都可以依据其特殊要素生产某种具有世界需求的产品，从而找到自己的立足之地。例如，意大利的时装、德国的豪华汽车、美国的软件和瑞士的名表。

但是，各个国家之间的资源、技术和产品类型的分配却不是一成不变的。当这种分配格局发生变化时，各国生产和销售商品的相对效率和成就也将随之改变。例如，在过去的几十年中，韩国已经提高了它的劳动力的质量，并极大地扩张了它的资本存量。虽然半个世纪前韩国主要出口农产品和原材料，但现在它已经在大量出口制造商品。同样，使我们得以享用合成纤维和合成橡胶的新技术不仅大大改变了生产这些产品的资源组合，而且改变了生产这些合成产品国家的相对效率。

当国民经济演变时，其劳动力的规模和质量将随之改变，其存量资本的数量和构成也将发生变化，新技术将应运而生，甚至其土地的质量和自然资源的数量都将改变。当上述变化发生时，一国生产特定产品的相对效率也将改变。

对于因素三，由于因素一和因素二的存在，各种产品在质量和非价格特性方面就是有差别的，再加上人类偏好的差异性和追求多样性等，一些国家进行国际贸易便有了现实的经济基础。

有了以上说明，下面对国际贸易理论的发展进行概述。

二、绝对优势理论

绝对优势理论是早期的国际贸易理论，其代表人物是 18 世纪的英国经济学家亚当·斯密。他用一国中不同的职业分工和交换来解释国际贸易，认为国际贸易的产生就像裁缝不会自己去制作靴子，鞋匠不会自己去缝衣服，而都用自己的产品去交换自己不擅长生产的东西一样。一个国家之所以要进口别国的产品，是因为该国的生产技术处于劣势，自己生产成本太高，购买别国产品反而便宜。而一国之所以能够向别国出口产品，是因为该国在这一产品的生产技术上比别国先进，或者说有绝对优势，因为该国能够用同样的资源生产比别国更多的产品，从而使每单位产品的生产成本低于别国。因此，绝对优势理论认为，各国生产技术上的差别以及由此造成的劳动生产率和生产成本的绝对差别，是国际贸易和国际分工的基础。各国应该集中生产并出口其具有"绝对优势"的产品，进口其不具有"绝对优势"的产品，其结果比自己什么都生产更有利。

绝对优势理论解释了产生贸易的部分原因，但局限性很大，因为在现实社会中，有些国家比较先进发达，有可能在各种产品的生产上都具有绝对优势，而另一些国家可能不具有任何生产技术上的绝对优势，但贸易仍可能在这两种国家之间发生。

三、比较优势理论

在斯密绝对优势理论的基础上，另一位英国经济学家大卫·李嘉图提出了比较优势的贸易理论。比较优势理论认为，国际贸易的基础并不限于生产技术上的绝对差别，只要各国之间存在生产技术上的相对差别，就会出现生产成本和产品价格的相对差别，从而使各国在不同的产品上具有比较优势，使国际分工和国际贸易成为可能。下面用一个例子来加以说明。

假设美国为情人节种植了 1 000 万支玫瑰。如果将种植这些玫瑰的资源用来生产计算机，则可生产 10 万台。于是，这1 000万支玫瑰的机会成本就是 10 万台计算机。[①]

另一方面，这 1 000 万支情人节玫瑰也可以在南美种植。这样的话，用计算机来衡量这些玫瑰的机会成本则很可能比在美国的机会成本要低。其一，在南半球种植情人节玫瑰将容易得多，因为南半球的 2 月是夏季而非冬季。其二，相对于美国工人来说，南美工人在生产复杂产品，如计算机时的效率要低一些。也就是说，给定数量的资源用来生产计算机的话，在南美生产的数量会比在美国生产得少。假定这种替换在南美变为1 000万支玫瑰相当于 3 万台计算机。

按照比较优势理论，在机会成本上的差异给世界生产提供了一个互利的重新组合的可能性。让美国停止种植玫瑰，将这些资源转而用来生产计算机；与

① 这里，机会成本用实物量来计量。在李嘉图的原著中，他是用消耗的劳动时数来衡量机会成本的。

此同时，让南美计算机工业中的必需资源转而用来种植玫瑰。这样，在生产上的变化结果将如表 15-1 所示。

表 15-1　假定的生产变化

	玫瑰（万支）	计算机（万台）
美国	−1 000	+10
南美	+1 000	−3
合计	0	+7

从表 15-1 看出，生产进行重新组合之后，世界上种植的玫瑰还是与以前一样多，但现在生产了更多的计算机。所以，当美国集中生产计算机且南美集中种植玫瑰时，这种生产上的重新组织将扩大整个世界经济蛋糕的规模。如果一个国家在本国生产一种产品的机会成本（用其他产品来衡量）低于在其他国家生产该产品的机会成本，则称这个国家在生产该种产品上拥有比较优势。

上述例子较清楚地阐述了比较优势和国际贸易的基本原理，即如果每个国家都出口本国具有比较优势的商品，则两国间的贸易能使两国都受益。比较优势理论不仅在理论上更广泛地论证了国际贸易的基础，而且在实践上也部分地解释了为什么先进国家往往出口工业品而落后国家出口原料产品进行贸易。

四、赫克歇尔-俄林理论

20 世纪初，瑞典经济学家赫克歇尔和俄林进一步从生产要素比例的差别来阐述贸易的基础。赫克歇尔、俄林克服了斯密和李嘉图贸易理论中的某些局限性，认为生产商品需要不同的生产要素而不仅仅是劳动力。资本、土地以及其他生产要素也都在生产中起了重要作用，并影响到生产率和生产成本。

他们注意到了不同的产品生产需要不同的生产要素配置。有些产品的生产技术性较高，需要大量的机器设备和资本投入，这种产品称为资本密集型产品；有些产品的生产则主要是手工操作，需要大量的劳动力，这种产品称为劳动密集型产品。另外，各国生产要素的储备比例也是不同的。有的国家资本相对雄厚，有的国家劳动力相对充足。因此，产品生产的相对成本不仅可以由技术差别决定，也可以由要素比例和稀缺程度的不同决定。一般来说，劳动力相对充裕的国家，劳动力价格会偏低，因此劳动密集型产品的生产成本相对低一些。而在资本相对充足的国家里，资本的价格会相对较低，生产资本密集型产品可能会有利。因此，根据赫克歇尔-俄林理论，各国应该集中生产并出口那些能够充分利用本国充裕要素的产品，以换取那些需要密集使用其稀缺要素的产品。国际贸易的基础是生产资源配置或要素储备比例上的差别。

20 世纪 60 年代以来，国际贸易出现了新倾向，主要有两方面：第一，发达工业国家之间的贸易量大大增加；第二，同类产品之间的贸易量大大增加。许多国家不仅出口工业产品，也大量进口相似的工业产品，工业国家传统的“进口初级产品—出口工业产品”的模式逐渐改变，出现了许多同一行业既出口又进口的双向贸易或行业内贸易。这些新倾向的出现很快引起了对传统贸易理论，尤其是对赫克歇尔-俄林理论的挑战：这种新的贸易倾向显然是不能用资源配置的论点来解释的，因为发达国家之间的资源比例是相似的，它们都属于资本相对充裕的国家，而同类工业产品的生产技术更具有相似的要素密集性。

五、规模经济理论

为了解释新的贸易倾向以及新出现的各种情况，西方学者提出了许多不同的国际贸易理论。这里以规模经济理论作为例子。

美国经济学家克鲁格曼提出了规模经济的贸易学说，用以解释相似资源储备国家之间和同类工业产品之间的双向贸易。

传统贸易理论（从斯密到赫克歇尔-俄林）都假定产品的规模报酬不变，而规模经济贸易学说认为这一假设是不完全的。在现代社会化大生产中，许多产品的生产具有规模报酬递增的特点，即扩大生产规模，每单位生产要素的投入会有更多的产出。尤其是现代化的工业，大规模的生产反而会降低单位产品成本。另外，传统贸易理论假设各国生产的产品都是同质的，国际市场是完全竞争的。克鲁格曼则认为，工业产品虽然类似但并不是同质的，因此，大多数工业产品的市场是所谓不完全竞争市场，更多情况下表现为垄断竞争市场。现用一个简单的例子来说明规模经济在国际贸易中的重要性。

表 15-2 列出了某一假想行业的投入产出关系，且假定该产品的生产只需要劳动这一种投入。

表 15-2　某一假定行业的投入产出关系

产出	劳动投入
5	10
10	15
15	20
20	25
25	30
30	35

由表 15－2 可知，规模经济表现在，劳动投入增加 1 倍（从 15 到 30），产出却增加了 1.5 倍。

假定世界上只有 A 和 B 两个国家，二者具有生产这种产品的同样技术，最初都生产 10 个单位。根据表 15－2，该产量在每个国家均需要 15 小时的劳动投入，即全世界用 30 小时来生产 20 单位产品。现在假定该产品的生产集中到一个国家，譬如说 A 国，且 A 国在这一行业也投入了 30 小时的劳动。然而，在一个国家内投入 30 小时的劳动，能生产出 25 件产品，显然，生产集中到 A 国使世界能以同样的劳动投入多产出 25％的产品。

但 A 国从哪里获取生产这种产品所需的额外劳动呢？B 国那些原先从事该产品生产的工人又去干什么呢？为了得到某些产品扩张生产所需的劳动，A 国必须缩减或放弃其他产品的生产。这些放弃的产品将在 B 国生产，B 国则雇用那些原先在 B 国生产而现在在 A 国扩张的行业的工人来从事这些产品的生产。

不妨假定有许多产品具有规模经济，并分别给其编号：1，2，3，…。为了利用规模经济，每个国家必须集中生产有限类别的产品，如 A 国生产 1，3，5 等类产品，而 B 国生产 2，4，6 等类产品。如果每个国家都只生产几类产品，那么每种产品的生产规模均能比各国什么都生产时更大，世界也生产出更加丰富多样的产品。另一方面，消费者希望能消费花色繁多的商品。假定产品 1 在 A 国生产，产品 2 在 B 国生产。那么 A 国产品 2 的需求者必须买从 B 国进口的产品 2；同样，B 国产品 1 的需求者也只能购买从 A 国进口的产品 1。国际贸易在这一过程中起了重要作用：它使各国既能利用规模经济来生产有限类别的产品，同时又不牺牲消费的多样性。

上述例子说明了，作为规模经济的结果，互利的贸易是如何开始的。各国用比以往更有效的规模来专业化生产有限类别的产品；同时，它们之间的相互贸易又使消费所有产品成为可能。

限于篇幅，本节对国际贸易理论发展的概述到此为止。关于上述贸易理论的详细论述以及其他贸易理论的介绍，读者可阅读国际贸易的专著。

第 2 节　贸易保护的影响和理由

自从大卫·李嘉图在 19 世纪初期提出了比较优势的基本原理之后，很多经济学家就倡导自由贸易。他们认为国家政策不应试图减少或增加出口和进口，而应由供给和需求自然地引发进口和出口。虽然经济学家认同自由贸易，但是很多政府仍使用税收和其他方法来限制进口。政府通常用四种工具来影响国际贸易，以保护国内行业免受来自国外的竞争。这四种工具是：关税、进口配额、其他贸易壁垒、出口补贴。

一、贸易保护的影响

首先分析关税的影响。关税是指当进口产品跨越国境时，进口国对进口产品所征收的税种。在过去相当长的一段时间内，关税是一种重要的政府收入来源，因为关税的征收相对容易。但是在当今世界，除了作为政府收入的来源外，关税经常被用于阻止进口以保护国内进口竞争产业的竞争商。

为了分析关税的作用，以美国进口 T 恤衫为例进行分析。图 15－1 阐明了关税对 T 恤衫进口的影响。假定 P_W 是 T 恤衫的世界市场价格。在征收关税之前，进口会推动国内价格降到 P_W，因而关税前的国内产量为 Q_1，关税前的国内消费量是 C_1，关税前的进口量为（C_1-Q_1）。

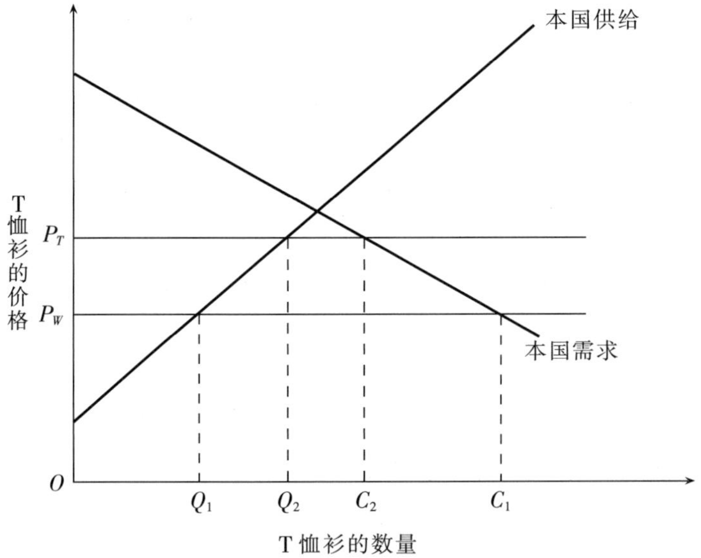

图 15－1　关税效应

现在假定政府对进口 T 恤衫征收关税。这一政策的结果是，进口 T 恤衫对于进口者将不再有利可图，除非国内出售价格高于或等于世界市场价格加关税。因而国内价格上升至 P_T，等于世界市场价格加关税，国内产量增至 Q_2，国内消费量跌至 C_2，进口量跌至（C_2-Q_2）。

关税相对于自由贸易而言，提高了国内价格，导致国内生产量增加，国内消费量减少。图 15－2 显示了关税对剩余的影响。共有三方面的影响。第一，提高的国内价格使生产商的剩余增加，所得收益等于 A 的面积。第二，国内价格提高减少了消费者剩余，减少额等于 A，B，C，D 的面积之和。第三，关税增加了政府收入，正好为 C 的面积。因此，关税对福利的影响可总结为，生产商获益，消费者受损，政府获益。由于消费者损失大于生产商和政府收益之和，导致总剩余减少 $B+D$ 的面积。

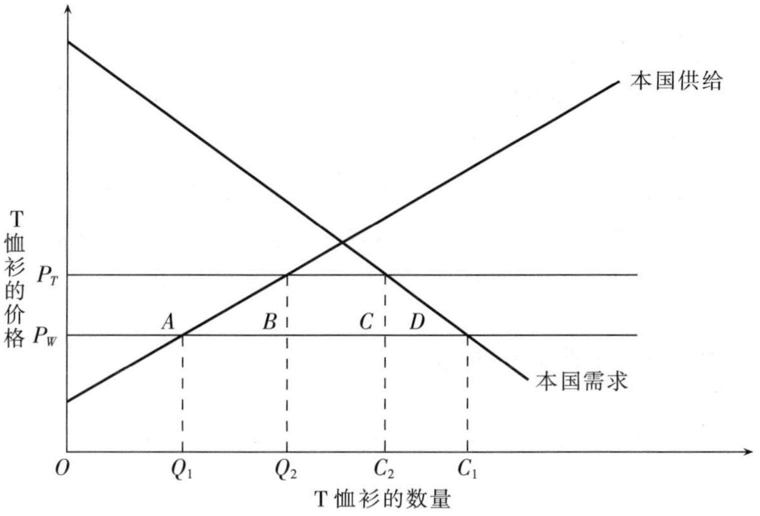

图 15-2　关税降低了总剩余

其次，分析进口配额的影响，进口配额是指对进口产品的数量进行限制，确定在一定时间内这种产品可以进口的最大数量。进口配额是另一种形式的贸易保护，一种合法限制进口产品数量的政策。配额使政府能够维护获得进口竞争产业收入的社会群体的利益，但是就像关税一样，对进口产品实施配额，将会减少贸易收益，这不符合社会利益。

再看图 15-2，进口配额限制下的进口为（C_2-Q_2），这会提高国内 T 恤衫的价格。这与前面对关税的分析得到的结果一样。即它会使国内价格从 P_W 上升到 P_T，但是，这里 C 的面积代表配额租金而不是政府收入。

进口配额常常通过配额许可证来管理：政府颁发一定数量的配额许可证，每份配额许可证给予持有者每年进口一定数量限制产品的权利。谁会得到进口配额许可证？如何确定配额租金？以美国为例，其最重要的进口配额许可证是服装，其次是糖。大多数美国进口配额的租金给了外国人，国家实施配额的成本大于利用类似的关税的成本。在图 15-2 中，美国因进口配额产生的无谓损失等于 $B+C+D$，即消费者剩余损失和生产者剩余增加的差额。

再次，分析其他贸易壁垒的影响。影响贸易量的另外两项政策分别是：健康、安全以及管制壁垒，自愿出口限制。

健康、安全以及管制壁垒是指诸多详细繁杂的与健康、安全有关的措施，以及其他管制措施对国际贸易产生的影响。例如，美国食品与药物管理局对美国的进口食品进行检验，决定进口的产品是否“纯净、健康、安全”，是否“是在干净的条件下生产”。

自愿出口限制类似于分给外国出口商的配额，其对进口的限制作用与配额的情况完全相同，但不同的是外国出口商获取了国内价格和世界价格之间差额所产生的利润。

最后，分析出口补贴的影响。出口补贴是指一国政府给予某出口产品生产商的支付。美国和欧盟政府对农产品提供补贴，这些补贴在刺激本国或地区农产品生产和出口的同时，使得其他国家，特别是非洲国家和中南美洲国家的农产品生产商在全球市场竞争中步履维艰。出口补贴能够给国内生产商带来好处，但往往会导致国内经济的产能过剩和其他国家经济的产能不足。

二、贸易保护的理由

主张贸易保护有许多理由，三个最为普遍的理由是国家安全、创造就业和保护幼稚产业。

国家安全的理由是基于海外产品的来源比较脆弱且易于受到国家冲突的阻断，因而国家应保护国内重要产品的供应商，以自给自足作为这些产品的目标。20 世纪 60 年代，美国已经着手把进口石油作为国内石油减少的储备缓冲，对石油实施进口配额，这被证明是基于国家安全考虑的。一些人认为，美国应再次制定不鼓励石油进口的政策，特别是对来自中东的石油。

创造就业的理由指出，新的就业机会的产生是贸易保护的结果。经济学家认为这些机会的产生抵消了其他产业的失业，如那些使用进口投入品的产业现在要面对更高的投入成本。

保护幼稚产业常常发生在新兴的工业化国家，它们认为新兴产业需要经过一段短暂的贸易保护时期才能建立。例如 20 世纪 50 年代，许多拉丁美洲国家对制造业产品征收关税和实施进口配额，目的是从传统原材料出口者的角色转向工业化国家的新角色。

第 3 节　有关倾销的基本知识

在当今国际贸易的各种纠纷中，倾销（dumping）和反倾销的案例比较常见，这两个名词也经常出现在新闻媒体的报道中。为了帮助读者认识和理解有关情况，本节简要介绍有关倾销的基本知识。

一、倾销的含义

从本书微观经济学部分知道，在不完全竞争市场中，厂商有时会对同样的产品在国内销售和对外出口时制定不同的价格。通常，把这种针对不同消费者而制定不同价格的行为称为价格歧视。在国际贸易中，价格歧视最普遍的形式就是倾销。倾销是指厂商对其出口的产品制定一个比其在国内市场要低的价格的行为。

从经济学的角度看，倾销的成立需满足两个条件：其一，必须是不完全竞争的行业，只有这样，厂商方可制定价格而不是接受既定的市场价格；其二，市场必须被分割，即国内居民不能轻易回购出口产品。有了这些条件，不完全竞争厂商就会发现从事倾销的确有利可图。

厂商对其产品进行倾销的原因在于国内外市场对其产品的需求价格弹性不同。根据微观经济学关于价格歧视的分析，当厂商认为其产品的国外市场需求价格弹性高于国内市场需求弹性时，为了使其利润最大化，厂商通常对具有较高需求弹性的国外市场制定较低的价格，而对具有较低需求弹性的国内市场制定较高的价格，倾销行为由此出现。因此，从某种意义上说，倾销实际上是厂商利润最大化战略的体现。

二、倾销的特征

倾销通常具有以下特征：其一，倾销是一种人为的低价销售措施。它是由出口商根据不同的市场，以低于有关产品在出口国的市场价格对同一产品进行差价销售。其二，倾销的目的和动机具有多样性。有的是为了销售过剩产品；有的是为了维持既定规模的生产；有的是为了争夺国外市场，扩大出口。不论倾销的目的和动机如何，只要倾销对进口国某一产业的建立和发展造成实质性损害、实质性威胁或实质性阻碍，就有可能招致进口国反倾销措施的惩罚。其三，倾销是一种不公平贸易行为。在政府奖励出口的政策下，生产者为获得政府出口补贴，往往以低廉的价格销售产品。另外，出口商将产品以倾销的价格在国外市场销售而获得在另一国市场的竞争优势并进而消灭竞争对手，再提高价格以获取垄断高额利润。因此，倾销不仅会影响进口国的经济发展，而且扰乱了正常的国际竞争秩序。

三、反倾销措施

在美国及其他许多国家，倾销被认为是一种不公平的竞争行为。那些自认为受到外国厂商倾销侵害的本国厂商可以通过一定的程序，向本国政府有关部门提出申诉、寻求救助。如果申诉成功，本国政府就会对外国厂商课以“反倾销税”，其数额相当于进口商品的实际价格与“公平”价格之间的差额。从一定意义上说，为了制止倾销而采取反倾销措施是合理的，但如果滥用反倾销的手段，或者反倾销措施的实施超过了其合理范围或合理程度，反倾销措施也会成为一种贸易保护主义措施，从而对国际贸易的发展造成负面影响。例如，武断地认定原本不存在倾销的商品为倾销商品或无根据地夸大倾销幅度，从而无理地实施反倾销措施或不恰当地提高反倾销税额，都会阻碍正常的国际贸易的进行。

四、倾销的确定

倾销的确定是反倾销措施必备的要件之一，也是裁定倾销贸易纠纷的关键。根据世界贸易组织的规定，如果某一产品从一国出口到另一国，其出口价格低于该出口国正常贸易中用于消费的相同产品的可比价格，该出口产品即被视为倾销产品。这里所指的“可比价格”就是有关产品在出口国销售的“正常价格”。出口价格低于正常价格的差额即为倾销幅度。因此，确定是否存在倾销，必须明确正常价格的确定标准。

正常价格一般是指相同产品在出口国贸易中用于消费时的国内销售价格。使用出口国国内市场价格作为正常价格，必须符合以下几项条件：一是国内销售价格须具有代表性，即有关产品在国内市场中的销售量占该产品出口量的5%以上，这一条件旨在防止出口商通过较小的国内销售量人为地抬高正常价格，降低倾销幅度或使倾销不存在；二是所采用的国内销售价格应是在正常交易过程中形成的价格，即在独立交易者之间达成的价格；三是不得将低于成本价销售的价格视作正常价格。

上述正常价格的确定方法仅适用于对市场经济国家产品的正常价格或公平价值的确认。对如何确认非市场经济国家出口产品的正常价格，世界贸易组织并没有明文规定，因此，旨在保护本国经济的国家往往利用这一点来索取不正当的利益。

第 4 节　汇率和汇率制度

每个国家都用一种货币来计量商品和服务的价格，美国用美元、英国用英镑、德国用欧元、中国用人民币，这仅仅是几个例子。汇率在国际贸易中具有核心作用，这是因为汇率使得人们能够比较不同国家的商品和服务的价格。本节主要介绍汇率和汇率制度的基本内容。

一、汇率

汇率是一国货币用另一国货币表示的价格。汇率在支出决策中具有一定作用，因为汇率使我们能够把不同国家的价格转化为可比形式。例如，当美元与欧元的比价为 0.817 8 时，0.817 8 欧元就能够买 1 美元。类似地，花 1.222 8 美元才能买 1 欧元。这两个数字反映了欧元与美元之间的汇率：1 ∶ 1.222 8，即 0.817 8。

任何一种给定的汇率都有两种表示方法。一是外国货币的本币价格，称为直接标价法；二是本国货币的外币价格，称为间接标价法。在大多数国家，人们习惯于用直接标价法来表示汇率，通常用 1 美元等于多少本币的方法来表示汇率。然而，这个规则并不普遍，美元与欧元之间的汇率通常同时用这两种方法表示。重要的是，要明确自己国家所采用的方式。

汇率的变动称为贬值或升值。一种货币的价值相对于其他货币上升的现象为货币升值，而一种货币的价值相对于其他货币下降的现象为货币贬值。假设 1 欧元的价值从 1 美元上升到 1.25 美元，这也就意味着 1 美元的价值从 1 欧元跌落到 0.8 欧元。在这种情况下，欧元升值，美元贬值。当其他条件相同时，一国货币相对于外国货币贬值，会使本国出口的商品更加便宜，进口的商品更加昂贵；一国货币升值会使本国出口的商品更加昂贵，进口的商品更加便宜。

二、汇率的决定

汇率由外汇市场决定。国际货币的交易场所称为外汇市场。外汇市场的主要参与者为商业银行、跨国公司、非银行金融机构，以及国家中央银行。

为了使问题简化，我们设想世界上只有两种货币——美元和欧元。欧洲人需要从外汇市场上购买美元，并相应地提供欧元。同样，美国人向外汇市场提供美元，并相应地购入欧元。（为了简化，忽略其他影响外汇市场的因素。）图 15 - 3 说明了外汇市场是如何运行的。对应于任何一个欧元对美元的汇率水平，横轴表示美元的数量，纵轴表示欧元与美元的汇率。

该图有两条曲线，分别是美元的需求曲线和供给曲线。需求曲线向下倾斜，表示购买 1 美元所需要的欧元越多，欧洲人所需要的美元就越少。要理解美元的需求曲线为什么会向下倾斜，我们要知道，在其他条件不变的情况下，汇率决定美国的产品、服务及美元相对于欧洲国家的产品、服务及欧元的价格。如果美元相对于欧元价值上升，相比较而言美国产品就会比欧洲产品贵。

这样欧洲人就会减少对美国产品的购买，外汇市场上对美元的需求会降低，因为购买美国产品所需要的欧元增加了，所以美元的需求量减少了。如果美元相对于欧元价值下降，那么美国产品相对于欧洲人来说就变得便宜了，欧洲人就会购买更多的美国产品，在外汇市场上购买更多的美元，因为购买 1 美元所需求的欧元数量减少了，于是美元的需求量上升。

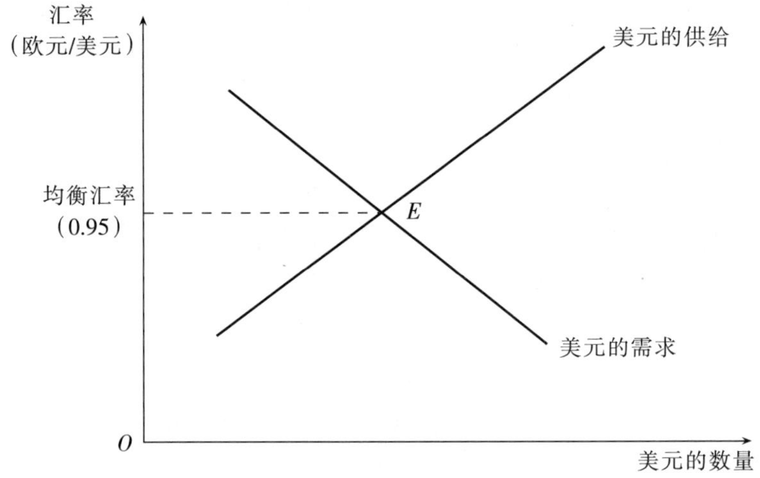

图 15－3　外汇市场

依据上述观点，我们也可以解释图 15－3 中美元的供给曲线为什么会向上倾斜。用于购买 1 美元所需要的欧元越多，美国人提供的美元就越多。原因还是汇率对相对价格的影响。如果美元相对于欧元升值，美国人就觉得欧洲产品比较便宜，于是就会需要更多的欧洲产品。这将促使美国人把更多的美元兑换成欧元。

外汇市场上美元的需求量等于美元的供给量时的汇率称为均衡汇率。在图 15－3 中，在 E 点达到均衡，均衡汇率是 0.95，这表示，当汇率达到 1 美元等于 0.95 欧元时，外汇市场上的美元供给量等于美元需求量。下面简单分析一下美元需求的变化是如何影响外汇市场均衡的。假设出于某种原因，从欧洲流向美国的资本增加，比如说由于欧洲投资者的偏好变化。其作用和影响如图 15－4 所示。假设欧洲的投资者将欧元兑换成美元去美国投资新项目，这导致外汇市场上美元的需求增加，需求曲线从 D_1 移动到 D_2。所以美元升值，均衡汇率时，1 美元兑换的欧元数由 x_1 上升到 x_2。

由于不同国家的通货膨胀率不同，经济学家将汇率区分为名义汇率和实际汇率。实际汇率是经过对国际总价格水平差异的调整后的汇率。而把没有经过对国际总价格水平差异的调整的汇率称为名义汇率。实际汇率的计算公式为：

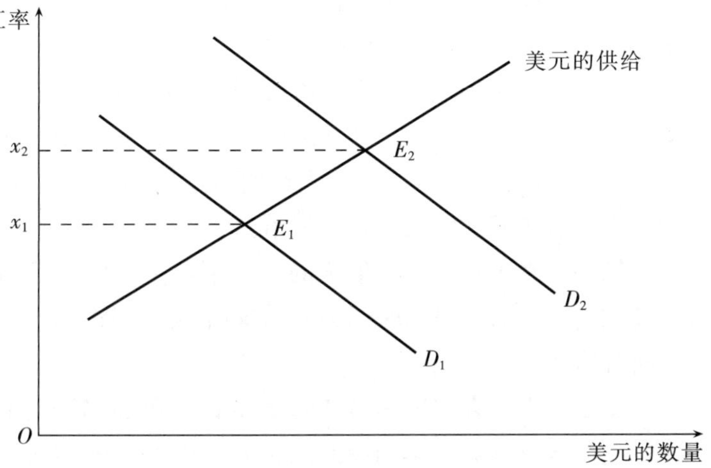

图 15－4　对美元需求的增加

$$e=\frac{E\times P_f}{P}$$

式中，e 为实际汇率；P 和 P_f 分别为国内与国外的价格水平；E 为名义汇率。实际汇率反映了国外价格水平与国内价格水平的相对比值。

三、汇率制度

世界上的汇率制度主要有固定汇率制度和浮动汇率制度两种。固定汇率制是指一国货币同他国货币的汇率基本固定，其波动限于一定的幅度之内。浮动汇率制是指一国中央银行不规定本国货币同他国货币的官方汇率，听任汇率由外汇市场的供求关系自发决定。浮动汇率制又分为自由浮动和管理浮动，前者指中央银行对外汇市场不采取任何干预措施，汇率完全由外汇市场的供求力量自发地决定；后者指国家对外汇市场进行各种形式的干预活动，主要是根据外汇市场的供求情况售出或购入外汇，以通过对外汇供求的影响来影响汇率。

从第二次世界大战后的情况看，西方各国在 20 世纪 70 年代之前实行固定汇率制，此后，由于美元危机，布雷顿森林体系崩溃，西方各国相继放弃固定汇率制而采用浮动汇率制。

（1）汇率的固定。为了固定汇率，中央银行必须愿意在外汇市场上以固定汇率同私人部门兑换货币。例如，为了将日元与美元的汇率固定在 120 日元兑 1 美元的水平上，日本银行必须愿意按照 1 美元＝120 日元的汇率，用它的美元储备兑换日元，而无论市场需求有多大。日本银行还必须愿意对市场上为了换得日元而出售的任何美元资产按此固定汇率购入。如果日本银行不通过市场干预来轧平对日元的超额供给或超额需求，那么汇率就必然会变动直到重新平衡。

只有当中央银行的金融操作能确保资产市场保持平衡，从而使汇率固定于某一水平时，中央银行才能成功地维持固定汇率。

（2）自由浮动制度下汇率的决定。根据前面对汇率决定的分析，我们知道，供求双方在均衡时的美元的数量及其以欧元表示的美元的价格，即汇率 E。下面具体考察导致外汇的供求曲线发生移动的一些实际因素。同样，假设市场上只有美元和欧元这两种货币。

第一，在不存在国际借贷的条件下，美元的供给由美国的进口需求决定。当美国的进口需求增加时，美元的供给增加。图 15－5 中，美元的供给曲线由 S 向右移到 S'。

第二，在不存在国际借贷的条件下，美元的需求由欧洲人对美国商品的需求决定。当欧洲人对美国商品的偏好下降时，欧洲人对美国商品的需求减少，因此，在每一个汇率水平上对美元的需求减少。反映在图 15－5 中，美元的需求曲线由 D 向左移到 D'。

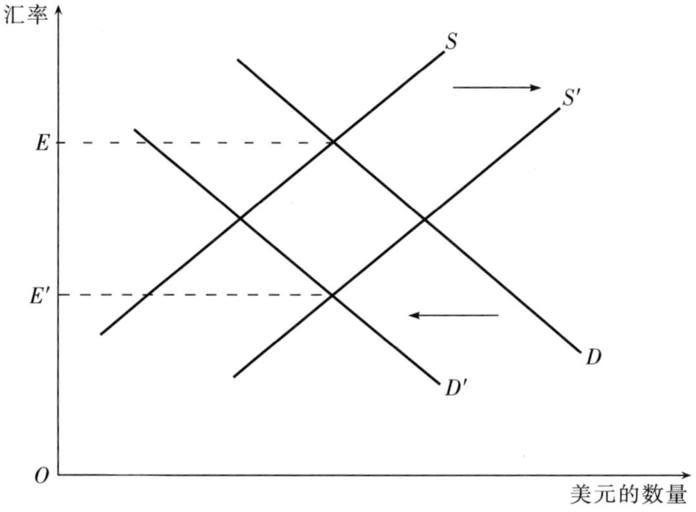

图 15－5　均衡汇率的变动

根据外汇市场供求的比较静态分析，在上述情形中，在其他条件不变时，美元的汇率会下降，即美元贬值。

四、购买力平价理论

购买力平价是分析汇率的有用工具。该理论认为，两国货币的汇率等于两国价格水平之比，即某种货币国内购买力的下降会引起该国货币在外汇市场上的等比例贬值，而购买力的上升则会引起相应的货币升值。

购买力平价的出发点是，每一种货币在本国都有购买商品的能力，根据所谓同一价格定律，即同一种商品在两个国家的货币购买力应相同，因此，不同货币购买力的比率就构成了相互间汇率的基础。尽管货币的购买力难以衡量，但由于货币购买力与价格水平成反向关系，因此，汇率就由两个国家的价格水平决定。根据购买力平价理论，一国的价格水平上升，该国的货币就会贬值，反之则升值。或者说，通货膨胀率高的国家的货币会贬值，通货膨胀率低的国家的货币会升值。

购买力平价理论是建立在诸如经济中的变化必须来自货币方面，不存在交易费用、关税等一系列假定条件基础上的。由于这些条件在现实中难以完全满足，因此，很多西方学者认为，购买力平价理论不能很好地解释短期汇率的波动。但这一理论给出了货币间兑换的实质，即购买力的比较。因此，购买力平价理论更多的是作为解释汇率长期变化趋势的一种理论。

第 5 节　国际金融体系的演变

开放经济不仅涉及国家间的贸易，而且涉及国际金融。

一、金本位制

第一次世界大战以前，世界经济是在金本位制下运转的。在金本位体制下，大多数国家的通货可以直接兑换成黄金。例如，美国的 1 美元钞票可以提交美国财政部兑换成大约 1/20 盎司的黄金。同样，英国财政部可将 1 英镑兑换为 1/4 盎司的黄金。因为美国人可以把 20 美元换成 1 盎司黄金，1 盎司黄金又可以用来兑换 4 英镑，因此，英镑与美元之间的汇率有效地固定在大约 5 美元兑换 1 英镑的比价上。把各国通货用黄金联系在一起，导致了各国通货之间固定汇率这样一种国际金融体系。只要各国遵守金本位制下的规则，保持各自的通货用黄金来担保并可兑换黄金，汇率就可以保持固定。

金本位制的优点是：第一，由于汇率固定，消除了汇率波动所产生的不确定性，有助于促进世界贸易；第二，由于金本位制内在的对称性，该体系中没有一个国家拥有特权地位；第三，由于世界各国的中央银行必须固定其货币的黄金价格，所以它们不会允许其货币供给比实际货币需求增长得更快，因为过快的货币增长最终会抬高包括黄金在内的所有产品和服务的货币价格。因此，金本位制天然地能够对中央银行通过扩张性货币政策引起国内价格水平上涨的做法予以限制，这种限制使一国货币的实际价值更加稳定和更具可预测性。

金本位制的不足之处在于：第一，它大大限制了使用货币政策应对失业等问题的能力。第二，只有黄金与其他产品和服务的相对价格是稳定的，将货币与黄金挂钩的做法才能确保总体价格水平的稳定。第三，当各国经济增长时，除非能不断地发现新的黄金，否则中央银行无法增加其持有的国际储备。第四，金本位制给了主要的黄金产出国通过出售黄金来影响世界宏观经济状况的强大能力。

二、布雷顿森林体系和国际货币基金组织

随着第一次世界大战的到来，世界贸易受到极大挫伤，各国不再能维持货币和黄金的自由兑换。金本位制崩溃。在两次世界大战期间，尽管人们曾试图使它复活，但始于 1929 年的世界性经济萧条使这一努力归于失败。

1944 年 7 月，44 国的代表在美国新罕布什尔州的布雷顿森林召开会议，起草并签署了《国际货币基金组织协定》。在该协定下建立的国际货币体系要求各国货币对美元保持固定汇率，并且把美元与黄金的比价固定为每盎司黄金 35 美元。成员国官方的国际储备以黄金或美元资产的形式持有，并有权向美国的中央银行，即联邦储备银行以官方价格兑换黄金。

根据该协定创立了国际货币基金组织（IMF），它在 1945 年有 30 个创始成员，而目前成员数为 189 个。IMF 被赋予的职责是：制定保持固定汇率的规则并向国际收支发生困难的国家贷款，以促进世界贸易的增长。作为监督成员遵守规则的任务之一，国际货币基金组织也承担着收集和统计国际经济数据资料的工作。

根据该协定也建立了世界银行（全称是国际复兴和开发银行），它提供长期贷款以支持发展中国家修建水坝、道路和对其经济发展有作用的其他实物资本。世界银行的贷款资金主要是通过发行世界银行债券筹集的，这些债券在发达国家的资本市场上出售。世界银行和国际货币基金组织有时也被称为布雷顿森林组织。

三、欧洲货币体系的演进

1979 年 3 月，欧洲经济共同体的八个成员国（联邦德国、法国、意大利、荷兰、比利时、卢森堡、丹麦和爱尔兰）建立了欧洲货币体系（EMS），这些国家同意固定任意两国之间的汇率，并对美元联合浮动。随后，西班牙于 1989 年、英国于 1990 年、葡萄牙于 1992 年也先后加入了欧洲货币体系。一般认为，欧洲货币体系是以联邦德国和法国为首的西欧国家按照布雷顿森林体系的原则创立的。

作为一种固定汇率体系，欧洲货币体系的参加国必须放弃对本国利率的控

制权。[①] 欧洲货币体系内的国家对货币政策控制权的丧失在正常情况下不会出现严重的问题，但当面临经济波动时，实际的货币政策可能就会与理想的货币政策相去甚远。

导致欧洲货币体系出现危机的一个关键因素是1990年的两德统一。德国西部因补贴东部工业而导致其财政政策急剧扩张，进而造成了通货膨胀率的上升。德国中央银行为此不得不提高利率，从而货币政策被用于干预和管理国内的宏观经济。面对上升的德国利率，欧洲货币体系中的其他国家也不得不跟着提高利率，以阻止其货币对德国马克的贬值，并防止汇率波动超出所规定的范围。利率的上升，加上世界性的衰退，以及原计划经济国家在转轨过程中产出急剧下降等问题，都共同将德国以外的欧洲推进了一场愈演愈烈的经济衰退之中。上述这些情况，再加上20世纪90年代早期欧洲国家的汇率受到国际汇率投机者的攻击，几乎摧毁了整个欧洲货币体系，从而促成了货币联盟的产生。

现实使许多欧洲人相信，市场的完全整合势必要求建立使用统一货币的联盟。各国普遍认识到，由于固定汇率制存在基本目标冲突，随着欧洲资本市场的不断整合，货币市场和金融市场将会难以稳定。1992年签署的《马斯特里赫特条约》勾画了一幅货币联盟的蓝图，该条约不仅规定了分阶段过渡到共同货币——欧元（EURO）的时间表，还提出了建立欧洲中央银行（ECB）的设想。根据条约建立了欧洲货币联盟（EMU）。欧元作为西欧国家的新货币已于1999年1月1日开始启用，2002年1月1日欧元变成了欧洲12国[②]共3亿人口的单一货币。对于欧洲货币联盟这一重要的经济创新，有人表示乐观，有人表示担忧。不管怎样，它的前景都会吸引全世界的关注。

第6节 政府调节国际经济往来的措施

一、国际贸易政策简述

国际贸易理论所体现的一种基本思想是，各国都能从国际贸易中获益。从理论上讲，由于进行贸易的各个国家千差万别，国家就像个人一样，当它们各自从事自己擅长的事情时，就能取长补短，从市场交易中获益。然而，在现实中，自由贸易却受到许多国家各种政策的干预。其中最主要、最普遍的是限制

① 那些实行固定汇率制且具有高度资本流动性的国家都有一个重要的特征，即它们彼此间的利率必须保持密切的联系。这样的两个国家间的任何利率差异都会吸引投机者卖出一种货币并买入另一种货币，直至利率达到同一水平。

② 它们是：奥地利、比利时、德国、希腊、法国、芬兰、爱尔兰、意大利、卢森堡、荷兰、葡萄牙和西班牙。

进口和鼓励出口。

限制进口的贸易政策是指一国（或地区）对产品进口水平所设定的一系列措施。限制进口的最主要政策工具有两个：进口关税和进口配额。进口关税是指产品运抵一国时所需缴纳的税款。进口配额则是一国对特定产品进口数量和金额的限制。两者的区别在于控制的内容，进口关税侧重于控制进口产品的价格；进口配额则侧重于控制进口数量。进口关税的形式很多，但大体上可分为从量税和从价税。前者根据数量征收税款；而后者按照进口商品价值征收税款。进口配额的方式也有很多，有在全球范围内的配额，也有分国别的配额；有进口国单方面设置的，也有双方协议的。

除了关税和配额外，一国可能还有其他非关税壁垒，从不同程度上直接或间接地起着限制进口的作用。这些非关税壁垒包括苛刻的技术标准、烦琐的海关手续、歧视性的政府购买、进出口的垄断经营、外汇管制等。

鼓励出口的贸易政策是指一国（或地区）对产品出口水平所设定的一系列措施。政府刺激出口的最常见做法是对出口进行补贴。补贴的方法既可以是直接的现金支付，也可以是间接通过降低出口商品的成本来实现。美国和西欧对某些农产品就采取直接补贴的方法，政府保证支付这些农产品国际市场与国内市场的差价。间接补贴的办法包括低息贷款和外销退税等。政府通过银行系统给予用于出口商品生产和销售的贷款以优惠利率；在商品出口以后，政府允许企业申请退回进口原材料时支付的关税；对于出口商品，免征国内同类商品的所缴纳的各种国内税。这些措施的共同结果是降低出口商品的成本，增加出口商品的实际收益。

政府促进出口的另一项贸易政策是低价外销，也就是上一节论述的倾销，或类似的手段，不再赘述。

就宏观经济分析而言，国际贸易政策的意义在于调节一国的国际收支，其目的往往是保持收支的平衡。

二、外汇市场干预

世界上大多数国家都有自己的货币。国与国之间的贸易涉及不同货币之间的兑换。例如，当一家美国公司购买德国的商品、服务或金融资产时，美元（通常是以美元计值的银行存款）必须兑换成欧元（以欧元计值的银行存款）。汇率又称汇价，是一个国家的货币折算成另一个国家货币的比率。汇率表示的是两个国家货币之间的互换关系。

汇率在国际经济交往中是很重要的，它不仅影响着国内商品与国外商品之间的相对价格，而且影响着一国的国际收支。国际货币的交易场所称为外汇市场。外汇市场的主要交易者包括商业银行、从事国际贸易的公司、非银行金融机构和中央银行。出于某些情况的考虑，一国政府有时会对外汇市场进行干预。一国政府对外汇市场干预主要是通过该国的中央银行或授权的单位来实施的。

要理解外汇市场中的中央银行干预对汇率的影响，首先看一下它在外汇市场上出售所持有的以外币计值的资产（称为国际储备）对基础货币的影响。假定美国中央银行出售 100 亿美元外汇资产，以取得 100 亿美元通货。美国中央银行购买美元会产生两种影响。其一，使中央银行持有的国际储备减少 100 亿美元；其二，由于它的购买使通货从公众手中回笼，流通中货币减少了 100 亿美元。这意味着基础货币减少了 100 亿美元。一般，一国中央银行在外汇市场上购入本国货币，相应出售国外资产，将使国际储备和基础货币等值减少。中央银行允许本国货币的买卖对基础货币产生影响的这种干预，称为未抵消影响的外汇干预。

如果中央银行不希望本国外汇市场的买卖影响基础货币，它所需要做的就是对政府债券市场采取相反的公开市场操作，来抵消外汇干预的影响。例如，美国中央银行出售 100 亿美元外汇资产获得 100 亿美元，这将减少 100 亿美元的基础货币，中央银行可以在公开市场购买 100 亿美元的政府债券，这将增加 100 亿美元基础货币。这种有了相反的公开市场操作而不影响基础货币的外汇市场干预，称为已抵消影响的外汇干预。

根据以上论述，可得出如下结论：出售本国货币以购买国外资产，这种未抵消影响的干预会导致国际储备增加、货币供给增加以及本国货币贬值；出售国外资产以购买本国货币的同类干预则产生相反的结果；而已抵消影响的外汇干预一般对汇率没有影响。上述结论为政府有意识地干预外汇市场提供了一定的思路。从宏观经济分析的角度看，政府对外汇市场干预旨在影响汇率，改善一国的国际收支状况。

本章小结

1. 比较有影响的国际贸易理论包括绝对优势理论、比较优势理论、赫克歇尔-俄林理论和规模经济理论。

2. 大多数经济学家倡导自由贸易，但实际中许多政府都致力于贸易保护。两种最普遍的保护形式是关税和进口配额。另外，还有出口补贴和其他贸易壁垒。

3. 货币在外汇市场进行交易，货币进行交易的价格就是汇率。一种货币相对于另一种货币价格上升就是升值，价格下降就是贬值。均衡汇率是使外汇市场中货币的供给数量和需求数量相等的汇率。

4. 名义汇率是人们用一国通货交换另一国通货的比率。实际汇率是人们交换两国生产的物品的比率，它等于名义汇率乘以两国价格水平的比率。

5. 各国采用不同的汇率制度。汇率制度主要有固定汇率制和浮动汇率制。在固定汇率制下，政府采取措施使汇率保持在一定的目标水平；在浮动汇率制下，汇率可以自由波动。

思考题

1. 简述绝对优势理论与比较优势理论。
2. 解释贸易壁垒如何减少国际贸易。
3. 分析支持贸易保护的理由。
4. 均衡汇率是如何决定的？影响汇率变化的因素有哪些？

重点概念

1. 比较优势：如果一个国家在本国生产一种产品的机会成本低于在其他国家生产该产品的机会成本，则称这个国家在生产该种产品上具有比较优势。

2. 汇率：又称汇价，是一个国家的货币折算成另一个国家货币的比率。汇率表示的是两个国家货币之间的互换关系。

3. 倾销：厂商对其出口的产品制定一个比其在国内市场要低的价格的行为。

参考文献

1. 高鸿业．西方经济学．7 版．北京：中国人民大学出版社，2018.

2. 迈克易切恩．宏观经济学．北京：机械工业出版社，2011.

3. 萨缪尔森，诺德豪斯．微观经济学：第 19 版．北京：人民邮电出版社，2012.

4. 多恩布什，费希尔，斯塔兹．宏观经济学：第 7 版．北京：中国人民大学出版社，2000.

5. 曼昆．经济学原理：第 7 版．北京：北京大学出版社，2015.

6. 平狄克，鲁宾费尔德．微观经济学：第 7 版．北京：中国人民大学出版社，2009.

7. 斯蒂格利茨，沃尔什．经济学：第 4 版．北京：中国人民大学出版社，2010.

8. 弗罗恩．宏观经济学：理论与政策：第 9 版. 北京：中国人民大学出版社，2011.

9. 曼昆．宏观经济学：第 10 版．北京：中国人民大学出版社，2020.

10. 巴德，帕金．微观经济学原理：第 4 版．北京：中国人民大学出版社，2010.

11. 米什金．货币金融学：第 11 版．北京：中国人民大学出版社，2016.

图书在版编目（CIP）数据

经济学基础/吴汉洪编著 . -- 6 版 . -- 北京：中国人民大学出版社，2020.10
高等学校经济管理类核心课程教材
ISBN 978-7-300-28652-5

Ⅰ.①经… Ⅱ.①吴… Ⅲ.①经济学-高等学校-教材 Ⅳ.①F0

中国版本图书馆 CIP 数据核字（2020）第 187885 号

高等学校经济管理类核心课程教材
经济学基础（第 6 版）
吴汉洪　编著
Jingjixue Jichu

出版发行	中国人民大学出版社		
社　　址	北京中关村大街 31 号	**邮政编码**	100080
电　　话	010－62511242（总编室）		010－62511770（质管部）
	010－82501766（邮购部）		010－62514148（门市部）
	010－62515195（发行公司）		010－62515275（盗版举报）
网　　址	http://www.crup.com.cn		
经　　销	新华书店		
印　　刷	北京密兴印刷有限公司	**版　　次**	2001 年 5 月第 1 版
开　　本	787 mm×1092 mm　1/16		2020 年 10 月第 6 版
印　　张	16.5 插页 1	**印　　次**	2023 年12月第 7 次印刷
字　　数	351 000	**定　　价**	42.00 元

中国人民大学出版社　管理分社

教师教学服务说明

中国人民大学出版社管理分社以出版工商管理和公共管理类精品图书为宗旨。为更好地服务一线教师，我们着力建设了一批数字化、立体化的网络教学资源。教师可以通过以下方式获得免费下载教学资源的权限：

★ 在中国人民大学出版社网站 www.crup.com.cn 进行注册，注册后进入“会员中心”，在左侧点击“我的教师认证”，填写相关信息，提交后等待审核。我们将在一个工作日内为您开通相关资源的下载权限。

★ 如您急需教学资源或需要其他帮助，请加入教师 QQ 群或在工作时间与我们联络。

中国人民大学出版社　管理分社

教师 QQ 群： 648333426（工商管理）　114970332（财会）　648117133（公共管理）
教师群仅限教师加入，入群请备注（学校＋姓名）

联系电话： 010-62515735，62515987，62515782，82501048，62514760

电子邮箱： glcbfs@crup.com.cn

通讯地址： 北京市海淀区中关村大街甲 59 号文化大厦 1501 室（100872）

管理书社　　人大社财会　　公共管理与政治学悦读坊